D1869283

Bernt Kampmann
4.4. 2006

Vladimir Vertlib
Mein erster Mörder

Vladimir Vertlib

Mein erster Mörder

LEBENSGESCHICHTEN

Deuticke

Die folgenden drei Prosatexte haben einen realen Hintergrund. Dennoch sind viele der beschriebenen Ereignisse frei erfunden oder haben sich in der Realität etwas anders zugetragen. Einzelne historische Details sind der Dramaturgie der Texte untergeordnet. Die Personenzeichnung einiger Figuren weicht zum Teil von den realen Vorbildern ab. Die meisten Namen, soweit es sich nicht um bekannte historische Persönlichkeiten handelt, wurden geändert. Die Geschichte »Nach dem Endsieg« basiert im Wesentlichen auf den Erinnerungen des Wiener Malers Roman Haller.

1 2 3 4 5 10 09 08 07 06

ISBN-10: 3-552-06031-6
ISBN-13: 978-3-552-06031-9
Alle Rechte vorbehalten
© Deuticke im Paul Zsolnay Verlag Wien 2006
Satz: Eva Kaltenbrunner-Dorfinger, Wien
Druck und Bindung: Ebner & Spiegel, Ulm
Printed in Germany

ROMAN HALLER GEWIDMET

Alle Revolutionen pflegen ja nur deshalb so unbefriedigend zu verlaufen, weil die führenden Köpfe damit beginnen, ihre Umgebung zu revolutionieren statt sich selbst.

HANS ERICH NOSSACK

Mein erster Mörder

1

Der Mörder hat mich zum Abendessen eingeladen. Er und seine Frau kochen gemeinsam. Sie macht die Vorspeise, er das Hauptgericht. Auf sein Nachfragen hin, gebe ich zu, dass er der erste Mörder ist, den ich in meinem Leben kennen lerne. Er lacht. Für ihn hingegen sei ich längst nicht der erste Neugierige, meint er. Allerdings habe bis jetzt niemand etwas über ihn schreiben wollen. Nach dem Essen trinken wir Tee aus Gläsern mit vergoldeten Untersätzen und sprechen über den Mord, den der Mann vor zwanzig Jahren begangen hat.

Der Mord war in Wirklichkeit ein Totschlag. Leopold Ableitinger, damals zweiundvierzig Jahre alt, Angestellter in der Verrechnungsabteilung eines großen Gastronomiebetriebs in Salzburg, verheiratet, Vater zweier Kinder, hatte sich an einem sonnigen Oktobernachmittag zwei Stunden frei genommen, um eine kleine Radtour in der Umgebung zu machen. Ab und zu – höchstens dreimal im Monat, betont er – wollte er seine beruflichen und privaten Verpflichtungen vergessen und allein sein.

In der Nähe des schon vor vielen Jahrzehnten eingemeindeten Ortes Morzg, der trotzdem seinen dörflichen Charakter bewahrt hat, bog Leopold in eine Seitengasse ein, die an Einfamilienhäusern, Gärten, einer Wiese und einer Blockhütte vorbeiführte. Neben der Hütte standen ein Holztisch und zwei Bänke. Leopold beschloss, eine Pause zu machen, lehnte das Rad gegen die Hüttenwand, setzte sich auf eine Bank, zündete sich eine Pfeife an und begann, Zeitung zu lesen. So vergingen zwanzig Minuten, vielleicht etwas mehr. Er wollte sich wieder auf den Weg machen, hatte die Zeitung zusammengefaltet und in die Innentasche seiner Jacke gesteckt, als er das Quietschen von Reifen hörte.

Der Mann war jung, zwanzig, vielleicht zweiundzwanzig Jahre alt. Er trug eine Schirmmütze und einen Pullover mit V-Ausschnitt im Stile englischer Gentlemen der Zwanzigerjahre. Er sprang aus dem Wagen, einem roten Cabriolet, schlug die Tür hinter sich zu und schrie: »Das ist doch wohl privat hier, oder?! Schau dass d' weiterkommst!« Leopold versuchte, so ruhig wie möglich zu bleiben.

»Ich wollte ohnehin gehen«, sagte er leise. Es war ärgerlich, von einem Menschen, der nur halb so alt war wie er selbst, geduzt zu werden. Mochte er ihn anschreien und beschimpfen, wenn er wollte, aber bitte mit dem nötigen Respekt.

»Es tut mir Leid. Ich wusste nicht, dass es sich hier um einen Privatgrund handelt.«

»Na, das ist ja wohl logisch! Kannst' nicht lesen?« Der junge Mann zeigte mit dem Finger auf ein Schild, auf dem in roten Lettern *Privatgrund! Betreten verboten!* stand. Es hing einige Meter entfernt an einem Draht, der zwischen zwei Pfosten gespannt war. Er versperrte den Weg zu einem Pfad, der an der Hütte vorbei zu einem Waldstück führte.

»Das muss ich übersehen haben«, murmelte Leopold. »Ich hol' mein Rad, dann bin ich weg.«

»Ja, und beeil' dich, sonst lass ich den Hund frei.«

Leopold hatte einen Hund weder gehört noch gesehen. Als Elfjähriger war er von einem Schäferhund in die rechte Wange gebissen worden. Seitdem hasste er Hunde.

Leopold ging zu seinem Fahrrad. Sein Widersacher blieb dicht hinter ihm. Er sei es Leid, schrie er, sich mit Obdachlosen, Jugendlichen oder türkischen Großfamilien herumschlagen zu müssen. Die Türken verbinden ihre Wochenendausflüge immer wieder mit einem Picknick auf seinem Grundstück. Er und sein Vater hätten schon zweimal Anzeige erstattet.

»Sie müssten das Schild direkt neben der Hütte anbringen oder das Grundstück einzäunen«, meinte Leopold. »Der Tisch und die Bänke sind ja nur zwei Meter vom Straßenrand entfernt und …«

»Willst du mir erklären, was ich tun soll? Komm mir nicht noch einmal zu nahe mit deinem Scheißrad … ich schwör's, wenn ich dich das nächste Mal seh', fahr' ich dich nieder!«

Leopold drehte sich um. In der rechten Hand hielt er immer noch die Pfeife. Er holte aus und stach zu. Das Mundstück der Pfeife drang durch das linke Auge in das Gehirn des jungen Mannes. Er starb wenige Stunden später in der Intensivstation des Salzburger Unfallkrankenhauses.

Leopold Ableitinger wurde wegen Totschlags zu acht Jahren Gefängnis verurteilt, von denen er fünf in der Strafanstalt Stein absitzen musste. An die Zeit nach seiner Entlassung denkt er nicht gern zurück. »Versuchen Sie, als siebenundvierzigjähriger Vorbestrafter in einer Stadt wie Salzburg eine angemessene Arbeit zu finden«, erklärt er. »Ich habe schließlich alles genommen, was mir das Arbeitsamt angeboten hat: Trotz meiner Rückenprobleme war ich

Hilfsarbeiter in einem Möbellager. Nach einem Bandscheibenvorfall musste ich aufhören. Wenn das Einkommen meiner Frau nicht gewesen wäre … Aber gut, seit die Kinder erwachsen sind, kommen wir über die Runden. Ich sollte zufrieden sein.«

Seit dem Mord raucht Leopold nur mehr Zigarillos. Um zu rauchen, müssen wir auf den Balkon hinaus, weil Leopolds Frau keinen Rauch in der Wohnung duldet. Wir schauen auf eine belebte Kreuzung. Der Straßenlärm macht die Unterhaltung schwierig. Die Gebäude um uns herum sind ein repräsentativer Querschnitt aller architektonischen Abscheulichkeiten der letzten fünfzig Jahre. Außerdem sieht man die Trasse einer Bahnlinie, ein Fabrikgebäude und den Untersberg. Der Berg passe hierher wie ein Blatt aus dem Alpenvereinskalender an die Wand eines Waschsalons oder eines Döner-Kebab-Standes, bemerkt Leopold. Ich beginne zu überlegen, welches Bild zu dieser Kreuzung passen würde.

Leopold kommt meinen Fragen zuvor. Nein, er schlafe gut. Jene Zeit sei vorbei. Die Alpträume. Die Ohrfeigen der Mithäftlinge, deren Nachtruhe er störte. Die Gespräche mit dem Therapeuten. Er habe trotzdem nicht genug bezahlt. Es sei nie genug. Seit er das wisse, habe er keine Schlafprobleme mehr. Mehr sei dazu nicht zu sagen. Er kippt die Asche des Zigarillos über das Geländer hinunter auf die Straße, schaut mich an, wirkt immer noch auf eine unverbindliche Weise freundlich. Nur das Lächeln ist aus seinem Gesicht verschwunden. »Sie wollen mehr?«, fragt er.

Früher dachte ich, im Zweifelsfall sei Schweigen immer die bessere Antwort. Heute nicht mehr. Ich schweige trotzdem.

»Gut«, sagt er, »ich verstehe. Hören Sie zu, ich werde Ihnen von einem Erlebnis erzählen, das sehr lange zurückliegt. Das wird, glaube ich, alle Ihre Fragen beantworten, auch jene, die Sie nicht stellen wollten ...«

2

Meinem Vater machte es Spaß, mir lange Vorträge über das Aufhängen von Handtüchern zu halten. Ich hörte ihm zu, ohne ihn zu unterbrechen. Auch an diesem warmen Apriltag. Der Rest der Wäsche war Vater egal. Er war fürchterlich akribisch, aber nur bei Handtüchern. Nicht etwa, dass alle auf gleicher Höhe und ausgebreitet auf der Schnur hängen mussten! Ein Außenstehender hätte glauben können, die Tücher seien aus einem Flugzeug geworfen worden und zufällig auf unseren Balkon gefallen. Aber es hatte alles seine Regel. Das dritte Handtuch von links musste dreimal zusammengefaltet, das fünfte mit einer Wäscheklammer am rechten oberen Zipfel festgemacht sein. Das Wichtigste war, dass die blauen Streifen keine durchgehenden Linien bildeten. »Dein Vater hat einen Huscher«, sagte Großtante Elfriede. »Mein altes Radio aus der Systemzeit funktioniert besser als sein Kopf. Ich frage mich, wieviele Röhren da wohl durchgebrannt sind.« Aber ich kannte die Handtuchregeln bald besser als Vater selbst und korrigierte ihn, wenn er Fehler machte. Ich war vierzehn. Meine Eltern und ich lebten damals in Wien. Nach Salzburg kam ich erst später. Als Erwachsener.

Wir hatten eine schöne Wohnung in einem während des Krieges beschädigten Haus. Nachträglich erwies es sich als Glück für uns, dass die Deutschen und die Russen sich im April 1945 am Donaukanal Artillerieduelle geliefert hatten.

So kamen wir zu unserem Balkon. Ein Geschoß hatte in der rechten oberen Ecke des Gebäudes nicht nur die Fassade, sondern auch das dahinter liegende Zimmer und den darüber liegenden Dachboden und Dachbereich weggesprengt. Nach einer notdürftigen Instandsetzung wurde die Wohnung neu vermietet. Zwei Zimmer, Küche und statt des dritten Zimmers eine Dachterrasse. Ein großzügiger »Außenbereich«. Sogar mit Parkettboden. Von dort aus hatten wir einen Ausblick auf den Donaukanal, die Trasse der Stadtbahn und die Haltestelle Friedensbrücke. Bei gutem Wetter konnte man die Hügel des Wienerwaldes ausmachen. Ein paar Jahre zuvor bildete der Donaukanal die Zonengrenze. Auf unserer Seite, behaupteten manche, endete Sibirien. Drüben begann Amerika. Als ich noch ganz klein war, musste man auf der Friedensbrücke, die über den Kanal führte, den Ausweis vorzeigen, um in den Westen zu gelangen. Das war aufregend. Der Übergang von einer Welt in eine andere. Jetzt war alles dasselbe, aber Österreich war frei.

Leider sollte unser Haus bald abgerissen werden und einem Neubau Platz machen. In den Wänden hatten sich Risse gebildet, so breit, dass sich darin eine Ratte verstecken konnte. Es kamen tatsächlich Ratten aus der Wand. Sie machten die Küche unsicher und knabberten Tante Elfriedes Tagebücher an, in denen sie alle Huscher meines Vaters aufgelistet hatte. Außerdem hatten die Intelligenteren unter den Ratten (und das war die Mehrheit) gelernt, das Käsestückchen aus der Falle zu holen, ohne dass der todbringende Mechanismus zuschnappte.

»Kaum sind die einen Mistviecher weg, kommen gleich die nächsten«, schimpfte Vater. »Zuerst die Russen, dann die Rozz'n.«

Meine Eltern hatten sich für eine Gemeindewohnung angemeldet. In einem halben Jahr würden wir in die Brünner Straße übersiedeln. Nach Floridsdorf. In die Heimat. Dort waren die Eltern geboren und aufgewachsen, dort hatten sie Arbeit in der Fabrik gefunden. Mutter stand am Fließband. Vater schritt die Halle ab und achtete darauf, dass keine der Frauen zu langsam oder zu schnell wurde. Die Faulen wurden entlassen, genauso die Übermütigen. Mutter hielt die vorgeschriebene Geschwindigkeit ein. Sie hat sich in ihrem Leben nie hervorgetan, weder in die eine noch in die andere Richtung.

In Floridsdorf hatten meine Eltern geheiratet und eine Familie gegründet, und wenn sie im letzten Kriegswinter nicht ausgebombt worden wären, hätten sie ihren Bezirk nie verlassen. Auf dieser Seite der Donau waren sie Fremde.

3

Die da unten seien schamlos, sagte Großtante Elfriede. Aus dem Fenster hatte sie den Gehsteig vor unserer Haustür im Visier.

Es hatte die Großtante Mühe gekostet, meinen Schreibtisch zu umrunden, das Fenster zu öffnen, den Oberkörper vorzubeugen und sich hinauszulehnen. Früher, als sie es noch auf den Balkon geschafft hatte, waren nicht einmal die Katzen unter den parkenden Autos vor dem Zugriff ihrer Blicke sicher. Sie schrieb jedes Detail in ihr Tagebuch. Mit Datum und Uhrzeit.

Die Schlampe habe das Kleid hochgeschoben und an den Hüften festgemacht, empörte sich die Großtante. Man sehe die Knie und einen Teil der Schenkel, und Strümpfe trage sie auch keine, die Schlampe. Der Prolet an ihrer Seite habe die drei oberen Hemdknöpfe offen, so dass man die Brusthaare sehen könne. Früher hätte es so etwas nicht gegeben.

»Hör mir auf mit dem Führer!«, brummte Vater.

»Wer redet denn vom G'scherten aus Braunau? Ich meine die guten alten Zeiten, als seine Majestät der Kaiser noch in der Hofburg residierte. Sogar das Zwergerl, das auf die Arbeiter hat schießen lassen, hatte seine guten Seiten. Der oberösterreichische Gröfaz hingegen hat uns die Russen ins Land gebracht. Soll er doch in der Hölle schmoren.«

Vater lachte und tippte sich mit dem Finger gegen die Stirn. In letzter Zeit sei die Tante wunderlich geworden, meinte er. War das noch die Frau, die ihn durch die schweren Zeiten der Kindheit und Jugend gebracht hatte?

Nach dem Tod meines Großonkels war die Großtante bettlägrig geworden, und wir nahmen sie bei uns auf. Das sei er ihr schuldig, erklärte Vater. Nun musste ich mein Zimmer mit ihr teilen. Sie schlief in meinem Bett. Ich – auf der Matratze zwischen Schreibtisch und Schrank. Wenn ich bei hellem Mondschein aufwachte, sah ich den Schatten ihrer spitzen Nase auf dem Schirm der Stehlampe. Ihr Schnarchen störte mich nicht, aber das Vogelgesicht auf meiner Lampe konnte ich nicht ausstehen. Es verfolgte mich im Traum. Aber Mutter weigerte sich, dickere Vorhänge zu kaufen. Einen solchen Luxus könnten wir uns nicht leisten. Es sei schon schlimm genug, dass sie für die Großtante die Wäsche wasche, dass sie ihr die Medikamente und das Essen ans Bett bringe, wenn der Gang in die Küche für die Alte wieder einmal zu beschwerlich werde, und natürlich das Geschäft mit dem Nachttopf und – in schlechteren Großtantezeiten – mit den Windeln erledige. Aber was solle man machen? Man könne sie doch nicht einfach krepieren lassen. »Jeder kommt einmal dran«, sagte Mutter. »Jede Frau, meine ich. Ihr Männer seid fein raus.«

Wir saßen im Wohnzimmer, das gleichzeitig das Schlafzimmer der Eltern war. Großtantes Bauch schwabbelte, während sie sprach, und aus dem Mund kam ein rasselndes Geräusch. Ihr Gesicht und ihr Haar passten farblich gut zum rot-weißen Karomuster der Couch. Das Haar – staubweiß, das Gesicht – ausgebleichtes Rot. Die Großtante hatte einen Charakterkopf, von der Vogelnase einmal abgesehen. Mutter kam mit dem Wäschekorb aus der Küche. Vater trank Bier. Er hatte die Handtücher schon aufgehängt. Der Rest ging ihn nichts an.

»Ich habe seit drei Nächten nicht geschlafen«, sagte die Großtante. Das stimmte nicht. Sie hatte wie immer geschnarcht.

»Soll ich runtergehen?« Vater ballte die Faust. »Die werden mich schon noch kennen lernen!«

»Gib nicht so an!«, meinte Mutter.

Vater schenkte sich ein weiteres Glas ein. Er hielt die Flasche in der linken Hand, obwohl er Rechtshänder war. Das bringe ihm Glück, behauptete er. Vor vielen Jahren hatte er sich das Bier mit der linken Hand eingeschenkt, weil er sich die rechte bei der Arbeit verletzt hatte. Einen Monat lang konnte er die Maschine in der Fabrik nicht bedienen, aber er wurde nicht entlassen, sondern zum Vorarbeiter befördert. Seit jener Zeit glaubte er an die Macht von Ritualen. Insgesamt hatte die Großtante siebenundzwanzig Huscher bei ihm gezählt, besser gesagt achtundzwanzig, wenn sie den ganz großen, der sich auf »seinen Geisteszustand im Allgemeinen« bezog, mitrechnete.

»Nun geht's wieder los! Nicht einmal am Sonntag hat man Ruhe.« Vater trank das Glas leer, ohne abzusetzen, und wischte sich den Schaum mit dem linken Handrücken vom Mund.

Der Lärm kam so wie die Ratten aus den Rissen in der Wand. Er stammte aus der Wohnung unter uns, wo die Schlampe und der Prolet mit ihren zwei Töchtern, die beide noch klein waren, wohnten. Sie waren vor zwei Monaten eingezogen, obwohl der Abriss des Hauses schon fest stand, aber sie brauchten wohl dringend ein Quartier und konnten sich nichts Besseres leisten. Probleme gab es von Anfang an. Wenn man sie traf, grüßten sie nicht, wie es sich gehörte, ließen den Radioapparat bis Mitternacht laufen und machten freche Bemerkungen, wenn man sich beschwerte. Der Hausmeister konnte nichts gegen sie ausrichten und sogar Herrn Pohl, dem früheren Blockwart, gelang es nicht, sie einzuschüchtern. Die Polizei ließ sie in Ruhe, vielleicht weil das Radio immer dann verstummte, wenn ein Polizist das Haus betrat, oder weil sie andere Sorgen hatte, als sich um Nachbarschaftskonflikte zu kümmern, die es in ein paar Monaten ohnehin nicht mehr geben würde.

In den letzten Tagen war es noch schlimmer geworden. Die Nachbarn hatten Besuch. Das bedeutete lautstarke Gespräche bis tief in die Nacht. Die Rattenwege sorgten dafür, dass uns kein Detail verborgen blieb.

»Es gibt nur eine Sprache, die diese Menschen verstehen«, sagte Vater. »Ein Griff an die Gurgel, ein Schlag in die Magengrube. Früher hätte es genügt, wenn …«

»Halt doch den Mund! Bist du blöd oder was?« Mutter schielte in meine Richtung.

»Ich tu's. Ich schwör's. Das Kilogewicht von der Waage in der einen Hand, ein Messer in der anderen …«

»Das hast du gestern schon gesagt und vor drei Wochen.«

»Willst du mit mir streiten?«

Noch war ich ruhig. Wenn Vater Mutter schlug, musste mehr geschehen sein. Dann aber konnte ihn sogar Großtante nur schwer zurückhalten.

»Ich geh' runter und rede mit ihnen. Auf mich werden sie hören. Ich habe noch nie mit ihnen gestritten.« Die Erwachsenen schauten mich verblüfft an. Mutter schüttelte den Kopf. Vater stellte das Bier ab, und die Großtante meinte schließlich: »Na ja, warum eigentlich nicht? Aus eines Kindes Munde klingt viel sanfter auch die böse Kunde.«

»Wusste nicht, dass du jetzt unter die Dichter gegangen bist«, murmelte Vater.

»Kommt nicht in Frage«, sagte Mutter. Aber ich hatte schon begonnen, mich für den Auftritt zurecht zu machen, krempelte die Ärmel hoch, ging in die Küche, machte den Kamm nass. Es half nichts. Ich sah nicht aus wie James Dean, und das lag nicht nur an den Haaren. Mutter meinte, ich hätte das Aussehen meines oberösterreichischen Großvaters geerbt. In der Gegend, aus der er stammte, hätten alle Menschen solche Hamstergesichter.

»Sag ihnen, dass ich bis jetzt Gnade vor Recht habe ergehen lassen«, schrie mir Vater nach. »Das liegt an meiner Gutmütigkeit. Aber jetzt bin ich mit meiner Geduld am Ende.«

»Und red' nicht zu lange mit der Schlampe«, hörte ich die Stimme der Großtante, während ich Vaters Sonnenbrille aufsetzte.

Als ich hinunter ging, wurde mir schwindlig vor Aufregung. Ich musste mich an der Schnur festhalten. Das Geländer war schon während des Krieges eingestürzt.

4

Die Bodenkacheln vor dem Eingang waren lose und klapperten, wenn ich darauf trat. Von der Tür war die Farbe abgeblättert. Einige Jahre war die Wohnung leer gestanden. Es war ein Wunder, dass sie überhaupt noch bewohnbar war. Natsch. Ein eigentümlicher Familienname. Er stand auf einem Stück Karton, das mit einem Reißnagel unter dem Guckloch befestigt war. Die Drehklingel war eingerostet. Ich klopfte. Eine Frau, die ich bis dahin ein einziges Mal auf der Stiege getroffen hatte, öffnete. Sie trug ein zerschlissenes Nachthemd und mausgraue Filzpantoffeln. Meinem Gefühl nach war sie alt, Mitte dreißig, vielleicht vierzig. Wahrscheinlich war sie Ende zwanzig. Herr und Frau Natsch seien nicht zu Hause, erklärte sie. Sie sei mit ihrem Mann nur für ein paar Tage zu Besuch gekommen. Genau darum ginge es, stammelte ich, und ich dachte, dass die Sonnenbrille mich mit Sicherheit genauso wenig erwachsen und verwegen aussehen ließ wie die mit Wasser und Seife gekämmten Haare. Der verdammte Großvater aus Oberösterreich! Hatte ich von ihm auch die hohe Stimme geerbt? Es sei nämlich so, berichtete ich kleinlaut. Meine Eltern beschweren sich wegen der Lärmbelästigung am Abend, und seit Herr und Frau Natsch Besuch bekommen haben, sei alles noch viel schlimmer … Ich senkte den Blick und spürte, wie ich errötete. Gottverdammter Großvater!

»In zwei Tagen sind wir wieder weg.«

Hinter der Frau war eine männliche Gestalt aufgetaucht.

»Gibt's Probleme?«

»Nein, geh wieder ins Bett.«

Um zehn Uhr vormittags und noch im Bett! Wenn ich

das oben erzähle, gibt das noch mehr böses Blut. Es fiel mir auf, dass der Mann denselben Akzent hatte wie die Natsch. Unsere Nachbarn waren Deutsche aus Westungarn oder, wie man seit Neuestem zu sagen pflegte, Altösterreicher. Sie waren nach der Niederschlagung des Aufstandes letztes Jahr im Herbst aus ihrer Heimat geflüchtet.

»Wir werden uns bemühen, leiser zu sein«, erklärte mir die Frau. »Richte das bitte deinen Eltern aus.« Ich bedankte mich und wollte gehen, als ich das Klappern der Bodenkacheln hinter meinem Rücken hörte.

»Was willst du von uns?« Herr Natsch war auf den ersten Blick ein schmächtiger Mann. Er hatte einen langen Oberkörper, aber ziemlich kurze, kräftige Arme und Beine, außerdem breite Hüften wie eine Frau. Irgendwie passte hier nichts zusammen. Vielleicht war das ebenfalls einer der Gründe, weshalb er die Missgunst seiner Mitmenschen auf sich zog. Manche bezeichneten ihn offen als Krüppel. Seine Frau hingegen war eine Schönheit. Schlank, dunkelhaarig, sinnlich. Wenn ich wichste, dachte ich immer öfter an sie und nicht an Trudl aus der Hauswirtschaftsschule.

»Es ist wegen dem Radio«, murmelte ich und nahm die Sonnenbrille runter. »Am Abend. Und wegen der lauten Gespräche.«

»Was? Schicken die mir jetzt schon die Kinder auf den Hals?«, schrie der Mann. »Soll ich hier wie in einer Gruft leben? So wie die anderen.«

»Aber die Hausordnung ...«

»Die Hausordnung? Der Zettel, der da unten hängt? Der ist mir grad recht zum Arschabwischen. In ein paar Monaten gibt's sowieso kein Haus mehr.«

»Oswald! Überleg' doch, was du sagst!« Frau Natschs Kleid war tatsächlich so kurz, dass man Knie und Oberschenkel sehen konnte. Und wie sie von einem Bein auf das andere stieg! Kaum auszuhalten.

Die Frau in der Tür sagte etwas auf Ungarisch. Es wirkte besänftigend, fast ironisch. Herr Natsch antwortete in herausforderndem Tonfall. Dann stritten sie. Ein kurzer Dialog. Die Frau drehte sich um und ging ins Innere der Wohnung.

»Ich diskutiere nicht mit Kindern. Sag das deinem Vater.« Herrn Natschs Stimme klang wieder ruhig. Frau Natsch lächelte mich an.

Plötzlich hatte ich keine Angst mehr. Ich war wütend. Ich wenigen Monaten werde ich fünfzehn, dachte ich, und die behandeln mich wie einen Säugling.

»Wissen Sie, Herr Natsch«, sagte ich und versuchte meiner Stimme einen frechen Ton zu geben. »Mein Vater hat gesagt, er kommt zu Ihnen runter. Mit dem Kilogewicht unserer Waage in einer Hand und einem Klappmesser in der anderen, wenn Sie sich weiterhin so verhalten wie im Urwald.« Auf den Einfall mit dem Urwald war ich mächtig stolz.

»Soll er doch! Wir werden schon sehen, wer wen aufschlitzt. Und jetzt geh spielen.« Die Tür knallte zu. »Dem hab' ich's jetzt aber gegeben«, flüsterte ich, schluckte die Tränen runter und setzte die Sonnenbrille auf. »Dem hab' ich's gezeigt!«

5

An diesem Tag schlug mein Vater meine Mutter wieder, und es war meine Schuld, denn ich hatte alles falsch gemacht. Scharf gemacht habe ich ihn, als ich von meinem Gespräch mit den Natschs erzählte, habe manches wiederholt und die Details ausgeschmückt. Dass der Nachbar getobt und mit dem Aufschlitzen gedroht und Vater einen Schlappschwanz genannt habe. »Schlappschwanz!« Ich mochte dieses Wort.

Ich genoss Vaters Wut. Ich pflichtete ihm bei. Wir waren einer Meinung. Ich war schon ein richtiger Mann. Dann mischte sich Mutter ein. Sie könne das alles nicht mehr hören. Ein schöner Sonntag sei das. Anstatt auf der Donauwiese oder im Prater spazieren zu gehen, würden wir in der Wohnung herumsitzen und über die Natschs reden. Nach der zweiten Ohrfeige versuchte ich Vater zurückzuhalten. »Misch dich nicht ein«, sagte Mutter, und die Großtante meinte, ich solle auf mein Zimmer gehen. Mit dieser Situation werde sie schon fertig.

Ich erinnere mich, dass ich an diesem Nachmittag versucht habe, Hausaufgaben zu machen. Dafür musste ich mich zwischen Bett und Matratze zum Schreibtisch hindurchzwängen. Der Stuhl gab ein beleidigtes Knirschen von sich. Aber ich hatte die richtige Technik gefunden, um ihn gefügig zu machen. Die Kante schnitt mir ins Gesäß, das linke Bein wurde taub, aber ich konnte sitzen. In der neuen Floridsdorfer Wohnung würde alles anders werden, hatten die Eltern versprochen.

Ich holte den lateinischen Text, den ich übersetzen musste, aus der Schreibtischlade. In Latein war ich, so wie in den meisten Fächern, Klassenbester. Meine Eltern würden mich sofort aus der Schule nehmen, sollte ich in die

Mittelmäßigkeit absinken. Dass ich überhaupt das humanistische Gymnasium besuchte, war Großtante Elfriede zu verdanken. Wenn es nach Vater gegangen wäre, hätte ich die achtklassige Volksschule, bestenfalls die Hauptschule abgeschlossen und danach eine Lehre als Spengler oder Tischler gemacht. Da hätte die ganze Überzeugungskraft der Volksschullehrerin nicht geholfen, ihr Gerede von meiner »außergewöhnlichen Begabung« und den vielen Möglichkeiten, die einem Maturanten offen stünden. Vater wollte nichts davon hören, bis die Großtante ein Machtwort sprach: »Sei doch froh, dass er nicht so ein Trottel ist wie du. Ein Großkopferter in der Familie ist die beste Altersversorgung.«

Vater tat immer, was die Großtante verlangte. Sie duldete keinen Widerspruch. Nicht einmal angeschrien hatte er sie. Kein einziges Mal. Bis heute. Das verwirrte mich so sehr, dass die lateinischen Wörter keinen Sinn ergaben. Ich konnte mir keinen Reim darauf machen, was geschehen war. Kurz bevor Vater auf Mutter losging, hatte ich ein weiteres Mal erzählt, wie die Nachbarn Ungarisch geredet hatten und den Tonfall dieser Sprache auf eine, wie mir schien, witzige und treffende Weise imitiert. Vater hatte gelacht. »Ein schmutziges Völkchen sind diese Ungarn«, meinte er.

»Die Natschs sind Deutsche«, hatte Mutter erwidert.

»Altösterreicher«, korrigierte ich.

»Ist doch einerlei, die Rasse ist mir egal«, meinte Vater. »Ein dreckiges Volk, diese Ungarn!«

»Du musst es ja wissen«, sagte Großtante mit Hohn in der Stimme. »Nach allem, was du erlebt hast, als du sie …« Sie konnte den Satz nicht beenden. Vater war bei ihr. So schnell hatte er das Zimmer noch nie durchquert. »Bist du wahnsinnig geworden?!«, brüllte er. »Halt ja den Mund!«

Die Erwachsenen verstummten plötzlich und schauten mich an. Die Stille währte lange, wie mir schien, vielleicht eine halbe Minute oder etwas länger. Noch nie hatte ich meine Eltern derart erschrocken gesehen. Sogar das nagende Geräusch, das aus der Küche drang – die Ratten speisten wieder – löste keine hektische Betriebsamkeit aus.

Vita omnis in venationibus atque in studiis rei militaris consistit.

»Ihr ganzes Leben besteht …«, murmelte ich. Was heißt nur venationibus? Ich blätterte geistesabwesend im Wörterbuch, ohne das V zu finden. Was hatte mein Vater mit Ungarn zu tun? Soweit ich wusste, war er in seinem Leben nie über die Grenzen Niederösterreichs hinausgekommen. Auch während des Krieges nicht. »Ihr ganzes Leben …« Er war Jahrgang 1902. Für den Ersten Weltkrieg zu jung, für den Zweiten zu alt. Irgendwann wurde er dann doch gemustert, aber als Facharbeiter nicht eingezogen. Erst im März Fünfundvierzig musste er zum Volkssturm. Der Einsatz führte ihn in die Umgebung von Wien, und er konnte sich noch rechtzeitig absetzen, bevor alles zusammenbrach. »… aus Wehrübungen …« Meine beiden älteren Brüder waren hingegen an der Front, der eine in Russland, der andere in Norwegen. Ich war ein Nachzügler. Ein Verhütungsfehler.

Mit ungarischen Flüchtlingen, die im Jahr zuvor nach Österreich gekommen waren, hatte Vater ebenfalls nichts zu schaffen gehabt. Und sogar wenn er etwas mit ihnen zu tun gehabt hätte? Warum dieser Schreck in den Gesichtern der Erwachsenen? Während des Krieges wurden in Vaters Fabrik Fremdarbeiter beschäftigt. Sie stammten allesamt aus der Ukraine und seien »sehr gut behandelt worden«, hatte Vater erzählt. Also wieder keine Ungarn.

Venationibus. *Ihr ganzes Leben besteht aus Jagd und Wehrübungen.* Soweit Caesar über die Germanen. Damals gab es noch keine Ungarn.

Ita est profecto: multis fortuna parcit in poenam. So ein Unsinn. Das könnte auf mich zutreffen, aber nicht auf die Germanen. Ich öffnete das Fenster und lehnte mich hinaus. Unten knatterte eine Vespa vorbei. Ein paar Halbstarke standen vor dem Eingang zum Beisl an der Ecke – lässige Haltung, in den Mundwinkeln Zigaretten, die Jacken offen, die Schuhe schwarz lackiert. Wie gerne wäre ich einer von ihnen. Aber ich musste Hausaufgaben machen, wenn ich nicht mein Leben so wie Vater, Mutter und die Brüder in der Fabrik verbringen wollte. Aus den Rattenlöchern drang Radiomusik. Wenigstens war es im Nebenzimmer wieder ruhig. Keine Schläge mehr. Am Abend, wenn wir allein sind, werde ich die Großtante fragen, was sie mit dem Satz über Vater und die Ungarn gemeint hat.

6

In dieser Nacht hatte Großtante Elfriede einen Schwächeanfall. Ich weckte meine Eltern, nachdem sie gezischt hatte: »Ich verbiete dir, dieses Zimmer zu verlassen! Lass sie schlafen. Sie müssen morgen arbeiten. Mir ist nur ein bisschen schwindlig. Das geht vorüber.« Da wusste ich, dass es ernst war. Je weniger sie lamentierte, desto mehr hatte man sich vor den Folgen zu fürchten.

Vater lief hinunter zum Hausmeister, der ein Telephon hatte, und rief die Rettung an. Der Arzt traf eine halbe Stunde später ein, fühlte Großtantes Puls, horchte sie mit dem Stethoskop ab, öffnete seine bauchige Tasche aus braunem Schweinsleder. Nach der Spritze schlief die Großtante bald ein. »Lang macht sie's nicht mehr«, erklärte der Arzt, während er das Rezept für die Herztabletten ausstellte. »Siebenundsiebzig ist nun einmal ein hohes Alter. Es hätte keinen Sinn mehr, sie stationär aufzunehmen. Geben Sie ihr dreimal am Tag diese Pillen.« Er schrieb ein weiteres Rezept. »Und wenn sie sich besonders schlecht fühlt, dann diese hier. Zwei Stück. Für Notfälle. Sie kann noch zehn Jahre leben. Oder morgen sterben. Sie wissen ja: die Wege des Herrn. Undsoweiter.« Er lachte.

Als ich mich wieder ins Bett legte, war es zwei Uhr nachts. Großtantes Atem war regelmäßig und die Schnabelnase warf den üblichen Schatten auf den Lampenschirm. Etwas müsse sie besonders aufgeregt haben, hatte Vater gemutmaßt. Dass ich Großtante auf die Geschichte mit den Ungarn angesprochen hatte, verriet ich natürlich nicht. Vater umarmte Mutter und versprach, mit ihr am nächsten Sonntag auf die Donauwiese oder zur Alten Donau hinauszufahren. Derweilen könne ich zu Hause bleiben und auf die Großtante aufpassen. Bei dieser Vorstellung fuhr mir der Schreck in die Glieder, aber es hatte keinen Sinn, mit Vater mitten in der Nacht einen Streit anzufangen. Ich wollte nicht am nächsten Morgen mit einer geschwollenen Wange in die Schule gehen.

Als der Wecker läutete, schlief Großtante Elfriede immer noch. Normalerweise war sie um diese Zeit schon seit mindestens einer Stunde wach. Mutter packte zwei Wurstbrote in meine Tasche. Dann zog sie ihren alten Kittel an und füllte den Kübel mit Wasser. Sie würde bis Mittag die Wohnung putzen und die Bettwäsche neu überziehen. Wie jeden Montag. Mutter hatte ihre Arbeit in der Fabrik während der Wirtschaftskrise verloren. Als ungelernte Arbeitskraft gehörte sie zu den ersten, die entlassen wurden. Während des Krieges arbeitete sie einige Jahre als Straßenbahnschaffnerin. Danach musste sie ihren Platz im Beiwagen einer Garnitur der Linie Fünf für einen aus der Kriegsgefangenschaft Heimgekehrten frei machen. Später hätte die Pflege der Großtante ohnehin keine Berufstätigkeit mehr erlaubt.

Im Klassenzimmer war ich wie immer einer der Ersten. In viereinhalb Jahren hatte ich nur eine einzige Fehlstunde gehabt und auch die bloß, weil ich Vater auf die sowjetische Kommandantur begleiten musste. Er hatte angenommen, dass ich nach einem Jahr Russischunterricht schon eine Unterhaltung führen könne. Nun waren die Russen aus Österreich abgezogen, aber das Unterrichtsfach Russische Sprache war geblieben, nur dass nicht mehr viel Wert darauf gelegt wurde. Wer sich nicht allzu ungeschickt anstellte, konnte mit einer guten Note rechnen. Anders war es in Latein oder Griechisch. Ich hatte die Hausaufgaben sechsmal abgeschrieben, jeweils ein Exemplar für eine Bankreihe. Meine Klassenkameraden zeigten ihre Dankbarkeit, indem sie mich in Ruhe ließen. Sie machten keine Scherze mehr über meine Hosen, Pullover oder Schuhe, und ich musste mich nicht mehr prügeln.

Die Lehrer behaupteten seit langem nicht mehr, ich gehöre nicht ins Gymnasium. Professor Huber, den wir in Biologie hatten, stellte mich den anderen sogar als Vorbild hin. »Sie sehen, meine Herren«, erklärte er einmal, »dass Ihr Kollege Leopold Ableitinger trotz seiner proletarischen Herkunft mit der damit verbundenen, wenn auch kriegs- und nachkriegsbedingten mangelhaften Ernährung in der Kindheit und seiner offensichtlich dem Geiste und der Moral nicht förderlichen Prägung durch das Elternhaus – ich weiß, wovon ich spreche, meine Herren, denn ich hatte das zweifelhafte Vergnügen, den Vater dieses jungen Mannes kennen zu lernen –, dass Ihr Kollege Ableitinger also trotz alledem zu geistigen Höchstleistungen fähig ist.« Wenn Professor Huber von seinen eigenen Worten beeindruckt war, lockerte er die Krawatte und legte den Zwicker rechts neben das Tintenfass auf die glänzend polierte Tischplatte. »Denn Ihr müsst verstehen, meine Herren, dass nicht die gesellschaftliche Stellung, sondern die genetisch bedingte Veranlagung über die Begabung und den Werdegang eines Mannes entscheidet. Früher hätte man gesagt, die Reinheit des Blutes bestimme den Wert eines Menschen. Aber wir wollen uns, bedingt durch die nüchterne und alles andere als heldische Zeit, in der wir leben, einer nicht ganz so anschaulichen Ausdrucksweise bemüßigen. Wie war übrigens der Mädchenname Ihrer Mutter, Ableitinger?«

»Bauer, Herr Professor.«

»Aha. Sehr gut. Und wenn Sie so freundlich wären, mir auch die Namen Ihrer werten Großmütter zu nennen.«

»Pospischil und Horwath.«

»Ach?!« Der Lehrer runzelte die Stirn und setzte den Zwicker wieder auf. »Na ja, macht nichts. Ein böhmischer Zweig also. Kein ungewöhnlicher Stammbaum in unseren Breitengraden. Horwath wiederum weist auf einen ungarischen Hintergrund hin, obwohl Horwath außerdem als Zigeunername gebräuchlich ist. Aber Letzteres wollen wir in Ihrem Fall nicht annehmen, Ableitinger. Ihr Aussehen und Ihre Leistungen sprechen dagegen … Und nun, meine Herren, wenden wir uns wieder dem Schaubild mit den Mendel'schen Gesetzen zu …«

Die erste Stunde an diesem Tag war Deutsch, Biologie die zweite. Als ich daran dachte, fielen mir die Ausführungen des Lehrers zu meiner Abstammung ein. Horwath. Ein ungarischer Name. Ob das etwas mit Vaters Geheimnis zu tun hatte? Großtante Elfriede hatte mir letzten Abend nichts erzählen wollen. »Kümmer' dich um deine eigenen Angelegenheiten«, hatte sie gesagt. »Du musst nicht alles wissen.« Auf mein Nachfragen hin wurde sie immer unruhiger. »Ich will nichts mehr davon hören! Willst du mich ins Grab bringen?« Kurz danach hatte sie den erwähnten Schwächeanfall.

Moment mal!, dachte ich. Es war doch die Großmutter mütterlicherseits, die Horwath hieß.

Den ganzen Tag war ich mürrisch und geistesabwesend. »Sind Sie krank, Ableitinger?«, fragte der Deutschprofessor. »Sie sind so bleich, als hätten Sie letzte Nacht vom Leibhaftigen persönlich geträumt.«

»Ich weiß nicht, ob eine solche Begegnung – und sei es nur im Traum – ein schlechtes Omen wäre oder eine Chance darstellte, Herr Professor. Es heißt doch: Ich bin ein Teil von jener Kraft, die stets das Böse will und stets das Gute schafft.« Der Lehrer überlegte einen Augenblick und meinte dann ernst: »Gehen Sie heute früher schlafen, Ableitinger, und treiben Sie mit solchen Dingen keine Scherze. Sind sind zu jung, um abschätzen zu können, wie oft Ihnen in Ihrem Leben die dunklen Mächte noch begegnen werden.«

7

Auf dem Nachhauseweg hatte ich die Lösung für mein Problem gefunden. Ich überquerte gerade einen Platz, in dessen Mitte sich eine kleine Grünfläche befand, ein so genannter Beserlpark, wie man in Wien sagt, eine Mischung aus

Kinderspielplatz und Hundetoilette mit ein paar Bäumen, Parkbänken und manchmal einem oder zwei kiesbestreuten Wegen. Im Beserlpark stand ein kleines Russendenkmal, das die Rote Armee 1945 für ihre im Kampf um Wien in diesem Bezirk gefallenen Soldaten errichtet hatte – ein ungefähr zwei Meter hoher Steinobelisk mit einem roten Stern aus Blech an der Spitze. An den Seiten waren die Namen der Toten in kyrillischer Schrift eingemeißelt. Dieses Monument wurde nun abgetragen. Zwei Arbeiter bedienten die Abbruchmaschine. Etwa ein Dutzend Passanten und ein Polizist schauten zu. Auch ich blieb stehen.

Die Gesichter der Menschen drückten Zufriedenheit aus. Eine Frau mittleren Alters meinte, dass es höchste Zeit sei, die Namen dieser Vergewaltiger und Mörder aus dem Straßenbild der Stadt zu entfernen. Sie hoffe, es noch erleben zu können, dass auch das große Russendenkmal am Schwarzenbergplatz gesprengt werde. Dies verbiete der Staatsvertrag, den Österreich zwei Jahre zuvor mit den Alliierten unterzeichnet habe, erklärte der Polizist. »Kommt Zeit, kommt Rat«, meinte die Frau. Spätestens wenn Russen und Amerikaner aufeinander losgehen, sei der Staatsvertrag nichts als ein Stück Papier. Dann werde sich schnell zeigen, auf wessen Seite wir stehen. »Jedenfalls nicht auf Seiten der Bolschewiken«, sagte ein Mann, ein drahtiger Mensch Mitte dreißig. Aus der rechten Außentasche seines Sakkos ragte der Zipfel eines weißen Taschentuchs. Den beigefarbenen Schlapphut hatte er abgenommen und hielt ihn in der Hand, so als wohne er gerade einer religiösen Zeremonie bei. Die Frau meinte, dass sie sich immer noch frage, wie »wir gegen diese Affenmenschen den Krieg verlieren konnten«. Gelächter in der Runde. Dann plötzlich eine männliche Stimme mit gepflegter Aussprache: »Schämen

Sie sich! Wenn die Russen uns nicht befreit hätten, säße Hitler immer noch in Berlin und bei uns würden die Volksgerichtshöfe wüten.«

»Also mich haben sie nicht befreit.«

»Bist du Kommunist, Genosse?«

Der Mann mit Schlapphut reichte einem der Arbeiter eine Fünfschillingmünze. »Auf dass Sie noch schneller und gründlicher Ihre Aufgabe erledigen.«

»Danke schön, der Herr.«

»Ich bin nie Kommunist gewesen, aber ich war im Widerstand. Und Sie?«

»Ach so einer bist du. Hab's mir gleich gedacht.«

»Duzen Sie mich bitte nicht, ich bin älter als Sie.«

»Soll ich jedes Viech siezen oder was?«

»Einen anderen Ton, ja! Den Ihrigen hab' ich im KZ schon zu oft gehört.«

»Im KZ? Bist du ein Jud?«

»Ich bin kein Jude. Ich bin Sozialdemokrat.«

Gelächter.

»Was in den Konzentrationslagern geschehen sein soll, ist zu neunzig Prozent sowieso frei erfunden. Von den Alliierten. Und den Juden.«

»Was soll das heißen? Ich war dort.«

»Das kann jeder sagen.«

»Soll ich Ihnen erzählen, wie es gewesen ist, wie die Menschen zu Tausenden …«

»Ach, hör doch auf mit dem Gewäsch!«

»Sie sind ein Dummkopf, mein Herr!«

Wenige Augenblicke später lag der Mann mit der gepflegten Aussprache auf der Erde. Er hatte eine blutende Wunde auf der Stirn, tastete nach seinem Hut und seiner Brille. Er atmete schwer. »Herr Wachtmeister!«, rief er mit heiserer Stimme. »Schreiten Sie bitte ein! Haben Sie nicht gesehen, wie dieser …«

»Also ich habe nichts gesehen«, sagte der Polizist. »Hat jemand etwas gesehen?«

Gemurmel und Köpfeschütteln in der Runde.

»Aber ich habe gehört, wie Sie diesen Herrn beleidigt haben. Also schaun' S', dass weiterkommen, bevor der Herr auf die Idee kommt, Sie anzuzeigen.«

Herzhaftes Lachen in der Runde.

»Ja, ja«, meinte die Frau. »Jetzt gibt's Gottlob keine fremden Truppen mehr im Land.«

Der Polizist wandte sich plötzlich mir zu. »Und du, glotz nicht so blöd«, bemerkte er. »Willst du hier Wurzeln schlagen? Du bist Schüler? Dann geh und lies was Schönes. Für solche G'schichten bist du noch zu jung.«

Der Tonfall des Polizisten jagte mir Angst ein. Sogar meine Knie zitterten ein wenig, als ich weiterging, aber er hatte mich auf eine gute Idee gebracht. Lies was Schönes. Lies! Nachlesen – aber natürlich. Warum hatte ich nicht schon früher daran gedacht?

Ich wusste, dass es keinen Sinn hatte, die Großtante mit weiteren Fragen zu belästigen. Aber ich würde bestimmt einen Hinweis auf Vaters Beziehung zu Ungarn in einem ihrer Tagebücher finden. Die Hefte – es waren mehrere Dutzend – lagen zusammen mit ihren Blusen und Unterröcken in einer Truhe in meinem Zimmer. Soweit ich wusste, reichten die Aufzeichnungen bis ins Jahr 1913 zurück, bis zu jenem Tag, als Großtante Elfriede den Großonkel Georg in der Lagerhalle der Ziegelfabrik mit der Liesl aus Stammersdorf »in der unmissverständlichen Körperhaltung des Ehebruchs« erwischt hatte.

Ich musste vorsichtig sein, warten, bis die Großtante

eingeschlafen war, ein paar Hefte – nicht zu viele – herausnehmen, in den Schulpausen oder im Park durchblättern und in der nächsten Nacht zurücklegen. Wenn ich mich bemühte, würde ich in zwei bis drei Wochen alles durchgelesen haben.

Als ich in unsere Straße einbog, erblickte ich Frau Natsch. Sie schob den Kinderwagen mit der jüngeren Tochter, die Ältere trottete hinter ihr her und redete in einem fort. Am liebsten wäre ich im nächsten Hauseingang verschwunden.

»Guten Tag«, sagte ich leise.

»Sieh an, sieh an, das Jüngelchen von oben.« Sie taxierte mich mit spöttischem Blick. »Dein Vater war noch nicht bei uns. Mit Klappmesser und Kilogewicht. Wann dürfen wir denn mit dem angekündigten Besuch rechnen?«

»Er ...« Ich schluckte.

»Schau mich nicht so an.«

»Was?«

»Wenn deine Augen Hände hätten, wäre ich jetzt nackt.«

»Ich ...«

»Wie alt bist du?«

»Sechzehn.«

»Das glaub' ich nicht.«

»Vier... Fünfzehn.«

»Schon besser. Du sollst mich trotzdem nicht so anschauen. Ich sehe mehr als du.«

Ich hielt mir schnell die Schultasche vor Bauch und Unterleib.

»Mund zu, Augen runter.« Sie lachte, hob die Kleine hoch und gab ihr einen Kuss auf die Stirn. »Setz' wenigstens wieder die Sonnenbrille auf, wenn du mich anschaust, sonst sag' ich noch meinem Mann, was du für einer bist. Weißt du, was er dann mit dir macht?«

Ich schüttelte den Kopf.

»Soll ich dir erzählen, wie wir im Dorf die Stierkälber kastriert haben?«

»Ich ... ich wünsche noch einen schönen Tag«, flüsterte ich und ging weiter.

8

Der Wettergott war mir gnädig. Die Nacht war klar, und das Mondlicht fiel genau auf Großtantes Truhe. Ich musste nur warten, bis das Zittern ihres Nasenschattens gleichmäßig wurde und ihr Schnarchen den gewohnten Rhythmus erreichte. Zur Sicherheit wartete ich noch eine Viertelstunde länger. Dann schlich ich mich barfuss durch das Zimmer. Auf der anderen Seite des Flusses fuhr die letzte Stadtbahn Richtung Nussdorfer Straße ab. Wenn ich genau hinhörte, glaubte ich sogar, das Quietschen der Falttüren zu hören. Das Zuggeräusch wurde vom Motor eines Lastwagens übertönt. Ich wusste, dass Straßenlärm der Großtante nichts ausmachte. Sie war in einer Fabriksbaracke geboren und aufgewachsen. Ich tastete mich durch den Stapel und griff willkürlich drei Hefte heraus. Erst als ich sie in meine Schultasche gelegt hatte, fiel mir ein, dass es zielführender gewesen wäre, sich systematisch und nicht kreuz und quer durch Großtantes Aufzeichnungen durchzuarbeiten. In der darauffolgenden Nacht würde ich klüger sein.

Nach Schulschluss machte ich auf dem Weg nach Hause einen Umweg. Am Gaußplatz setzte ich mich auf eine Parkbank, die zwischen Bäumen und Sträuchern stand und die man auch von der Straßenbahn aus nicht sehen konnte. Das hatte ich nachgeprüft. Hier konnte ich vor den neugierigen Blicken meiner Schulkameraden sicher sein.

Großtantes Aufzeichnungen stammten aus dem Jahr 1941. Die Seiten waren an mehreren Stellen brüchig. Die Ratten hatten viele Episoden, manchmal sogar ganze Tage weggefressen, aber das meiste war gut lesbar. Nach wenigen Minuten wusste ich, dass die Aufgabe schwerer war, als ich es mir vorgestellt hatte. *Um elf Uhr morgens kaufte ich auf dem Markt am üblichen Stand zwei Kilo Kartoffeln und ein halbes Kilo Karfiol. Ich trug alles in der braunen Tasche heim, obwohl sie unten rechts ein Loch hat und der Henkel bald reißen wird. Ich hätte die schwarze Tasche nehmen sollen, hatte aber versehentlich die falsche erwischt, als ich aus dem Haus ging. Nun ärgerte ich mich, aber es war nicht mehr zu ändern.* Ich begann an meinem Vorhaben zu zweifeln. Aber ich hatte keine Wahl. Ich musste alles lesen. Satz für Satz. *Ich kenne die Verkäuferin schon seit zehn Jahren. Sie ist eine gemeine Drecksau. Diesmal hat sie mich um eine ganze Mark beschissen. Auch ihr Mann ist ein großes fettes Schwein. Ich weiß, daß er den Lehrbuben vom Bäcker, der erst vierzehn Jahre alt ist, vögelt und daß er ihm Geld dafür gibt.* »Das ist ja unglaublich!«, flüsterte ich. »Ja kann es denn sowas überhaupt geben? Oder lügt die Alte?« *Gestern hat man mir fünf Mark und die Lebensmittelmarken gestohlen. Verdammter Krieg! Man sollte den Hitler abstechen!* Ich verstand, welch großes Glück die Großtante gehabt hatte, dass offensichtlich ich der erste Mensch war, der sich für ihre Tagebücher interessierte. Ich las weiter und erfuhr einiges über Vater, doch an keiner Stelle war von irgendwelchen Ungarn die Rede.

Mutter gab mir eine Ohrfeige. Da ich damit gerechnet

hatte, tat es nicht weh. Zwar hatte ich ihr am Morgen gesagt, ich würde später kommen, weil ich mit einem Klassenkameraden für die Griechischschularbeit lernen müsse, aber Mutter verdrängte meistens alles, was ihr Nachdenken verursachte und ihren Tagesablauf durcheinander brachte. Das Essen war kalt. Sie konnte nicht abräumen und demzufolge nicht abwaschen. Wie immer, wenn sie mich schlug, warf sie mir vor, ich sei undankbar und egoistisch. Ich könne es nicht ermessen, welches Glück ich hätte, in einer Zeit des Friedens und des Wohlstands aufzuwachsen. Unsere Wohnung habe fließendes Wasser, die Toilette am Gang müssten wir mit keiner der anderen Hausparteien teilen, und jedes Mal hänge eine frische Klopapierrolle an der Wand, wenn die alte verbraucht sei. Als sie in meinem Alter gewesen sei, habe sie mit den Eltern und sechs Geschwistern im selben Zimmer geschlafen. Dort habe es keine elektrische Beleuchtung gegeben und keine Möbel außer Strohmatratzen und zwei Stühlen. Nur an Festtagen sei man am Abend satt ins Bett gegangen. »Für die Jugend von heute ist der Wohlstand eine Selbstverständlichkeit«, meinte sie. »Ihr denkt nur an euch selbst und nie an andere.«

»Ja, Mama«, sagte ich.

»Du bist ein Schwein.«

»Ja, Mama.«

»Dann geh Hausaufgaben machen.«

»Ja, Mama.«

In der Nacht tauschte ich die gelesenen Hefte gegen neue aus. Es war Vollmond, und ich konnte nicht einschlafen. Die dünnen Vorhänge hielten das Licht nicht ab. Der glänzende Schrankschlüssel reflektierte einen länglichen, gelblich weißen Fleck auf das Quadratmuster der Tapeten über dem Bett, und der nicht enden wollende Lärm vorbeifahrender Lastwagen ließ mir keine Ruhe. Ich dachte an die Begegnung mit Frau Natsch am Vortag. Ich stellte mir vor, wie ich sie an den Haaren packe und zu Boden werfe, wie ich unter ihren Rock greife, wie ich in sie eindringe. Stierkälber kastrieren. Sie wird es nicht mehr wagen, mich zu verhöhnen. Plötzlich muss ich an den Bäckerjungen denken, der vom Mann der Verkäuferin … Es ist zu furchtbar, sich das vorzustellen. Ein entsetzliches, ein beschämendes Bild: Es kommt mir vor, als sei ich der Bäckerjunge und gleichzeitig – noch schlimmer! – der Mann, der ihn … So tief darf ich nicht sinken. Nur weg mit diesem Bild! Man sollte alle Schwulen kastrieren! Wie Stierkälber. Die Natsch bettelt um Gnade, aber ich bin ganz tief in ihr. In der rechten Hand halte ich ein Messer, in der linken das Kilogewicht unserer Waage. Ich denke an den Bäckerjungen, der die Hosen runterlässt und sich bückt. Für Geld! Ekelhaft!

»Leo!« Die Großtante sitzt aufrecht im Bett. »Du bist ein Schwein. Kannst du nicht wenigstens aufs Klo gehen, wenn du das machst?« Ich ziehe die Decke bis hinauf zum Kinn. »Außerdem schrumpft das Gehirn von dieser Sache, was aber noch schlimmer ist – er steht dir nicht mehr, wenn du in das Alter kommst, in dem er's sollte. Vergeude also nicht gleich alles. Du wirst es noch brauchen. Außerdem ist es eine Sünde. Wenn du das nächste Mal ins Tröpferlbad gehst, dusch dich am Anfang und am Schluss mit kaltem Wasser.«

In dieser Nacht konnte ich nicht mehr einschlafen. Zehn Minuten, bevor der Wecker läutete, rüttelte ich die Großtante aus dem Schlaf.

»Tante?«

»Hm?«

»Du wirst doch Vater und Mutter nichts …«

»Bist du blöd oder was? Glaubst du, ich erzähl' ihnen sowas? Es gibt schon genug Geschrei und Schläge in dieser Wohnung.«

9

In den nächsten drei Tagen erfuhr ich, wieviel ein Krautkopf im Jahre 1914 in Kronen und Kreuzern gekostet hatte, wie Mutters erste Schwangerschaft verlaufen war und dass mein Bruder Hans im Februar 1934 von einer Kugel im Oberschenkel getroffen wurde. *Die Sozis sind schuld daran, daß seine Majestät der Kaiser irgendwo auf einer Insel bei den portugiesischen Negern sterben mußte,* schrieb die Großtante. *Nun ereilt diese jüdische Bagage die gerechte Strafe.*

Vielleicht war ich in der vierten Nacht nachlässig geworden oder Großtantes Schlaf war nicht tief genug, denn gerade als ich die Truhe schließen wollte, hörte ich einen Schrei des Entsetzens hinter meinem Rücken.

»Was tust du da? Willst du mich bestehlen, du Hund? Deine alte Großtante willst du ausrauben, du kleiner Mistköter? Ich habe kein Geld!«

Das stimmte nicht. Großtantes Ersparnisse waren in ihre rosafarbene Bluse eingewickelt. Zwei Tage zuvor hatte ich mit dem Gedanken gespielt, bei ihr eine Zwanzig-Schilling-Banknote »auszuleihen«, das Geld nach einigem Zögern aber wieder zurückgelegt. Ein Dieb wollte ich nicht sein. Deshalb beschloss ich, Großtantes Tod abzuwarten. Dann müsste ich zwar schnell reagieren, war mir aber sicher, dass ein Teil des Geldes längst in einem meiner Verstecke liegen würde, bevor meine Eltern die Truhe ausgeräumt haben würden. Das wäre kein Diebstahl mehr. Großtantes

Vermögen – es waren bestimmt dreitausend Schilling, wenn nicht mehr – stand mir als Erbe gleichermaßen zu wie meinen Eltern.

»Ich habe nichts gestohlen, Tante«, sagte ich. »Du kannst nachschauen, wenn du mir nicht glaubst.«

»Und was willst du mit meinen Tagebüchern?«

Sie begann zu schimpfen und zu lamentieren. Ich hatte Angst, meine Eltern könnten wach werden, warf die Hefte in die Truhe zurück, lief zum Bett und hielt Großtante den Mund zu. Als ich sie losließ, war sie still. Sie holte aus, war aber zu schwach, um zuzuschlagen. »Du bist nicht besser als dein Vater«, keuchte sie.

Ich überlegte, was ich sagen sollte. Die beste Ausrede schien die Wahrheit zu sein.

»Wieviel Hefte hast du schon gelesen?«, fragte die Großtante.

»Zwölf.«

»Du bist völlig verrückt«, stöhnte sie. »Womit habe ich das verdient? Jeder aus meiner Verwandtschaft hat einen Huscher. Bei einem einfachen Menschen ist ein Huscher eine Last, bei einem intelligenten und gebildeten, wie du es einer sein wirst, eine biblische Plage. Ein Huscher ist wie ein Häscher des Schicksals. Sieh dich also vor. Anstatt zu lernen, mit deinen Freunden etwas zu unternehmen, tanzen zu gehen oder Mädchen nachzupfeifen, beschäftigst du dich mit dem Geschreibsel einer alten Frau.«

»Ich will es wissen.«

»Wozu? Es hat nichts mit dir zu tun.«

»Trotzdem.«

»Es wird dich dein Leben lang ... Zum Teufel! Neugierde ist auch eine Sünde. So mancher ist an seiner Neugierde zugrunde gegangen.«

Zu diesem Zeitpunkt wusste ich schon, dass mir Großtante die Geschichte erzählen wird. Deshalb ließ ich nicht locker. Ich setzte mich an die Bettkante und redete auf sie ein.

Heute denke ich, dass Großtante den nahenden Tod spürte. Es gibt Menschen, die es angesichts des Todes schaffen, umzukehren. Oder Grenzen zu überschreiten. Wie Großtante. Sonst hätte sie ein paar Tage zuvor nicht jene Bemerkung fallen lassen, die so viel Bestürzung bei meinen Eltern ausgelöst hatte. Großtante war kein Mensch, der unbedacht mir Worten umging. Geschwätzig war sie nur in ihren Tagebüchern.

»Schau die Hefte aus dem Jahre 1945 durch«, flüsterte sie schließlich, ergriff meine Hand und schaute verstohlen Richtung Tür, so als könne Vater jeden Augenblick ins Zimmer kommen. »Es ist der Eintrag vom 11. Mai. Du willst lesen, also lies. Aber erst morgen. Jetzt bin ich müde. Stell' mir also keine Fragen mehr.«

10

Als ich aufwachte, hatte ich Fieber. Georg gab mir heißes Wasser zu trinken. Tee haben wir schon lange keinen mehr. Wir haben überhaupt nichts. In der Ferne höre ich Explosionen. Oder sind es Waggons auf dem Rangierbahnhof? Die Russen lassen jetzt wieder irgendwelche Züge fahren. Gestern ist in der Ruine neben dem Park ein Blindgänger explodiert und hat Frau Kratochwil mit ihrem Hund getötet. Was die Frau doch alles unternommen hat, um den Köter heil durch den Krieg zu bringen! Der Sohn ist in Belgien gefallen, aber den Köter hat sie gerettet. Nun sind alle drei tot. Ich habe die Augen geschlossen und bin eingeschlafen, und als ich die Augen wieder aufgemacht hab', ist der Alois vor mir gestanden. Dürr und bleich hat er ausgesehen, wie die Leiche eines Sandlers, und die Kleidung von einem Sandler hat er auch angehabt. »Ich bin wieder zurück, Tante«, hat er gesagt. »Ich bin nicht blind«, habe ich geantwortet. »Warst du schon bei Kathi und dem Kind?« »Ja, denen geht es gut.« »Willst du heißes Wasser und ein Stück Brot?« »Ein Bier wäre mir lieber.« »Witzbold.« »Wir sind alle auseinandergelaufen, kurz bevor die Russen gekommen sind.« »Das war g'scheit.« »Wir haben Menschen umgebracht.« »Das tut man immer im Krieg.« »Nein, ich meine richtig umgebracht. Man wird mich aufhängen, Tante. Ganz sicher. Das spüre ich, mein Hals tut mir jetzt schon weh.«

Ich habe dieses Heft später verbrannt. Ich hatte es vielleicht zwanzigmal gelesen. Ich kann es auswendig. Oder zumindest beinahe. Als ich im Gefängnis war, sah ich oft Großtantes schöne Volksschulschrift, wenn ich die Augen schloss. Ihre Sätze begleiteten mich, bis ich den ersten schweren Nervenzusammenbruch hatte.

Die Großtante erklärt nicht, warum ihr Neffe diese Sachen erzählte und sie erwähnt mit keinem Wort, wie er es erzählte. Es wird nur deutlich, dass er alles andere als stolz auf sich war. Das ist schon viel.

Den Oberbefehl, hat der Alois erzählt, hatten ein paar SS-Leute inne, doch der Großteil der Wachmannschaft bestand aus Volkssturmleuten. Früher waren bei ähnlichen Märschen alles Leute von der SS, aber gegen Ende des Krieges standen zu wenige zur Verfügung. Die Gefangenen waren Ungarn, das heißt ungarische Juden. Sie waren auf dem Weg ins Konzentrationslager Mauthausen. Schmutzige, zerlumpte und unangenehme Leute waren das, hat Alois erzählt. Ungarn eben. Und Juden. Aber auch arm dran. Zu Skeletten abgemagert. Wie solche Leute nur für die Rüstung arbeiten sollten, hat sich Alois gefragt. Es wäre zweckdienlicher gewesen, sie sofort zu erschießen, anstatt sie durch die halbe Ostmark marschieren zu lassen. Angekommen sind sie ja dann sowieso nicht in Mauthausen. Es sind immer weniger geworden. Die einen sind umgefallen und waren tot. Andere wurden erschossen, wenn sie nicht mehr gehen konnten. So lautete nun einmal der Befehl. Was soll man machen? Wer nicht gehen kann, wird erschossen. Die Menschen in den Dörfern haben ganz unterschiedlich reagiert. Die einen hatten Mitleid mit den Häftlingen und haben ihnen sogar etwas zu essen gegeben. Andere haben sie beschimpft: Was, es gibt euch noch, ihr Juden? Wir dachten, man habe euch schon alle umgebracht. Alois und die anderen vom Volkssturm haben sich zuerst gefreut, daß sie nicht an die Front müssen. Sie waren lange unterwegs. Irgendwie kreuz und quer, weil die Straßen immer wieder verstopft waren, und niemand hat mehr genau gewußt, wie es weitergehen soll. Dann haben sie es mit der Angst zu tun bekommen. Der Krieg war verloren. Die Sieger, hat einer gesagt, sind die jüdischen Bolschewiken und die jüdischen Amerikaner. Die werden Rache nehmen. Das war einer, der noch den ersten Krieg mitgemacht hat, und der hat irgendwas von Regeln erzählt, die man als Soldat einhalten muß. Irgendwann in der Nacht – es war schon im Mai – waren die SS-Leute fort. Dann haben Alois und die anderen vom Volkssturm die wenigen Häftlinge, die noch am Leben waren, in eine Scheune eingesperrt und diese angezündet. Damit es keine Zeugen gibt. Es war eine entlegene Stelle. Weit weg vom Dorf. Dann sind alle auseinan-

dergelaufen. Jeder zu sich nach Hause. Alois hat seine Waffe weggeworfen und hat sich Zivilkleider besorgt. Er hatte unwahrscheinliches Glück. Man hätte ihn als Deserteur aufhängen können, oder die Russen hätten ihn gekriegt. Es war eine Frage von Stunden.

Ich habe bis jetzt nicht in Erfahrung bringen können, ob jemand von diesen ungarischen Juden, die in der brennenden Scheune waren, überlebt hat. Ich weiß nicht einmal, wo es geschehen ist. Es gibt Aufzeichnungen über ähnliche Vorfälle, aber keiner, den ich definitiv mit meinem Vater in Verbindung bringen kann. Jedenfalls hat er sich nie dafür verantworten müssen.

11

Ich betrachtete Vaters Hände, während er das Fleisch auf seinem Teller zerteilte. Er schnitt den ganzen Schweinsbraten immer in kleine Häppchen, bevor er zu essen begann, so wie es die Amerikaner tun. Die Uhr auf seinem rechten Unterarm rutschte vor und zurück. Ich stellte mir seine Finger am Abzug eines Gewehrs vor. Seine Hände hatte ich nie gemocht. Sie waren breit und kräftig, die Finger sehr kurz, die Fingernägel eingerissen und schmutzig unter den Rändern. Nun sah ich diese Hände in einem anderen Licht. Sie waren keine gewöhnlichen Arbeiterhände mehr, hatten einen eigenen Reiz bekommen. Die Großtante auf der anderen Seite des Tisches warf mir einen vielsagenden Blick zu. Eigentlich müsste sie mich gut genug kennen, um zu wissen, dass ich schweigen werde, dachte ich.

Vater erzählte vom neuen Vorarbeiter, der ihm einige Tage zuvor zugeteilt worden war. Bis dahin war Vater der einzige Vorarbeiter in seiner Halle gewesen. Nun musste er sich die Herrschaft mit einem Jüngeren teilen. Bis zu seiner Pensionierung waren es noch knapp zehn Jahre. Zu früh, um einen Nachfolger einzuschulen. Wenn sie ihn loswerden wollten, sollten sie es offen sagen. Er sei immer pünktlich, trinke nicht mehr als andere und erledige seine Arbeit gewissenhaft, meinte er.

Wenn ich in Vaters Augen schaute, glaubte ich, das dunkle Geheimnis in seinem Innersten sehen zu können. Ich kannte es, aber er wusste nicht, dass ich es kannte. Er spielte den gewöhnlichen Menschen und ahnte nicht, dass ich ihn durchschaut hatte. Das verschaffte mir ein seltsames Gefühl von Befriedigung. In den französischen Kriminalfilmen, die ich im Kino gesehen hatte, waren die Mörder fast immer tragische Gestalten, die am Ende sterben mussten. Dennoch waren sie viel größer und interessanter als andere. Ich stellte mir vor, wie mein Vater über Leben und Tod entschied. Je plastischer diese Szene vor meinen Augen erstand, desto besser gefiel sie mir. Ich war mir nicht ganz im Klaren darüber, ob ich mich dafür schämen sollte.

Wenn Vater über seine Arbeit sprach, gab er seinen Kollegen Namen. Der oberste Chef war »das Arschloch«, der Fabrikleiter »die Drecksau«, der Techniker »Ingenieur Hornochs«, der Buchhalter ein »Hirnwichser«, die Arbeiter allesamt Trotteln und Idioten. Ich fand das langweilig. Jedes Mal dieselben Geschichten.

»Nicht vor dem Kind!«, empörte sich Mutter. »Nicht diese Ausdrücke.«

»Er ist alt genug. Soll er hören, wie das Leben wirklich ist. Das steht nicht in seinen Büchern.«

»Soll er werden wie du?«, fragte Mutter.

Am nächsten Tag ging ich in die Schulbibliothek. Ich

wartete, bis ich mit Fräulein Schtschur, der Kanzleisekretärin, die an diesem Tag den Bibliotheksdienst versah, allein im Raum war. Dann beugte ich mich über den Tisch zu ihr und fragte leise, fast flüsternd: »Hätten Sie etwas über den Nationalsozialismus, Fräulein Schtschur?«

»Die Geschichte des Zweiten Weltkriegs?«

»Nicht direkt. Eher etwas … über … die Verbrechen … die Ermordung der Ju… der Juden … die Verfolgungen.«

Fräulein Schtschur kniff die Augen zusammen. Die Falten in ihrem Gesicht vertieften sich. Sie strich sich einige Male durch das Haar, obwohl es wie immer ordentlich verknotet und mit Bändern und Haarnadeln in die gewünschte Form gebracht worden war.

»Warum interessiert Sie das, Ableitinger? Brauchen Sie's für den Unterricht?«

Nun durfte ich nichts Falsches sagen.

Aber es fiel mir nichts ein, das nicht falsch ausgelegt werden konnte.

»Sie wissen doch, Fräulein Schtschur, ich habe schon viele Bücher zu historischen Themen ausgeliehen.«

»Kommen Sie übermorgen wieder vorbei, Ableitinger. Ich werde nachsehen.«

Das bedeutete, sie würde nichts für mich tun.

Deshalb ging ich am Nachmittag in die kleine Zweigstelle der Städtischen Büchereien, die ich manchmal besuchte. Sie lag jenseits des Donaukanals, im neunten Bezirk, fast schon in einer anderen Welt. Dort glaubte ich mich vor unangenehmen Fragen sicher.

In öffentlichen Bibliotheken war es damals noch nicht erlaubt, sich die Bücher selbst aus den Regalen zu holen. Der Buchbereich war von jenem, in dem sich die Leser aufhalten durften, durch einen langen Tisch getrennt, hinter dem die Bibliothekarinnen saßen. Es herrschte die Atmosphäre eines Postamtes oder einer Bank.

Die Bibliothekarin wollte tatsächlich nicht wissen, weswegen ich mich für ein solch heikles Thema interessierte. Als ich jedoch das Wort »Jude« aussprach, sah sie sich erschrocken um, obwohl ich auch hier so lange gewartet hatte, bis niemand in unserer Nähe war. Nach kurzem Zögern gab sie mir zwei Bücher. Eines davon war *Das Tagebuch der Anne Frank*. Ich hatte davon gehört, aber es noch nicht gelesen. Den Titel des anderen – eine Geschichte der Verfolgung und des Widerstandes im Dritten Reich – habe ich vergessen. Ich weiß nur noch, dass es sich um eine Übersetzung aus dem Englischen handelte. Auf der zweiten Seite war ein Stempelaufdruck mit den Worten *United States Information Service Information Center Vienna*. Der neunte Bezirk hatte ja bis zum Abzug der Besatzungsmächte vor zwei Jahren zur amerikanischen Zone gehört.

12

Ich müsste lügen, wenn ich behauptete, die entliehenen Bücher hätten mich erschüttert. Das Tagebuch der Anne Frank war manchmal etwas langatmig, an manchen Stellen aber durchaus spannend und unterhaltsam. Ich fand es nur schade, dass Anne mit dem Jungen nur geschmust, aber nicht geschlafen hatte. Vor allem für den Jungen muss das sehr frustrierend gewesen sein, dachte ich. Aber ich verstand, dass die beengten Verhältnisse im Amsterdamer Versteck, das die beiden Familien beherbergte, derartige Intimitäten nicht erlaubt hätten. Ansonsten war das Tagebuch nicht mehr und nicht weniger als eine weitere interessante

Geschichte, die in einem Buch beschrieben wurde, und ich hatte schon viele Bücher gelesen.

Was ich über Verfolgung und Widerstand im Dritten Reich erfuhr, erfüllte mich mit Abscheu und wohligem Schaudern zugleich, ja ich empfand sogar Bewunderung für jene Verbrecher, die einen Massenmord von solchen Ausmaßen geplant und durchgeführt hatten. Nicht dass ich ihre Taten gutgeheißen hätte. Ich hatte nichts gegen Juden, aber ich hatte auch nichts für sie übrig. Sie interessierten mich nicht. Zu jener Zeit traf man selten Juden in Wien. Nur wenige waren aus der Emigration heimgekehrt, und die meisten DP's, die nach dem Krieg in Österreich gelebt hatten, waren weitergezogen. Passanten auf der Straße hingegen sprachen ab und zu über Juden. Dass sie immer nur Geld wollten, sagten sie, dass sie zurückkommen würden, um ihre Wohnungen und ihr Vermögen zurück zu verlangen, dass sie die Welt beherrschten und ausbeuteten oder dass ihre »Auswanderung« – von Vertreibung oder Ermordung sprach damals niemand – ein Segen für Österreich gewesen sei. »Nur keine jüdische Hast«, hieß es, wenn jemand beim Einsteigen in die überfüllte Straßenbahn zu sehr drängte. Vom Metzger um die Ecke hieß es, er sei »geizig wie ein Jud«, und als ich eines Tages in den Lebensmittelladen in der Treustraße einkaufen ging, hörte ich den Verkäufer zu einer Kundin sagen: »Wenn dieser Kerl noch einmal behauptet, mein Vater sei Jude gewesen, schlag ich ihm die Zähne ein. Was kann ich dafür, wenn ich Grünbaum heiße. Ich war im Krieg in Russland an der Front und bin zweimal verwundet worden. Wenn ich Jude wäre, hätte ich mir in Amerika ein schönes Leben gemacht.«

In meiner Vorstellung waren Juden schlaue, langnasige Strizzis, die mit Geschick durchs Leben gingen. Es wäre bestimmt kein Nachteil für mich, einige ihrer Eigenschaften zu besitzen. Sonst hatte ich nicht viel über diese Dinge nachgedacht. Unser Geschichtelehrer sprach weder über Juden noch über den Krieg, und meine Mitschüler lasen gerne Landserheftchen, in denen von Heldentaten ritterlicher deutscher Offiziere die Rede war.

In dieser Nacht schwieg die Großtante, und ich stellte ihr keine Fragen. Es dauerte mehrere Stunden, bevor ich einschlief. Dann träumte ich von meinem Vater. Er trug eine schwarze Ritterrüstung mit einem roten Federbusch am Helm und ritt auf einem Schimmel, der zwei Meter hoch war. Die Menschen um ihn herum verneigten sich voller Ehrfurcht und Angst, denn Vater hatte blutige Hände. Hinter seinem Rücken gingen mehrere Scheunen in Flammen auf. Dann bemerkte die Menge mich und begann zu tuscheln. Das ist der Sohn. Der Sohn! Ich war mir nicht sicher, ob ihr Interesse auf Bewunderung oder Feindseligkeit beruhte. Ich lief meinem Vater nach, aber ich war zu Fuß und er hoch zu Ross, und je schneller ich lief, desto weiter entfernte er sich von mir, während die Leute hinter meinem Rücken immer näher kamen. Ich erwachte, bevor sie mich einholen konnten.

Nach zwei Tagen fiel meinen Eltern auf, dass mit mir etwas nicht stimmte.

»Du torkelst ja durch die Gegend wie eine Fliege im Herbst«, sagte mein Vater. »Entweder du hast dich ziemlich arg geprügelt oder du bist verliebt.«

»Blaue Flecken hat er jedenfalls keine«, bemerkte Mutter.

»Er ist noch zu jung, um sich zu verlieben«, erklärte die Großtante. »Mir scheint, er ist erst dabei, seinen eigenen Körper zu entdecken.« Ich fuhr hoch. Die Gabel glitt mir aus der Hand und fiel samt der gebratenen Kartoffel auf den

Parkettboden. Das rettete mich vor den peinlichen Fragen, wie die Großtante diesen Satz gemeint habe. Bereitwillig nahm ich den Rüffel hin und wischte den Boden auf.

»Wenn er zwei, drei Jahre älter wäre, würde ich ihm die beste Medizin verabreichen, die es in solchen Fällen gibt«, sagte Vater. »Eine Zigarette und ein Bier.«

Ich ging schnell auf mein Zimmer und zog die Tür hinter mir zu.

13

Am nächsten Nachmittag fuhren ich und zwei meiner Mitschüler mit der Straßenbahn über die Reichsbrücke auf die andere Flussseite, die von vielen Wienern etwas abschätzig Transdanubien genannt wird. Die alten Garnituren hatten damals keine Türen, und so galt das Abspringen während der Fahrt als große Mutprobe, besonders mitten auf der größten Brücke der Stadt. Dabei musste man nicht nur schnell die Menschen beiseite schieben, die den Zugang zum Trittbrett verstellten, und die nachkommenden Kraftfahrzeuge im Auge behalten, sondern lässig und verwegen wirken. Wer Angst zeigte, galt als Verlierer. Eigentlich mochte ich diese alberne Art von Freizeitbeschäftigung nicht, und an diesem Tag war mir erst recht nicht danach, aber das Springen war in unserer Schule Tradition, und von allen Schülern konnte ich es mir am wenigsten erlauben, alte Traditionen zu missachten. Wenn man mich aufforderte, an einem solchen Ausflug teilzunehmen, konnte ich schwer Nein sagen, egal, ob ich Lust dazu hatte oder nicht. Den emotionellen Ausnahmezustand, in dem ich mich befand, konnte ich jedenfalls nicht als Ausrede benützen.

Ich sprang ab, als der zweite Pfeiler der Hängebrücke an uns vorbeigezogen war und die Straßenbahn sich genau über dem transdanubischen Ufer befand. Hinter meinem Rücken hörte ich noch den Schrei des Schaffners: »Saubub, depperter! Komm sofort zurück!« Die Autos hupten, ein Moped fuhr in Schlangenlinien an mir vorbei. Aber ich hatte schon eine elegante Drehung auf dem Pflaster gemacht und hastete zum Gehsteig. Franz-Peter sprang als Nächster. Als Reinhard auf dem Trittbrett stand, sah ich den blauen Uniformärmel hinter seinem Nacken. Die Hand des beamteten Feindes fasste ihn am Kragen. Leider sprang er trotzdem.

Eine Stunde später im Krankenhaus, im Wartezimmer der Unfallstation, erklärte Franz-Peter, er wolle nach Genua trampen, um sich dort nach Südamerika einzuschiffen. Unser Ausschluss aus dem Gymnasium stehe außer Zweifel. Da helfe es wenig, dass sich Reinhard »nur« ein Bein gebrochen habe. Auch seine Schulkarriere dürfte beendet sein. Er müsse fliehen, bevor sein Vater ihn umbringe, jammerte Franz-Peter. Schon sein Urgroßvater sei Akademiker gewesen. Welch Schande, dass der Sohn es nicht einmal bis zur Matura schaffen werde. Ich hörte kaum zu. Ich war überzeugt, dass der Unfall nichts weiter als eine Disziplinarstrafe, im schlimmsten Fall eine Vorladung der Eltern zum Direktor zur Folge haben würde. Als Außenseiter wusste ich schon in der ersten Klasse, dass die Grenzen des Erlaubten und des Geduldeten nicht immer dieselben waren, und glaubte, die Distanz zwischen diesen beiden Grenzen recht gut abschätzen zu können. Außerdem waren die Gedanken über meine Schulkarriere in den letzten Tagen in den Hintergrund getreten. Es gab Wichtigeres.

Das Wartezimmer der Unfallstation eignete sich gut

zum Nachdenken. Ich sah, wie Ärzte und Schwestern regelmäßig aus den Behandlungszimmern kamen, um Zigaretten zu rauchen und zu plaudern. Die junge Frau mit dem einbandagierten Arm mir gegenüber hatte die Beine übereinander geschlagen, so dass ich ihre Knie betrachten konnte. Der Stöckelschuh war ihr von der Ferse gerutscht, hing an den Zehenspitzen, schaukelte sanft im Takt der Bewegungen, die sie machte, wenn sie auf dem Stuhl hin und her rutschte. Die Gegenwart dieser Frau verlieh dem Raum eine angenehme Atmosphäre.

Aus dem Münzautomaten im Foyer des Krankenhauses hatte ich unseren Hausmeister angerufen. Er versprach, meine Eltern über den Unfall auf der Reichsbrücke zu informieren. Ich habe die Schläge bis jetzt immer ausgehalten, dachte ich, und werde sie auch diesmal ertragen.

Franz-Peter redete ohne Unterbrechung auf mich ein. Ich schmunzelte über seine kindlichen Phantasien. Er ist in seinem Leben nie als Abenteurer durch die Tropen Brasiliens und die argentinische Pampa gereist, sondern hat wie sein Vater nach der Matura Rechtswissenschaften studiert, ist der Österreichischen Volkspartei beigetreten und hat bei der Raiffeisenkasse in Niederösterreich Karriere gemacht. Heute lebt er als wohlhabender Rentner im Wiener Nobelbezirk Döbling und schreibt regelmäßig Artikel für das Informationsblatt der Niederösterreichischen Kleinindustrie. Ich wusste damals schon, dass es so oder so ähnlich kommen würde. Er wusste es auch, wollte es aber mit seinen fünfzehn Jahren noch nicht wahrhaben. Da aber Franz-Peter ein netter Kerl war, aus dessen Mund ich noch nie eine abschätzige Bemerkung über meine Herkunft gehört hatte, lächelte ich ihm zu und sagte etwa alle dreißig Sekunden: »Ja« oder »Du hast sicher Recht«.

Die Bewegungen des Oberarztes hatten etwas Militärisches an sich. Er marschierte schnellen Schrittes an uns vorbei. Zwei Krankenschwestern trotteten hinter ihm her. Er gab ihnen Anweisungen, ohne sich umzudrehen. »Jawohl, Herr Doktor!« Dann fiel die Tür hinter ihnen zu. Ich dachte daran, dass mein Vater mit seinem Bierbauch und seinen schmalen Schultern nichts Soldatisches an sich hatte. Ich versuchte mir vorzustellen, wie er Gefangenen Befehle erteilte. In meinem Buch hieß es, jene Männer, die dem NS-Staat als Vollstrecker des Massenmordes gedient hatten, seien Feiglinge gewesen. Anstatt wie Millionen andere, ihre Pflicht an der Front zu erfüllen, hätten sie im sicheren Hinterland wehrlose Frauen und Kinder gequält und getötet. Nur wenige, hieß es, könnten sich auf den Befehlsnotstand berufen, denn jedem sei die Möglichkeit offen gestanden, den Sonderkommandos oder KZ-Wachmannschaften den Rücken zu kehren und sich an die Front versetzen zu lassen. Hätte mein Vater dies tun können? Es war April 1945, und er war beim Volkssturm. In Großtantes Aufzeichnungen war von einer großen Desorganisation die Rede. An wen hätte er sich wenden sollen? Nein, mein Vater war kein Feigling.

Franz-Peter erzählte gerade, dass seine Mutter einen Teil des Haushaltsgeldes in einer Blechbüchse im oberen Regal der Küchenkredenz aufbewahrte. Es werde nicht schwer sein, dieses Geld zu entwenden. Für eine Zugfahrkarte Dritter Klasse nach Genua müsste es reichen.

»Die Dritte Klasse gibt's nicht mehr«, erklärte ich.

Das Buch widmete ein langes Kapitel den »Helden des 20. Juli«. Bis dahin hatte ich nur ein einziges Mal von ihnen gehört, und zwar als ich einmal im Augarten zwei Männer bei einem Gespräch belauschte. Sie waren Mitte dreißig und schoben Kinderwagen vor sich her. Das war so ungewöhnlich, dass ich ihnen gefolgt war.

Ein Mann mit Kinderwagen und zudem allein, ohne weibliche Begleitung, war zu jener Zeit etwas so Seltenes, ja beinahe Peinliches, wie eine Frau, die in der Öffentlichkeit über ihr Liebesleben spricht. Jeder drehte sich um und schaute den beiden nach.

Die Spießer glotzen wieder blöd, sagte der eine. Vor allem die alten frustrierten Frauen mit ihren Hündchen, die Kriegerwitwen aus dem Ersten Weltkrieg. Dass sie wirklich glaubten, jeder Vater, der sich um sein Kind kümmere, sei kein richtiger Mann, meinte der andere. Sie unterhielten sich eine Zeit lang über die Dummheit der Menschen und darüber, dass es ihnen egal sei, was andere über sie denken. Dann kamen sie auf den Krieg zu sprechen. Schon als Schüler habe er der Begeisterung der Massen für die Braunen nichts abgewinnen können, meinte der eine. Er sei grundsätzlich gegen alles, wofür sich die Massen begeistern. Im Krieg sei er anständig geblieben, habe sich weder an irgendwelchen Schweinereien beteiligt noch für die Verräter etwas übrig gehabt, die im Vierundvierzigerjahr versucht hatten, Hitler zu ermorden. »Ja, ja«, meinte der andere. »Haben wir Glück gehabt!«

Nun erfuhr ich die Einzelheiten über diese »Verräter«. Der deutsche General Henning von Tresckow, las ich, sei einer der Hauptverschwörer gewesen. Mehrere Male habe er versucht, Hitler zu ermorden. Alle Versuche seien durch eine Verkettung unglücklicher Umstände gescheitert. Am meisten ist mir seine Vorstellung von Tugend in Erinnerung geblieben, von der »innerlichen und äußerlichen Disziplin, zur Pflichterfüllung bis zum Letzten.« Das erschien mir zwar etwas hochtrabend, aber es beeindruckte mich.

»Die österreichische Tugend ist die Hinterfotzigkeit«, hatte die Großtante einmal gesagt. Das passte zu meinem Vater. Wenn er ein zweiter Stauffenberg gewesen wäre, könnte ich ohne Skrupel stolz auf ihn sein.

Oder doch nicht?

Einer meiner Lehrer hatte einmal behauptet, Hitlers Feldzug gegen die Sowjetunion habe Europa »trotz aller Fehler und Verbrechen, die man den Nazis anlasten muss« vor dem Kommunismus bewahrt. Hätten die deutschen Soldaten nicht bis zuletzt tapfer gegen die Russen gekämpft, gäbe es heute eine Volksrepublik Frankreich und vielleicht sogar die Vereinigten Sowjetrepubliken von Großbritannien und Nordirland.

Ich wusste nicht weiter.

Reinhards Eltern und der Vater von Franz-Peter kamen beinahe zeitgleich. Reinhards Mutter war eine Dame. Von ihr hörte ich ein paar unmissverständliche, aber sehr höflich formulierte Worte des Tadels. Reinhards Vater sagte überhaupt nichts, sondern verschwand sofort im Krankenzimmer, in dem sein Sohn behandelt wurde. Franz-Peters Vater war ein Patriarch, ein hagerer Mann von imposanter Größe mit zerfurchtem Gesicht und mächtigem Vollbart. Seine ganze Erscheinung strahlte Strenge und Selbstbeherrschung aus. Das Wort Vergnügen gehörte bestimmt nicht zu seinem Wortschatz. Als er auf uns herunterschaute, schien mir, als würden demnächst tödliche Blitze aus seinen Augen kommen. Aber er sagte nur: »Sei froh, mein Sohn, dass nicht du jetzt auf der Bahre liegst. Nun hast du mit dem Schicksal eine Rechnung offen. Irgendwann wirst du für das Glück bezahlen müssen, das du heute hattest.« Dann drehte er sich um. Franz-Peter stand hastig auf und folgte seinem Vater, ohne sich von mir zu verabschieden.

Ich beschloss, auf Reinhard und seine Eltern zu warten. Mich einfach davonzuschleichen, wäre unkameradschaftlich gewesen. Ich dachte über eine weitere Passage des Buches nach. Sie war den Wiener Juden gewidmet. Es wurde eine Reihe von Persönlichkeiten aufgezählt, die Großes geleistet hatten. Durch ihre Vertreibung oder Ermordung habe Österreich die Klügsten und Besten des Landes verloren, hieß es. Ich fand diesen Umstand bedauerlich, doch damit hatte mein Vater nichts zu tun. Seine Opfer waren ja nur Ungarn.

Je mehr ich über die Rolle meines Vaters nachdachte, desto größer wurde mein Wunsch, mich jemandem mitzuteilen und seinen Rat einzuholen. Mein Problem bestand nur darin, dass ich viele Bekannte, aber keine Freunde hatte. Die meisten Gleichaltrigen hielten mich für überheblich und verschlossen. Damals dachte ich tatsächlich, ich sei intelligenter als andere. Eine kluge Überlegung oder einen guten Rat kann ich von Reinhard oder Franz-Peter nicht erwarten, und die anderen sind nicht besser, entschied ich. Meine älteren Brüder wollte ich ebenfalls nicht ins Vertrauen ziehen. Beide hatten ein gestörtes Verhältnis zum Vater, das bei der kleinsten Irritation in Hass umschlagen konnte. Außerdem hatte ich kaum Kontakt zu ihnen, und das Führen von Gesprächen gehörte nicht zu ihren Stärken. Sie mussten schon nach passenden Worten suchen, um zu erzählen, was sie zum Frühstück gegessen hatten. Dass ich andere Erwachsene, die ich kannte, nicht auf etwas so Heikles wie den Judenmord ansprechen konnte, war mir bewusst. Es hätte bei ihnen etwa dieselbe Reaktion ausgelöst wie die Frage, ob auch sie in ihrer Jugend heimlich onaniert hätten. Ich kannte mich aus in der Erwachsenenwelt.

14

Eines stand fest: Die Gehirne von Erwachsenen hatten Löcher und Risse. Ich musste an eine Episode denken, deren Zeuge ich einige Monate zuvor gewesen war. An einem Sonntag im Februar war ich mit ein paar Mitschülern auf dem Semmering Skifahren. Diesen Sport betrieb ich damals mit Leidenschaft, wobei ich großes Glück hatte, überhaupt ein Paar Ski zu besitzen. Vater hatte verkündet, für einen solchen Luxus werde er kein Geld ausgeben, und Mutter sah keinen Sinn darin, »auf zwei Holzbrettern einen Berg hinunter zu hetzen«. Die Ski erhielt ich schließlich von der Großtante. In der Schicht, in die ich als zukünftiger Maturant und Akademiker aufsteige, gehörten Freizeitbeschäftigungen wie Skifahren, Zigarren rauchen oder in die Oper gehen zum guten Ton. Die Vorstellung, die Oper besuchen zu müssen, war erschreckend. Aber die Großtante kam nie wieder darauf zu sprechen.

Wir nahmen den ersten Zug, der am Sonntag vom Südbahnhof abfuhr. Das muss um fünf oder sechs Uhr morgens gewesen sein. Die Reise dauerte etwa zwei Stunden. Wir wurden von einer Gruppe von Schülern aus der siebenten Klasse begleitet. Ohne diese »Aufsicht« durch Ältere hätten uns die Eltern nicht weggelassen. Dafür zahlte Franz-Peters Vater den Siebtklasslern das Fahrgeld.

Am Nachmittag kehrten wir müde, vergnügt und übermütig in eine Skihütte ein, tranken Tee und alberten herum. Manchmal fühlten sich die anderen Gäste durch unsere Anwesenheit belästigt, meistens jedoch war die Stimmung gut, so auch diesmal. Wir lernten einen Jungen in unserem Alter kennen, einen Einheimischen, den Sohn des Hüttenpächters. Das war Grund genug, sich ein wenig in Pose zu werfen. Der Provinzler sollte wissen, was für tolle Typen wir waren. Besonders Reinhard gefiel sich in dieser Rolle. Er erzählte von den vielen Mädchen, mit denen er geschlafen hatte – Geschichten, die ich bis dahin noch nie gehört hatte –, von den vier Limousinen, die seine Eltern besaßen (ich kannte nur einen VW-Käfer), und von einer »furchterregenden« Narbe im Gesicht seines Vaters, die von der Stirn bis zur rechten Wange reichte und anderen Menschen Angst und Respekt einflößte (in Wirklichkeit handelte es sich um einen kaum erkennbaren kleinen Strich).

»Eine Kriegsverletzung?«, fragte der einheimische Junge.

»Nicht direkt, aber in gewisser Weise schon«, erklärte Reinhard. »Mein Vater war in seiner Jugend Offizier beim Bundesheer. Im Februar Vierunddreißig hat er sich ausgezeichnet. Er war der Erste, der den Karl-Marx-Hof gestürmt hat. Dabei ist er verletzt worden, hat aber trotzdem weitergekämpft. Mit der einen Hand hat er die klaffende Wunde zugehalten, mit der anderen geschossen.«

»Was für ein Märchen!«, meinte einer der Siebtklassler. »So eine Szene hat er sicher im Kino gesehen.«

Der Einheimische starrte Reinhard fassungslos an. »Im Februar 1934? Was hat es denn da für Kämpfe gegeben?«, fragte er.

Wir begannen zu lachen. So ein Hinterwäldler! »Der Kampf gegen die Schutzbündler! Der Bürgerkrieg! Noch nie was davon gehört?«

»Nein.«

Das war der Moment, als der Wirt sich in unser Gespräch einmischte.

»Hast du nichts Besseres zu tun?«, schrie er seinen Sohn an, während er die fettigen Finger an der Schürze abwischte. »Hast du den Speck schon geschnitten?« Und zu uns gewandt: »Was erzählt ihr da für Geschichten? Kämpfe. Bürgerkrieg. Unsinn! Das sind alles nur Legenden der Roten. Die paar kleinen Schießereien sind nicht der Rede wert. Es gab überhaupt kein Vierunddreißigerjahr! Außerdem wird bei mir auf der Hütte nicht über Politik geredet. Und jetzt – Abmarsch, Burschen, sonst versäumt ihr noch den Zug nach Wien.«

Die Gehirne der Erwachsenen waren wie Hosen und Hemden. Je älter, desto schleißiger. Trotzdem kam ich zur Überzeugung, dass der einzige Mensch, mit dem ich reden konnte, die Großtante war.

15

Der Abend verlief so, wie ich es erwartet hatte. Als ich ins Bett ging, schmerzte mein Gesicht von den zwei Ohrfeigen, die ich erhalten hatte, doch das war mir egal. Den Vorfall auf der Brücke hatte ich fast vergessen. Ich wartete, bis ich überzeugt war, die Eltern seien eingeschlafen. Dann stand ich auf.

Großtantes Schlaf war ein polyphones Musikstück. Wenn sie einatmete, gab sie einen lang anhaltenden Schnarchlaut von sich, der zum Schluss etwa eine Oktav höher war als am Anfang. Ihr Bauch hob sich dabei um zehn Zentimeter. Das Bettgitter quietschte und der Rahmen knackte. Das Ausatmen ging in einen kurzen, explosiven Schnarchlaut über. Das Bett gab einen kurzen Schmerzensschrei von sich und verstummte. Lang, lang, kurz, kurz, Pause. Jede Nacht derselbe Rhythmus.

Ich wartete eine der Pausen ab und zog Großtante die Decke weg. Das Schnarchen wurde zum Stakkato, das jäh abbrach, die Bettmusik zur Aufeinanderfolge sich überlagernder Dissonanzen. Der Rhythmus war gestört. Großtantes Ferse übte eine unwiderstehliche Anziehungskraft auf mich aus. Einige Augenblicke hielt ich mich zurück. Dann konnte ich mich nicht mehr beherrschen und kitzelte den Fuß von der Ferse bis zu den Zehen.

»Aaah!«

»Tante?!«

»Spinnst du? Verdammter kleiner Hundesohn. Hast du heute nicht genug Schläge abbekommen? Glaub mir, ich kann auch noch …«

»Tut mir Leid, Tante, aber ich muss mit dir reden.«

»Gib mir sofort die Decke zurück, du Sohn eines versoffenen geilen Rüden und einer verblödeten läufigen Hündin.«

Dieser Satz überraschte mich ein wenig. Großtantes Beschimpfungen fielen sonst knapper und phantasieloser aus. Dass sie meine Eltern nicht besonders mochte, wusste ich, aber dass ihre Abneigung sie zu solch poetischen Formulierungen inspirierte, war neu.

Einige Minuten später hatte sich Großtante mit meiner Hilfe aufgesetzt und den Rücken gegen die Wand gelehnt. Ich kniete neben ihr im Bett und massierte ihre Schultern.

»Fester, du Trottel«, keuchte sie. »Das sind die Fettpolster einer Greisin und nicht die Schenkel einer Jungfrau.«

»Ja, Tante.«

»Was ich von dieser Geschichte halte, willst du also wissen?«

»Ja, Tante.«

»Du willst wohl wissen, ob dein Vater immer schon einen miesen Charakter hatte, als Kind Katzen gequält und schwächeren Kindern ihre Wurstsemmeln weggenommen hat.«

Ich nickte. »An Katzen habe ich nicht unbedingt gedacht«, murmelte ich.

»Du weißt, dass dein Großvater deine Großmutter geschwängert hat und dann auf Nimmerwiedersehen verschwunden ist. Ich hoffe, der Sauhund ist irgendwo am Straßenrand krepiert. Dein Vater war ein Jahr alt, als deine Großmutter an TB gestorben ist. So kam das Kind zu mir, und ich habe versucht, alles richtig zu machen, war sehr streng zu ihm, damit die Liederlichkeit seines Vaters in seinem Charakter nicht durchschlägt, habe ihm wenig zu trinken gegeben, damit er nicht zum Säufer wird, und ihn jeden Tag um sechs Uhr früh geweckt, damit er nicht zum Weichling und Hallodri verkommt. Hat alles nicht viel genützt. Brutal oder gemein ist er allerdings als Kind nie gewesen. Einen klugen Kopf hat er aber von seinen Vorfahren nicht geerbt. Von wem auch? Die Volksschule hat er mit Ach und Weh geschafft. Zweimal ist er sitzen geblieben. In der Fabrik hat er mit dem Biertrinken angefangen. Na ja, zumindest hat er nicht sein halbes Leben im Gefängnis verbringen müssen wie sein älterer Halbbruder. So gesehen ist es gut, dass sein krimineller Trieb sich zu einer Zeit gemeldet hat, als das Verbrechen zur Pflichterfüllung erklärt worden ist. Nur seine Huscher sind seitdem größer geworden.«

»Aber er ist trotzdem ein Mörder.«

»Na und. Waren sowieso nur Juden, die er ermordet hat. Nicht dass es richtig war, was er getan hat. Der Herrgott wird ihn dafür strafen. Aber ein sympathisches Volk sind die Juden nicht. Glaub's mir und sei froh, dass in Wien kaum mehr welche geblieben sind.«

Ich schaute sie weiterhin fragend an.

»Geh schlafen«, sagte sie. »Was willst du denn noch hören? Du bist ein braver Junge, gehst ins Gymnasium, wirst es einmal besser haben als wir alle. Vergiss einfach die ganze Geschichte und leb' dein Leben. Du bist der Sohn deines Vaters, nicht sein Richter. Bei dir schlägt der Großvater mütterlicherseits durch. Ein hochanständiger Mensch. Ein Eisenbahner. Ist als junger Mensch aus Vöcklamarkt nach Wien gekommen und hat dann vierzig Jahre die Weichen am Bahnhof Floridsdorf gestellt. Ein ordentlicher Beamter. Hat nur an den Wochenenden getrunken ... Und jetzt lass mich schlafen.«

Zehn Minuten später hatte das Musikstück von Neuem begonnen.

16

Ich wartete, bis der Direktor aufschaute, aber er ließ sich Zeit, notierte etwas, saugte an der Zigarre, schnäuzte sich, gähnte. Ich schaute auf seine mit Schorf und Wundflecken überzogene Glatze. Direktor Schnell trug zu Recht den Spitznamen Schuppenschnell.

Über dem Kopf des Direktors hing neben dem Bundeswappen und dem Kruzifix das Bild des kürzlich verstorbenen Bundespräsidenten Theodor Körner mit Trauerflor und gleich daneben eine Lithographie von Prinz Eugen, dem »edlen Ritter«, den der Historiker Schnell bewunderte.

Endlich legte er die Füllfeder weg und knurrte mit deutlichem, aber erkennbar gespieltem Groll: »Ableitinger! Sie also auch! Nein, von Ihnen hatte ich so etwas nicht erwartet. Ja, nun stehen Sie nicht herum und schauen sich um wie ein Kalb im Schlachthof. Setzen Sie sich!«

»Danke, Herr Direktor.«

»Danken Sie nicht mir, danken Sie Kröbers Vater.«

»Dem Vater von Franz-Peter?«, fragte ich erstaunt.

»Der hat heute bei mir vorgesprochen und hat um Milde für Sie gebeten. Für alle, die dabei waren. Wer war bei dieser kindlichen Springerei überhaupt dabei? Reden Sie, Ableitinger. Ich will Namen hören. Reinhard Hönsch also. Weiter!«

»Franz-Peter war auch dabei«, murmelte ich.

»Na, welch Neuigkeit. Und weiter?«

»Niemand sonst.«

»Niemand?! Wollen Sie sich über mich lustig machen, Ableitinger? Stehen Sie auf, wenn ich mit Ihnen rede!«

»Ich schwöre es, Herr Direktor!«

»Versündigen Sie sich nicht, Ableitinger. Schwören Sie nie mehr in meiner Gegenwart und schon gar nicht in seiner.« Er hob den Finger Richtung Kruzifix. »Also, ich weiß, dass Sie sich zusammenrotten, um alle möglichen Dummheiten anzustellen: Alkohol trinken, Jazz tanzen und ähnlichen Unfug wie zum Beispiel aus fahrenden Straßenbahnen springen. Das ist der Wohlstand. Es geht Ihnen zu gut. Deshalb haben Sie nur Unfug im Kopf.«

»Wir waren zu dritt, Herr Direktor. In einer größeren Gruppe lässt sich so ein Absprung nicht durchführen.«

»Was?! Ersparen Sie mir die Einzelheiten über die Durchführung eines solchen Unsinns, Ableitinger. Habe ich Ihnen nicht außerdem gesagt, Sie sollen sich setzen?«

»Ja, Herr Direktor.«

»Dann setzen Sie sich.«

Der Direktor streifte sich mit einer schnellen Bewegung die Schuppen von den Schultern und rückte die Krawatte zurecht. Für diese beiden Bewegungen, die immer aufeinander folgten, war er berühmt.

»Ableitinger«, sagte er. »Sie sind Klassenprimus und

gelten bei der Lehrerschaft gemeinhin als intelligenter und ernsthafter Mensch. Warum machen Sie so etwas?«

»Es wird nicht wieder vorkommen, Herr Direktor.«

»Das hoffe ich … Gut, lassen wir's dabei bewenden. Dieses Mal. Aber ich werde Sie im Auge behalten.«

Ich schwieg und wartete, bis Schuppenschnell mich endlich gehen ließ, aber er musterte mich noch etwa eine ganze Minute lang. Mir machte das nichts aus, ich dachte nicht daran, den Blick zu senken.

»Sagen Sie, Ableitinger«, fragte er schließlich. »Warum interessieren Sie sich eigentlich für die Nazizeit?«

»Wie bitte?«

»Sie haben in der Bibliothek nach einem entsprechenden Buch verlangt.«

»Ich interessiere mich für Geschichte, Herr Direktor.«

»So, so, Geschichte …« Plötzlich sprach er schneller, und seine Stimme bekam einen schrillen Ton. »Hören Sie, wir sind alle froh, dass diese Zeit vorbei ist. Lesen Sie lieber etwas über die Türkenkriege. Sehen Sie das Bild von Prinz Eugen oben an der Wand?«

»Ja.«

»Er hat das christliche Abendland endgültig von der Türkengefahr befreit. Wenn's ihn nicht gegeben hätte, würden wir heute alle in Pluderhosen herumlaufen. Lernen Sie alte österreichische Geschichte. Oder noch besser, die Geschichte großer Männer der Antike. Da werden Sie viel Erbauliches finden, das Ihnen im Leben weiterhilft. Sie wollen uns doch nicht noch mehr Schwierigkeiten machen, oder?«

»Demnächst halte ich ein Referat über den Feldherrn Hannibal, Herr Direktor.«

»Sehr gut. Und nun gehen Sie in Ihre Klasse.«

Ich war schon aufgestanden und hatte den halben Weg zur Tür zurückgelegt, als Schuppenschnell mich wieder zurückrief: »Noch eine Kleinigkeit, Ableitinger.«

Ich drehte mich um.

»Sie wissen, dass ich jegliche Art von Standesdünkel ablehne. Dass Ihr Vater nur ein einfacher Arbeiter ist, hat mich nie davon abgehalten, Sie als den anderen Schülern gleichwertig anzusehen und zu behandeln.«

Wenn du wüsstest, wer mein Vater wirklich ist, dachte ich, und war auf einmal stolz auf mein Geheimnis.

»Dass Sie aus sehr einfachen Verhältnissen stammen, Ableitinger, ist kein Makel, aber es fordert Ihnen eine größere Verantwortlichkeit ab. Nicht alle haben eine liberale Einstellung wie ich. Ich weiß, dass Ihnen der nötige Rückhalt im Elternhaus fehlt. Aber gerade deshalb ist Ihre derzeitige Stellung als Gymnasiast eine Verpflichtung und eine Chance. Oder möchten Sie so gewöhnlich werden wie Ihr Vater?«

Ich schaute ihn an und schwieg.

»Schon gut, ich verstehe. Sie brauchen nicht zu antworten.«

In diesem Augenblick beschloss ich, meinen Vater zu lieben.

17

Am nächsten Sonntag ging Vater mit mir in den Prater. »Lass uns einen Ausflug machen, nur wir beide«, hatte ich gebeten. Vater war so überrascht, dass er sofort einverstanden war. Mutter fragte mich, ob mit mir alles in Ordnung sei. »Ja! Wieso?« Dermaßen irritiert hatte ich sie selten gesehen. Schon seit Jahren war ich mit Vater nicht mehr allein unterwegs gewesen.

Bald hatte sich Mutter wieder unter Kontrolle. Sie könne es verkraften, wenn auf ihre Gegenwart verzichtet werde, meinte sie. Großtante müsse gebadet werden, und im Radio werde nachmittags ein Hörspiel gesendet, das sie sich anhören wolle. Eine Kriminalgeschichte. Großtante warf mir einen ängstlichen Blick zu und presste den Zeigefinger gegen die Lippen. Ich nickte ihr zu und machte eine beruhigende Geste.

Ich musste lange auf Vater warten. Wie immer war das Binden der Schuhbänder für ihn eine umständliche Prozedur. Ein Doppelknoten links, ein Dreifachknoten rechts. Ich wunderte mich, dass Vater bei seinen vielen Zwängen und Alltagsritualen die Arbeit in der Fabrik bewältigte.

Mutter hatte Vaters weißes Baumwollhemd gebügelt und den hellbraunen Sonntagsanzug aus dem Schrank geholt. »Wenn du wieder besoffen nach Hause kommst, trete ich in den Kochstreik«, sagte sie, während sie ihm die Krawatte band.

»Ein Bier, maximal zwei«, brummte er.

»Ich werde auf ihn Acht geben«, versprach ich.

Wir fuhren mit der Straßenbahnlinie Fünf zum Praterstern. Das Einsteigen in eine Straßenbahn an einem Sonntagvormittag und bei gutem Wetter war in jener Zeit des erst beginnenden Individualverkehrs eine Übung im Nahkampf. Vater setzte geschickt seine Ellbogen ein. Er eroberte sogar zwei Sitzplätze, indem er eine ältere Frau und ein Kind gerade noch zur Seite schieben konnte. »Sei nicht so lahm, mein Sohn«, sagte er. »Aus fahrenden Zügen zu springen, hast du gelernt, aber das Einsteigen beherrschst du noch nicht. Dabei ist das viel wichtiger.«

Vater war kein besonders rücksichtsloser Mensch. Er verhielt sich wie alle anderen. Trotzdem musste ich an Schuppenschnells Worte über die »Gewöhnlichkeit« meines familiären Hintergrunds denken.

Vom Praterstern wollte Vater sogleich in den Vergnügungspark, den »Wurschtlprater«, gehen, aber ich bestand darauf, zuvor noch einen Spaziergang durch die Hauptallee zu machen. »Meinetwegen«, sagte er, »aber nicht zu lange. Ich habe Durst.«

An einem so schönen Wochenendtag im Frühjahr konnte man in der Prater Hauptallee vor lauter Menschen kaum die Bäume sehen. Wir ordneten uns in die Marschkolonne der anderen Spaziergänger ein. Während wir nebeneinander hergingen, stellte ich Vater ein paar Fragen zu seiner Arbeit in der Fabrik, die er recht einsilbig beantwortete. Ich wartete vergeblich, dass er im Gegenzug mich etwas fragen würde.

Die Situation entkrampfte sich ein wenig, als ich einwilligte umzukehren. Am Eingang zum Vergnügungsareal standen ein paar Bretterbuden, »Standln«, deren Geruch nach Pferdefleisch und Bier auf Vater eine unwiderstehliche Anziehungskraft ausübte. Er bestellte ein Krügerl und eine Leberkässemmel für sich selbst und für mich eine Zitronenlimonade und ein Paar Würstl mit Senf. Ich hatte zwar keinen Hunger, aber ich wollte Vater nicht enttäuschen. Unzählige Familien mit Kindern gingen an uns vorbei. Ein starker Wind kam auf und blies den Männern die Hüte von den Köpfen.

»Ist noch recht frisch für die Jahreszeit«, sagte Vater.

»Ja«, sagte ich.

Ein kleines Mädchen kam auf mich zu. Es war sechs oder sieben Jahre alt, trug ein violettes Kleid, weiße Strümpfe und hatte eine rote Masche im Haar. Es warf mir einen sehnsuchtsvollen Blick zu. Ich wollte ihm eines meiner Würstl schenken, aber seine Mutter nahm es an der Hand und zog es davon.

»Ich hätte gern eine Tochter gehabt«, sagte Vater.

»Wieso?«

»Mit Mädchen hat man es leichter. Die werden schneller erwachsen und stellen keine Dummheiten an. Außerdem hat man dann im Alter jemanden, der sich um einen kümmert.«

»Du hast dir sicher große Sorgen gemacht, als meine beiden Brüder eingezogen wurden.«

»Unkraut verdirbt nicht.«

Er bestellte sich noch ein Bier.

»Und du? Hattest du damals Angst?«

»Wann?«

»Fünfundvierzig. Als du zum Volkssturm musstest. Du hast mir nie erzählt, was du damals in Niederösterreich erlebt hast.«

»Krieg ist Krieg«, sagte er und fragte, was ich gerade in der Schule lerne.

Vor dem Gruselkabinett standen die Menschen Schlange. Dafür sei ich zu alt, erklärte ich Vater. Ponyreiten. Karussell. Puppentheater. Hochschaubahn. Ich fühlte mich in die Kindheit zurückversetzt. Mit dem Riesenrad war ich schon dreimal gefahren. Für die Spielhallen war ich zu jung. Also gingen wir in einen Gastgarten, wo Vater sein drittes Bier konsumierte. An den Nebentischen wurde gelacht und sogar gesungen. Der gut gelaunte Kellner machte Verbeugungen, die eher keck als ehrfurchtsvoll wirkten. Drei jungen Frauen, die am Ecktisch saßen, warf er eine anzügliche Bemerkung zu. Die drei kicherten und rückten enger zusammen. Ich versuchte zu verstehen, worüber sie sprachen, aber ihr Tuscheln war zu leise. Plötzlich bemerkte ich, dass Vater mich anschaute und lächelte. »Aus dir wird noch was«, sagte er. Mit jedem weiteren Schluck wurde er zufriedener. »Hab' mir nie gedacht, dass einer meiner Söhne so gut geraten könnte.«

»Danke, Vater.«

»Komm, erzähl' mir noch etwas über die Pannonischen Kriege.«

»Die Punischen Kriege.«

»Egal.«

»Die Kriege zwischen Rom und Karthago.«

»Und wo liegt Punien?«

Obwohl mir Vater kaum zuhörte, sprach ich mehr als eine Viertelstunde. Es beeindruckte ihn, dass ich umständliche Formulierungen und Fremdwörter verwendete. Er unterbrach mich erst, als ich Catos berühmten Satz zitierte.

»Ceterum censeo …«

»Der Chef hatte einen Hund, der hieß Hannibal. Ein grausliches Mistvieh. Ist schon vor Jahren abgekratzt. Es ist gut, dass alles im Leben vorübergeht.«

Auf dem Weg zurück zum Praterstern kamen wir an einem Schießstand vorbei. An die hintere Wand der Holzbaracke war das Bild eines »wilden Negers« in Originalgröße gemalt. Um ihn lebendiger wirken zu lassen, hatte man die Haare aus brauner Schafwolle und ein Baströckchen aus Stroh auf die Zeichnung geklebt. Die schwulstigen Lippen nahmen die Hälfte des Gesichts ein. Die weit aufgerissenen Augen sollten Entsetzen ausdrücken. Wer die Figur in den Kopf traf, konnte sich einen der Preise aussuchen, die auf einem Regal ausgestellt waren. Kleine Teddybären. Puppen. Alte Ansichtskarten von Wien. Eine Teetasse. Ein Jojo.

Ich hielt Vater am Ärmel fest. »Versuch es. Vielleicht hast du Glück und gewinnst etwas.«

»Nein, das will ich nicht.«

»Bitte, Vater. Nur ein Schuss.«

»Schieß doch selbst. Was kostet das überhaupt?«

»Bitte, Vater, mir zuliebe!«

Normalerweise wurde er ungehalten, wenn man auf etwas bestand, das er nicht wollte. Doch die cholerische Seite seines Wesens schien während dieses Spaziergangs einen Urlaubstag zu machen.

»Ich mag das eigentlich wirklich nicht«, sagte er und nahm das Gewehr in die Hand. Er schoss und traf. Als Preis wollte ich eine der Ansichtskarten aussuchen, aber er bestand auf die Teetasse.

18

Es war erstaunlich, wie schnell Vater wieder nüchtern wurde. Schon in der Straßenbahnschlacht am Praterstern fügte er allen seinen Gegnern empfindliche Niederlagen bei. Als wir auf der Friedensbrücke ausstiegen, hatte er wieder einen festen Schritt, aber seine gute Laune war verflogen. Er beeilte sich, nach Hause zu kommen. Ich konnte ihm kaum folgen und hatte den Eindruck, er laufe mir davon.

Der Wind hatte nachgelassen. Eine halbe Stunde zuvor hatte es noch ein wenig geregnet. Nun hatten sich die Wolken verzogen. Die Sonnenstrahlen an einem Nachmittag im Frühling ließen sogar die Kriegsruinen wie märchenhafte Tempel aus Gold erscheinen, aber Vater wurde von Minute zu Minute mürrischer. Seit wir in die Straßenbahn eingestiegen waren, hatte er nichts mehr gesagt.

Ein junges Pärchen schmuste unverschämt mitten auf der Straße. Er presste sie gegen einen Baustellenzaun. Sie hatte das rechte Bein angewinkelt, so dass ich glaubte, ihr Strumpfband erkennen zu können.

»Geht's ins Hotel!«, hörte ich eine weibliche Stimme. Aber sie klang gutmütig und nicht gehässig und voller Neid wie in ähnlichen Fällen.

Vor dem Beisl an der Ecke standen diesmal besonders viele Halbstarke herum. Sie verstellten den Weg. Mich würdigten sie keines Blickes. Vater schimpfte und wich auf die Fahrbahn aus. Wieder auf dem Gehsteig stieß er beinahe mit unseren Nachbarn zusammen, den Natschs. Sie waren in Begleitung ihres Gastes, den ich vor einigen Tagen halb entkleidet in Natschs Wohnung gesehen hatte. Alle drei rochen nach billigem Rotwein und machten einen ausgelassenen Eindruck.

»Ah, der Herr Nachbar«, rief Herr Natsch. »Man sieht und hört nichts mehr von Ihnen. Dabei warten wir alle schon sehnsüchtig auf Ihren großen Auftritt mit dem Klappmesser in der einen und dem Kilogewicht in der anderen Hand.«

»Lassen Sie mich in Ruhe«, sagte Vater.

Herr Natsch ließ eine Bemerkung auf Ungarisch fallen, die offenbar so witzig war, dass die beiden anderen sich kaum mehr halten konnten vor lachen.

»Hört auf mit diesem Kauderwelsch, wir sind in Österreich«, brummte Vater.

»Geht schon voraus«, sagte Herr Natsch zu seinen Begleitern. »Ich möchte mit diesem Herrn allein ein paar Worte wechseln.«

Als die beiden weg waren, versperrte uns Herr Natsch den Weg. »Hiergeblieben!« Er fasste Vater am Kragen. »Ich möchte was klarstellen.«

»Aber ich nicht.« Vater riss sich los.

Die Halbstarken hinter meinem Rücken johlten begeistert auf. Dann hörte ich, wie die Wirtin sie davonjagte. Vater ging schnell, beinahe im Laufschritt weiter, aber der Nachbar hatte beschlossen, aufs Ganze zu gehen.

Zwischen dem Beisl und unserem Haus war eine freie Fläche, die von Gestrüpp überwuchert war. Vor dem Krieg hatte sich an dieser Stelle ein kleiner Gewerbebetrieb befunden. Neben den Resten einer Ziegelmauer stand die rostige Karosserie eines alten russischen Militärlastwagens. Das Areal war eingezäunt, aber die Kinder aus der Nachbarschaft hatten Pfähle aus dem Zaun gerissen, so dass ein schmaler Eingang entstanden war. Dort wurde Vater von Herrn Natsch hineingestoßen. Das ging so schnell, dass es einige Augenblicke dauerte, bevor ich verstand, wohin die beiden verschwunden waren. Dann sah ich Vater auf der Erde liegen. Herr Natsch schaute auf ihn hinunter, während er sich eine Zigarette anzündete.

»Du fühlst dich also durch den Lärm belästigt, was? Nicht einmal ein bisschen Leben gönnst du mir, nach allem, was ich in den letzten Jahren durchmachen musste! Hetzt mir den Hausmeister und die Polizei auf den Hals.« Er machte einen tiefen Zug und verzog das Gesicht. »So ein billiges Kraut.«

»Lassen Sie mich gehen«, bat Vater mit gebrochener Stimme und befühlte seine blutenden Lippen.

»Abstechen willst du mich, du Schwein?« Der Nachbar warf verächtlich die brennende Zigarette in den kleinen Sandhügel hinter Vaters Kopf.

»Das war doch alles nur Spaß!« Vater richtete sich schwer atmend auf, aber bevor er aufstehen konnte, streckte ihn Natsch mit einem weiteren Faustschlag wieder zu Boden.

»Er war's«, winselte Vater und zeigte mit dem Finger auf mich. »Er hat die Geschichte mit dem Klappmesser und dem Gewicht erfunden. Ein Kind mit Phantasie. Hat zu viele Bücher gelesen.«

»Du bist ja wirklich ein Stück Scheiße«, sagte Natsch und spuckte aus. »Komm mir ja nicht mehr unter die Augen, sonst kotz' ich dir ins Gesicht.« Dann wischte er das Blut auf seiner rechten Hand an Vaters Anzug ab und ging.

Die Szene hatte nicht länger als zwei Minuten gedauert, und es verging genauso viel Zeit, bis ich wieder einigermaßen klar denken konnte. Es kam mir vor, als hätte ich während des gesamten Vorfalls nicht einmal geatmet. Ich stand zwischen Zaun und Lastwagen, auf einer Betonplatte, in deren Mitte ein Eisenring befestigt war, und konnte mich nicht rühren. Schließlich setzte ich mich im Türkensitz auf den Boden, umklammerte mit der linken Hand den Ring, ohne darauf zu achten, dass der Rost mir in die Handfläche schnitt, und schaute Vater beim Aufstehen zu.

»Leo!«, rief er mit schwacher Stimme. »Komm her und hilf mir. Bitte, Leo …«

Ich ging zu ihm und stützte ihn. Er zitterte heftig. Vor dem Schlupfloch, das auf die Straße führte, blieb er stehen und leerte die Außentasche seines Anzugs aus – die Scherben der Teetasse, die er am Schießstand gewonnen hatte. Er wich meinen Blicken aus, sah auf die Spitzen seiner Schuhe und dann zur Seite, dorthin wo der Zaun an die Mauer des Nachbarhauses stieß. Er schwitzte. Ich trocknete ihm mit meinem Taschentuch die Stirn ab, hielt es ihm dann einige Augenblicke an die Lippen und steckte es, blutig wie es war, in die Hosentasche zurück.

»Leo, du darfst nicht glauben, dass ich …« Er stockte.

»Ich weiß, Papa.«

»Leo …«

Ich schob ihn ein paar Schritte vor mir her und lehnte ihn dann wie einen Mehlsack gegen den Zaun.

»Papa!«

»Leo …«

»Papa, wieviele Juden hast du damals erschossen? Hast du die Scheune angezündet?«

»Hat die Alte also doch nicht die Klappe halten können«, flüsterte er und verzog die verletzten Lippen zu einem bitteren Lächeln. Das ließ seinen Zustand noch armseliger erscheinen. Ich verspürte auf einmal das Bedürfnis, ihn an den Schultern zu packen und mit dem Kopf gegen den Zaun zu schlagen. So lange, bis er nicht mehr da war. So lange, bis er überhaupt nie existiert hatte.

»Ich habe niemanden erschossen«, sagte Vater. »Das musst du mir glauben.«

Tränen rannen über seine Wangen. Bis dahin hatte ich ihn noch nie weinen gesehen.

»Ich habe nur patroulliert. Angeschrien habe ich sie manchmal, diese Ungarn, die jüdischen, aber geschossen habe ich nicht. Das haben die anderen getan. Ich hab's mir eingerichtet, nicht schießen zu müssen, weil mir sofort schlecht wird, wenn ich Tote sehe. Das wusste ich von den Bombenangriffen. Die Scheune habe ich auch nicht angezündet. Ich hab' dabei nur zugeschaut. Ich hatte keine andere Wahl. Sonst hätten sie mich ebenfalls umgebracht. Dein Vater ist kein Mörder, Leo. Ich habe überhaupt während des ganzen Krieges keinen einzigen Schuss abgegeben. Das musst du mir glauben.« Er drehte sich weg, damit ich seinen immer stärker werdenden Weinkrampf nicht sehe. »Glaubst du mir das, Leo? Ja? Glaubst du mir das? Nicht wahr, du glaubst mir das! Das war eine schlimme Zeit. Ich kann nichts dafür. Keiner kann was dafür. Und du darfst nie jemandem davon erzählen, Leo. Niemals! Unter keinen Umständen. Tun wir doch einfach so, als ob das alles nicht geschehen wäre. Ja, Leo? … Leo!«

Ich gab ihm keine Antwort und stieß ihn hinaus auf den Gehsteig.

19

Mutter behandelte Vaters Platzwunden auf den Lippen mit Jod. Er krümmte sich vor Schmerz, während sie ein zufriedenes Gesicht machte. »Das muss sein«, meinte sie. »Wir wollen einen Wundbrand vermeiden. Zum Abendessen gibt's heute Hirsebrei und ein bisschen Suppe.«

»Ein Schweinsbraten wär' mir lieber«, murmelte Vater. Die Lippen schwollen an. Seine Worte klangen wie das Lallen eines Betrunkenen.

»Sei froh, dass die Zähne in Ordnung sind«, sagte die Großtante.

»Sie haben zu zweit auf mich eingeschlagen«, erklärte Vater. »Aber ihre Gesichter sind in einem noch schlechteren Zustand als meines.«

»Ist ja gut«, meinte Mutter. »Du sollst nicht soviel reden.«

Ich widersprach Vaters Version nicht. Im Flur des Hauses hatte er mich gebeten, »diese schlimme Geschichte nicht noch schlimmer zu machen«. Wenn die Frauen »die ganze Wahrheit« erfahren, mache das nur böses Blut und der Haussegen hänge schief. Eigentlich war diese Bitte eher ein Betteln gewesen. Ich sei doch schon ein großer Junge, fast ein richtiger Mann, ich müsse das verstehen.

»In ein paar Monaten ziehen wir ohnehin aus«, erklärte Mutter. »Dann kannst du diese Leute vergessen.«

»Dann kommen andere«, meinte die Großtante. »Jedes Haus hat seine Familie Natsch.«

»Und du?«, wandte sich Mutter an mich. »Du bist doch angeblich so vernünftig und klug. Warum bist du nicht dazwischen gegangen?«

»Sei nicht blöd! Was hätte er denn machen sollen?«, ereiferte sich die Großtante. »Welche Chance hat schon ein Welpe, wenn ein paar wild gewordene Straßenköter aufeinander losgehen?«

»Ich hätte mich fressen lassen können«, sagte ich. »Vielleicht wäre das die beste Lösung gewesen.«

Alle drei schauten mich erstaunt an. Mutter stellte die Jodflasche auf den Tisch.

»Ich glaube, die Dummheit des Vaters hat ihm das Gehirn benebelt«, feixte die Großtante.

»Ruh dich aus«, sagte Mutter zu mir. »Du bist bleich wie eine Leiche.«

»Die Zunge soll dir abfallen, du primitive Person!«, schrie die Großtante. »Das Kind mit einer Leiche zu vergleichen! Krähst mit deiner Dummheit noch das Unglück herbei! Jetzt musst du drei Vaterunser beten.«

»Wenn ihr nicht sofort aufhört, bringt ihr mich noch ins Grab«, stöhnte Vater.

»Also los! Schnell! Sonst ist es zu spät!«, befahl Großtante.

Mutter begann zu beten. Mir aber kam alles unwirklich vor. Wir saßen am Küchentisch, so als wäre alles beim Alten. Die Deckenlampe mit dem mattgrünen Schirm leuchtete über unseren Köpfen. Das war ein Familiengesetz: Wenn wir allein waren, nahmen wir am Küchentisch Platz.

Im Wohnzimmer wurde nur gegessen, wenn jemand zu Besuch kam. In den Stauden draußen im Hof brüteten die Vögel. Ich hörte sie singen und zwitschern und einander in ihrer Vogelsprache etwas erzählen. Es war wie früher. Wie gestern, vorgestern oder vor einem Jahr, und dabei war doch alles anders geworden.

Mutter leierte das Vaterunser runter, so als könne der alberne Text mich tatsächlich vor etwas Bösem im Leben bewahren. Ich wusste, dass sie nicht daran glaubt, ich wusste, dass die Großtante nicht daran glaubt, und ich wusste, dass Mutter weiß, dass die Großtante nicht daran glaubt und dass die Großtante weiß, dass Mutter das weiß. Alles ein Spiel. Alles Betrug.

Nach dem Beten begann Mutter das Abendessen zuzubereiten. Ich erklärte, keinen Hunger zu haben, zog meine Jacke an und ging hinaus. Die besorgten Ausrufe und Ermahnungen der beiden Frauen hatte ich kaum wahrgenommen. »Lasst ihn doch, wenn er spazieren gehen will, soll er spazieren gehen«, hörte ich Vaters mampfende Stimme hinter meinem Rücken. »Ständig hackt ihr auf ihm herum!« Vielleicht glaubte er, ich erwarte von ihm, dass er so etwas sagt, so als könnte dadurch irgendetwas besser werden. In Wirklichkeit war Vaters Bemerkung so schmerzvoll für mich, dass ich meinen Schritt beschleunigte.

Am Stephansplatz, wenige Meter vom Haupteingang zum Dom entfernt, wäre ich beinahe von einem Auto angefahren worden. Mehr ist mir nicht in Erinnerung geblieben. Ich weiß nicht, wo ich an diesem Abend sonst gewesen bin. Als ich nach Hause kam, war es ziemlich spät. Mutter hatte die Großtante schon schlafen gelegt, aber sie schlief noch nicht, sondern starrte auf den Wasserfleck an der Decke. Ich ging den Eltern aus dem Weg. Aber sie hatten ohnehin nicht vor, mit mir ein Gespräch anzufangen. Ich setzte mich an den Schreibtisch, knipste die Lampe an, holte ein Heft aus der Schublade, klappte es auf und starrte auf das leere Blatt. Einige Male schraubte ich die Füllfeder auf und wieder zu. Dann legte ich sie weg und begann die Minuten zu zählen, die nach der Abfahrt einer Stadtbahn verstreichen mussten, bevor der entgegenkommende Zug in die Station einfuhr.

20

Im Nebenzimmer hörte ich Mutter auf Vater einreden, und er war nicht in der Lage, ihr zu antworten. Wenn er es versuchte, fiel sie ihm sogleich ins Wort. Ich hatte noch nie erlebt, dass Mutter in einem Stück so viel und so laut geredet hätte. Sie redete lange, fast bis zwei Uhr morgens. Ich war froh, dass ich durch die Wand keine Einzelheiten hören konnte.

Als die Stimmen im Nebenzimmer verstummten, machte auch ich das Licht aus und ging zu Bett.

»Gute Nacht, Tante.«

»Dein Vater ist ein Feigling.«

»Ich bin müde, Tante, lass uns schlafen.«

»Zwei kräftige Männer, hat er gesagt. Dass ich nicht lache. Dein Vater lügt, wenn er den Mund aufmacht. Der Natsch, dieser Prolet, ist kein Kraftpaket, und sein Freund ist etwas schwabbelig um die Hüften und macht einen linkischen Eindruck. Der schlägt nicht hart zu. Höchstwahrscheinlich war es sowieso nur einer von den beiden. Ich kenne deinen Vater besser als er selbst. Ich weiß schon, was er denkt, bevor sein Gehirn zu arbeiten beginnt.«

»Ich habe morgen einen schweren Tag, Tante. Wir haben Lateinschularbeit und eine Prüfungsstunde in Physik.«

»Du wirst mir sicher nicht erzählen, wie es wirklich war. Du bist ein viel zu netter Bub.«

Ich schloss die Augen und zog die Decke über den Kopf, aber Großtante hörte nicht auf, und ihre Stimme wurde immer aufgeregter. Nach jedem zweiten Satz klagte sie über Kopfweh und Schmerzen in der Brust.

»Die Aufregung bringt mich ins Grab. Au! Au! Au! Verdammt! Kannst du dir vorstellen, wie ich mich abgerackert habe für diesen Menschen? Ooch! Eigene Kinder blieben mir versagt. Mein Ein und Alles ist er gewesen. Au! Und was ist aus ihm geworden? Ein feiger Hund. Ich glaube ja nicht, dass er zurückgeschlagen hat. Er hat nie zurückgeschlagen, schon als Kind nicht, hat immer gekuscht und sich den Stärkeren angebiedert. Nach unten hat er getreten. Seine Frau schlagen, das kann er. Im eigenen Wohnzimmer, da ist er der große Held. Oh Gott, mein Herz! Oder die Mädchen in der Fabrik schikanieren, da fühlt er sich stark. Wie er sich gefreut hat, als man ihn zum Vorarbeiter gemacht hat! Da war er plötzlich wer, das Würschtl. Mein Kopf zerspringt gleich! Leute erschießen, morden, wenn's von oben gut geheißen wird, das passt zu ihm, und sich dann in die Hosen machen, wenn eine andere Obrigkeit kommt. Au! Nicht einmal zum rechtzeitigen Davonlaufen hatte er den Mut. Au! Vor dem Blockwart hat er Verbeugungen gemacht, als wär's der Führer persönlich, und nachher war er stolz, dass er nie der Partei beigetreten ist. War plötzlich einer von den besseren Menschen. Nun sag mir Leo, du gehst doch ins Gymnasium, wo man lernt, auf jede Frage eine Antwort zu finden. Sag mir, was ich falsch gemacht habe, Leo.«

Ich stellte mich schlafend.

»Komm, ich weiß, dass du wach bist, Leo.«

Ich setzte mich im Bett auf.

»Sag doch etwas«, murmelte sie. Ihre Stimme wurde schwächer.

»Leo!« Ein kaum hörbares Flüstern. »Mir ist schlecht. Weck bitte deine Mutter. Sie soll mir eine von diesen Pillen geben.«

Ich stand auf und setzte mich auf den Stuhl neben dem Schreibtisch. Es war kalt, und ich hatte nur einen Pyjama an.

»Die Pillen! Meine Brust. Es tut so weh. Die Pillen! Ein Glas Wasser! Leo!«

Ich betrachtete den Schatten von Großtantes Nase auf dem Lampenschirm. Er zitterte und wurde immer schneller. Wie der Schnabel eines Spechts bei der Arbeit, dachte ich. Ich wollte, dass er sich nicht mehr bewegt, verspürte den Wunsch, die Lampe auf den Boden zu werfen, darauf herumzutrampeln und sie dann aus dem Fenster zu werfen. Ich schaute hinaus und stellte fest, dass der Mond abnehmend war. Am Himmel war keine einzige Wolke mehr. Unten auf der Donaukanallände dröhnte ein Lastwagen vorbei. Vor der Kreuzung wird er abbremsen und danach beschleunigen, und der Schäferhund von Frau Schreiber aus dem Erdgeschoss wird wieder bellen müssen.

Die Großtante gab undeutliche Laute von sich. Kurze Schreie, die in Hustenanfälle übergingen. Ein Röcheln. Dann plötzlich ein deutliches: »Helft mir! Meine Pillen! Helft mir!« Mir wurde immer kälter, aber ich zog mich nicht an, presste die Fußsohlen gegen den Parkettboden und rührte mich nicht. In Großtantes Truhe raschelte es. Wir mussten uns ein stärkeres Rattengift besorgen. Ich wartete, dass die

Rufe der Großtante bis zu meinen Eltern dringen, aber meine Eltern wachten in dieser Nacht nicht auf.

21

»Großtante Elfriede hatte ein schönes Begräbnis«, erzählt Leopold Ableitinger. »Der Pfarrer hat eine berührende Predigt über Vergänglichkeit, Leid und Erlösung gehalten. Mutter war die einzige, die bei dieser Zeremonie geweint hat, und Vater ist mit zwei Freunden ins Wirtshaus gegangen und hat sich betrunken. Das ist alles.«

Der Gastgeber möchte mir Wein nachschenken, aber ich bedecke das Glas mit der Hand.

»Was war danach?«, frage ich.

»Wie es weiter ging?« Er wirkt milde, beinahe abgeklärt, lächelt, nimmt einen Schluck Wein. »Können Sie sich das nicht vorstellen? Sie sind doch Schriftsteller. Zuerst litt ich an Schlaflosigkeit, dann war ich wochenlang krank. Meine Schulnoten wurden schlechter. Die Matura habe ich ein paar Jahre später trotzdem geschafft. Mit Ach und Krach. Aber auf ein Studium habe ich verzichtet. Zu mir gefunden habe ich erst fünfundzwanzig Jahre später. Im Gefängnis. Je älter ich wurde, desto weiter rückten die wichtigen Dinge von mir ab, so als wäre das Leben ein immer hoffnungsloser werdender Versuch, umzukehren, so lange, bis auch das keine Rolle mehr spielte.«

»Und Ihr Vater?«

»Was soll mit ihm sein? Er ist vor mehr als dreißig Jahren gestorben. Ich habe mit ihm nie mehr über den Krieg gesprochen. Auch nicht über die Großtante oder über sonst etwas Persönliches. Was hätten wir uns noch sagen sollen?

Einmal im Jahr, an seinem Todestag, zünde ich eine Kerze an. Wollen Sie wirklich keinen Wein mehr?«

»Nein danke.«

»Schade. Das ist ein Blaufränkischer aus Gols. 1999 war ein guter Jahrgang.«

Ein schöner Bastard

1

Frau Novotný bügelt Friedrichs Hemd, Herr Novotný putzt seine Schuhe und bindet ihm die Krawatte, weil Friedrichs Hände zittern und er zwei Nächte nicht geschlafen und nur auf diesen Moment gewartet hat. Friedrich setzt seinen Hut auf, posiert einen Augenblick vor dem Spiegel, geht auf die Straße. Die Häuser sind beflaggt: aus Bettlaken und Vorhängen gefertigte tschechische Fahnen, rote Fahnen, weiße Fahnen. Überall Menschen, so viele, dass die Hutkrempen der Männer einander berühren und fremder Atem den Schweiß in Gesichter und Nacken treibt. Die Jüngeren klettern auf Straßenlaternen. Es ist zu laut, um zu verstehen, ob sie schreien, singen oder Parolen skandieren. Ein Mann steht auf einer Holzleiter, die gegen eine Hausmauer gelehnt ist, und schlägt mit einem Hammer auf das Schild eines Gemischtwarenladens ein, der einem Deutschen gehört. Als es schließlich aus der Verankerung reißt und zu Boden fällt, kommt es zum Tumult. Jeder möchte der Aufschrift in der verhassten deutschen Sprache einen Tritt versetzen. »Was ist der Mensch doch für ein Rindvieh«, flüstert Friedrich und biegt schnell in eine Seitengasse ein, bevor er in eine Richtung geschoben wird, die er nicht bestimmen kann. Kaum ist er dem beklemmenden Zugriff entkommen, stolpert er über den Körper eines Mannes, der, nur mit einem Unterhemd und einer Pyjamahose bekleidet, die Arme unnatürlich verrenkt und die Hände zu Fäusten geballt, in einer Lache aus Blut liegt.

In einem leichten Rechtsbogen führt die Gasse – kaum zwei Meter ist sie breit und keine hundert Meter lang – zum Hauptplatz. Über vier Leichen stolpert Friedrich, bevor er am anderen Ende angelangt ist. Einen der Ermordeten erkennt er sogar, obwohl sein Gesicht entstellt und aufgedunsen ist. Er ist im Vorzimmer des Gestapobeamten, der Friedrich einige Male verhört hat, gesessen, hat Akten sortiert und abgelegt und Notizen gemacht und in den Rauchpausen schweigend die Gefangenen betrachtet, die an ihm vorbeigeführt wurden. Nun steht Friedrich da und betrachtet ihn und empfindet weder Abscheu noch Triumph und geht schließlich weiter. Es scheint, als hätte die Stadt ihre Toten in dieser Gasse abgeladen. Lebende trifft Friedrich hier keine.

Das Tor des Rathauses auf dem Hauptplatz ist aufgebrochen, die Fensterscheiben sind eingeschlagen, die Wände mit patriotischen Parolen beschmiert. In den Büroräumen sieht man Menschen, die Aktenschränke leeren, Tintenfässer, Stempelkissen und Mappen von den Tischen fegen und ganze Stapel von Papieren aus den Fenstern werfen.

Auf der Grünfläche zwischen Rathaus und Kirche jagt die Menschenmenge zwei Männern hinterher. Der eine versucht, sich ins Innere des Doms, der andere in einen Hauseingang zu flüchten. Sie werden zu Boden geworfen. Die Verfolger umringen sie. Friedrich wendet sich ab.

»So sieht also die Befreiung aus«, sagt er. »Das also ist die ersehnte Freiheit. Totschlagen.«

»Was dagegen?«, fragt eine Frau. »Du bist wohl auch einer von denen?« Sie mustert ihn abschätzig.

»Ich war immer schon einer von denen«, erklärt Friedrich. »Ganz egal, wer gerade das Sagen hatte, war ich nie einer von diesen, sondern nur von denen.«

»Ein Deutscher!«, brüllt die Frau. »Leute, noch ein Deutscher! Hab' ich's doch geahnt. Dieser typische Tonfall.«

»Sag uns deinen Namen.«

»Bedřich.«

»Und weiter?«

»Reisner.«

»Wusst' ich's doch!«, schreit sie. »Tötet das Nazischwein!«

»Dann schlagt doch zu!« Friedrich rührt sich nicht von der Stelle, steckt die Hände in die Hosentaschen. Seine Ruhe verunsichert die Menge. Die Menschen bilden einen Kreis um ihn. Der Durchmesser von zwei Metern ist respektabel. Der Rädelsführer hebt die Hand, gebietet den anderen zu schweigen. »Deutscher?«, fragt er. »Ja«, sagt Friedrich.

Friedrich kennt den Mann. Er heißt Hruban und ist Vorarbeiter in den Maschinenwerken, die der Stadt zu Beginn des Jahrhunderts Wohlstand beschert und sie während der Wirtschaftskrise ins Elend gestürzt haben. Damals hatte auch Hruban seine Arbeit verloren. Einige Jahre fuhr er mit einem Leiterwagen, vor den ein alter Ackergaul gespannt war, durch die Stadt und verkaufte Kühleis. Wenn Friedrichs Frau ihm ein paar zusätzliche Kronen zusteckte, hat er ihr die Hand geküsst.

»Jetzt wirst du für alles bezahlen!«, sagt Hruban. Er hat an Gewicht zugelegt, nachdem ihn während des Krieges die deutsche, der SS unterstellte Unternehmensführung der

Maschinenwerke wieder eingestellt und zum Vorarbeiter befördert hat. Auf seinen breiten Wangen sprießt ein blonder Vollbart. Er trägt keinen Hut oder hat ihn verloren. Seine schweißige Stirn glänzt im Sonnenlicht. Er fährt mit den Daumen unter die Hosenträger, spannt sie, lässt los. Der Schnalzlaut wirkt wie ein Signal. Der Kreis um Friedrich wird enger. Es ist immer noch still.

Warum Friedrich einen Teil der Wahrheit zugibt und den wesentlicheren verschweigt? Später wird er seinen Gemütszustand mit dem Ausdruck »Lebensträgheit« umschreiben. Zu oft habe er seinen Einfallsreichtum in den Jahren davor aufbringen müssen, so dass für Hruban und seine Freunde nichts mehr übrig geblieben sei.

Ein Halbwüchsiger rettet Friedrich das Leben. Er packt Hruban an den Hosenträgern und drückt seinen Rücken gegen die Brüste der Frau, die so lautstark Friedrichs Tod gefordert hat.

Während des halben Jahres, in dem er sich verstecken musste, hat Friedrich den jungen Novotný nur zweimal zu Gesicht bekommen. Einen Tag nachdem die Novotnýs Friedrich bei sich aufgenommen hatten, kam der Siebzehnjährige, der kurz zuvor nach einem heftigen Streit mit seinem Vater von zu Hause ausgezogen war, um seine Sachen zu holen. »Wär' ja noch schöner, wenn der Jud auch meine Hemden trägt und in der Nacht meinen Pyjama anzieht, nachdem er in mein Zimmer gezogen ist. Lange kann's nicht dauern, bis die Nachbarn Wind davon bekommen und zur Gestapo gehen.« Doch die Nachbarn verrieten Friedrich nicht.

Zwei Monate später tauchte der Sohn in angetrunkenem Zustand und gut gelaunt wieder in der elterlichen Wohnung auf. Er war in Begleitung einer Frau, die älter war als er und offensichtlich einen freizügigeren Lebenswandel führte, als ihn die bürgerliche Moral der Novotnýs einer Frau zugestand. Der junge Novotný stellte sie als seine »Lebensgefährtin« vor. »Ja, Vater«, verkündete er, nachdem er seinen Eltern Zeit gegeben hatte, ihre Meinung zu sagen, und er zugehört hatte, ohne sie zu unterbrechen, »du hast Recht, Vater! Ich hole mir von dieser Frau einen Tripper und damit den Tod.« Die Frau an seiner Seite kicherte und zeigte mit dem Finger auf ihren Unterleib. »Du, Vater, und Mutter auch, ihr holt euch den Tod durch den da!« Und er zeigte mit dem Finger auf Friedrich. »Die Deutschen werden euch beide neben dem Juden aufhängen.«

»Zeig deinen Vater doch an!«, schrie der alte Novotný. »Doch wenn wir hängen, hängst auch du und mit dir deine Hure. Denn du bist unser Sohn, und eine Hure ist auch für die Deutschen eine Hure.« Nach diesen Worten kam es zum endgültigen Bruch zwischen dem jungen und dem alten Novotný, und als der alte Novotný 1949 in einem Gefängnis starb, in das ihn die Kommunisten wegen angeblichen Landesverrats gesperrt hatten, kam der Sohn weder zum Begräbnis noch besuchte er jemals das Grab des Vaters und bereute sein Verhalten erst, als sein eigener Sohn 1968 ohne ein Wort des Abschieds in den Westen flüchtete.

»Was tust du, du Idiot?«, schreit der junge Novotný. »Kannst du Freund von Feind nicht unterscheiden?«

»Was denn?« Hruban lässt seinen Knüppel fallen. »Lass meine Hosenträger los! Willst du, dass ich meine Hose verliere?«

»Weißt du nicht, wer das ist? Kennst du den Parfümerieladen Reisner nicht? Das ist doch Bedřich Reisner, der ehemalige Besitzer. Die Deutschen haben ihm sein Geschäft weggenommen, weil seine Mutter Jüdin war. Meine Eltern haben ihn mehrere Monate in ihrer Wohnung versteckt, sonst hätten ihn die Deutschen … kkcht …« Er bewegt den ausgestreckten Zeigefinger der rechten Hand vom linken zum rechten Ohr. Am Hals entlang.

»Aber er ist Deutscher!«, schreit die Menge.

»Das hat er selbst gesagt«, rechtfertigt sich Hruban. Kleinlaut ist er geworden. Eingeschüchtert von der physischen Kraft des Halbwüchsigen, und davon, dass seine Kumpane ihm nicht zu Hilfe eilen.

»Tscheche bin ich auch«, erklärt Friedrich. »Meine Frau ist Tschechin. Vor dem Krieg war ich stolz, Bürger des tschechoslowakischen Staates zu sein. Für die Deutschen war meine Tochter eine Tschechin und ich ein Halbjude, obwohl ich von der frühesten Kindheit an ein gläubiger Christ gewesen bin. Nun ist den Damen und Herren Totschlägern freigestellt, in mir zu sehen, was ihnen beliebt.«

Ein Murmeln geht durch die Runde. Empörte Ausrufe. Gelächter. »Ein schöner Bastard!«, sagt Hruban und spuckt über seine rechte Schulter. »Gott schütze uns vor Bastarden.« Der Kreis um Friedrich wogt und zittert, verengt sich, wird weiter und zerfällt schließlich in Dutzende von Splittern, die sich, wieder zu Einzelpersonen geworden, auf dem Platz verteilen und nach neuen Anziehungspunkten suchen, um sich zu sammeln. Es werden Fahnen geschwungen, patriotische Lieder gesungen, und plötzlich taucht vor dem Dom der erste Panzer der Roten Armee auf und fährt im Schritttempo auf das Rathaus zu.

Friedrich rührt sich immer noch nicht von der Stelle. Die Menschen laufen an ihm vorbei, wollen den Augenblick miterleben, wenn die neue Macht sich etabliert, oder tragen davon, was sie in der kurzen Zeit des Interregnums geraubt haben, und es kommt Friedrich vor, als hätte man ihm ein

Stückchen Leben zugeworfen wie einen schimmligen Brotkanten.

»In den ersten Jahren nach dem Krieg hat mein Vater von seinen Erlebnissen am Tag der Befreiung berichtet, als wäre es eine amüsante Anekdote«, erzählt mir Renate, Friedrichs Tochter. »Er hat sie ausgeschmückt. Es war spannend ihm zuzuhören. Jeder dritte Satz eine Pointe. Später ist er melancholischer geworden, und die Geschichte wurde wieder kürzer. Meine Mutter und ich haben noch gelacht, wenn er von diesem Tag im Mai 1945 sprach, meine Tochter nicht mehr. Kurz vor seinem Tod hat er mir gesagt, er habe oft darüber nachgedacht, ob er dem jungen Novotný tatsächlich dankbar sein sollte, dass er ihm das Leben gerettet hat.«

Renate – auf Tschechisch Renata – beherrscht Deutsch und Tschechisch gleichermaßen gut. Beides wurde im Hause ihrer Eltern gesprochen. Beides hörte man auf der Straße. Außerdem war die polnische Grenze nicht weit, und so versteht Renate auch etwas Polnisch, außerdem Slowakisch und ein wenig Russisch. Sie weiß, dass ich aus Russland stamme, und flicht manchmal ein russisches Wort oder eine Phrase ein, um mir eine Freude zu machen, oder um zu zeigen, dass sie noch nicht alles vergessen hat.

»Ich bin heute um einiges älter, als mein Vater damals war«, sagt sie. »Ich habe nicht mehr das Gefühl, Rücksicht nehmen zu müssen. Was geschehen ist, kann ich erzählen, wie ich es in Erinnerung habe oder wie ich es mir vorstelle. Wissen Sie, die Zeit bietet weder Trost, noch schließt sie etwas ab, aber sie rückt die Dinge an ihren Platz.«

2

Renate zeigt mir eine Photographie ihres Urgroßvaters. Er hieß Jankel und soll in einem Dorf in Österreichisch-Schlesien eine Schenke betrieben haben. Eines Tages stieg ein wohlhabender Herr aus der Postkutsche und begab sich in die Gaststube, um sich für die Nachtfahrt zu stärken. Nach dem Abendessen bestellte er sich einen Wodka, stopfte seine Pfeife und meinte, nachdem er Jankels dürre Figur ausgiebig mit einer Mischung aus Ironie und Verachtung gemustert hatte, zu den anderen Gästen: »Kein Wunder, dass die Juden reich werden auf unsere Kosten, sie huren nicht, weil sie's nicht können, und sie saufen nicht, weil sie das schon dreimal nicht können, aber die Zuhälterei und den Alkoholverkauf haben sie monopolisiert. Doch wir haben Freude am Leben, während ihnen nur das Geldscheffeln bleibt.« Nach diesen Worten lachte er herzhaft auf und schlug mit der flachen Hand auf den Tisch, schenkte sich ein, trank das Glas leer, und die Besucher der Schenke lachten ebenfalls, und auch Jankel lächelte. Er stellte das Tablett mit den Getränken ab, zog seine Schürze und sein Jackett aus, krempelte die Ärmel hoch und setzte sich an den Tisch des Fremden.

Wenn der Herr eine Dame wäre, meinte er, würde er ihm sogleich beweisen, dass er ordentlich huren könne, und es würde ihn auch der Umstand nicht davon abhalten, dass der Herr ein Herr sei, wenn ihm seine Religion derartige Praktiken nicht verbieten würde. Was die Zuhälterei betrifft, so wisse jeder in der Region, wer hier dieses Gewerbe betreibe, auch der Pfarrer, der den Burschen getauft hat. Was jedoch das Trinken anbelange, so wette er mit dem Herrn um zehn Gulden, dass er ihn unter den Tisch getrunken haben werde, noch ehe die Pferde gewechselt und die Achsen der Kutsche geölt worden seien.

»Du nimmst den Mund ganz schön voll, Jud«, meinte der Gast, nahm den Zwicker ab, lockerte das Halstuch und knöpfte den Kragen auf.

Sogleich wurde ein Schiedsrichter ernannt. Eine zweite Flasche und ein zweites Glas wurden geholt. Eine halbe Stunde später nahm Jankel seinem bewusstlosen Kontrahenten den Geldbeutel ab, holte daraus genau zehn Gulden »und keinen Kreuzer zuviel«, wie er später stolz erzählte, packte den Verlierer an den Füßen, schleifte ihn zur Tür, lud ihn auf einen Schubkarren und lieferte ihn beim Kutscher ab.

Dieser Vorfall machte Jankel Chaimowitsch zu einer lokalen Berühmtheit. Die Bauern zollten ihm Respekt, und der Gutsbesitzer machte ihn zu seinem Verwalter, denn, so meinte er, wer beim Saufen derart standhaft bleibe, werde auch in schwierigeren Situationen nicht umfallen.

Jankel verkaufte seine Schankkonzession und zog mit seiner Familie in einen Seitenflügel der herrschaftlichen Villa. Bald gehörte er zu den angesehendsten Mitgliedern der jüdischen Gemeinde. Er verteilte großzügig Almosen, ließ die Synagoge des Dorfes erneuern und schickte seine Söhne zum Studium nach Prag und Wien. Die Töchter besuchten ein Mädchenpensionat in Mähren.

»So kam meine Großmutter in unsere Stadt«, erzählt mir Renate. »Dort lernte sie meinen Großvater kennen, den Besitzer einer gut gehenden Schneiderwerkstatt, einen Deutschen. Großmutter ließ sich taufen und nahm den Namen Franziska an. Ihre jüdische Familie brach daraufhin den Kontakt zu ihr ab. Die Geschichte, wie ihr Vater den Trinkwettbewerb gewann, hat sie aber immer wieder erzählt, auch mir noch, als ich ein Kind war. Siehst du, erklärte sie mir – die Männerwelt ist einfacher, als sie scheint. Wenn du ihre Regeln einmal durchschaut hast, wirst du dich später selten irren.«

3

Friedrich Reisner kam am 1. Jänner 1900 kurz nach Mitternacht zur Welt. Sein Leben lang wertete er dies als gutes Zeichen und als Auftrag, denn wer zusammen mit einem neuen Jahrhundert geboren wird, muss nach vorne schauen und an der Verbesserung der Welt mitwirken.

Während des Ersten Weltkrieges kam die Familie Reisner zu bescheidenem Wohlstand. Die Schneiderwerkstatt stellte für die kaiserliche und königliche Armee Uniformen her. Für jeden Toten wurde ein neues Opfer rekrutiert. Jeder Rekrut war ein neuer Auftrag, jede Niederlage an der Front ein Profit. Damals wurde Friedrich, der gerade eine Maschinenschlosserlehre machte, Sozialdemokrat. Mit siebzehn träumte er davon, den Militärdienst zu verweigern und heldenhaft für seine Ideale zu sterben. Ein Jahr später hatte ihn der Mut verlassen. Er wurde zur Armee gemustert und, da er eine Brille trug und Plattfüße hatte, im Versorgungsdienst eingesetzt. Kurze Zeit später war der Krieg vorbei.

»Mein Vater hat mit meinem Großvater oft rege Debatten geführt«, erinnert sich Renate. »Für mich als Kind war es am schönsten, wenn er mit seiner polternden Stimme zu schimpfen begann. Dann sprach er von den Bourgeoiskapitalisten, von menschenfressenden Börsenmaklern und Ratten im Frack, von Rothschild und dem ganzen ausbeuterischen Judenpack. Bist ja selber einer, meinte Großvater und lachte. Na und, erwiderte Vater. Mein Blut ist jüdisch, aber mein Herz schlägt für den Klassenkampf. Er war eben ein großer Sozialdemokrat, auch wenn er an Gott geglaubt hat und in die Kirche gegangen ist.«

Von Friedrichs sieben Brüdern sind während des Ersten Weltkrieges drei gefallen. Einer war schon 1912 nach Amerika ausgewandert. Er arbeitete unter anderem als Schaufensterdekorateur und Versicherungsvertreter und eröffnete schließlich eine Fahrradreparaturwerkstatt in Sedalia, Missouri. Als er 1971 starb, hinterließ er seinen Brüdern, Nichten und Neffen eine kleine Erbschaft. Renates Anteil belief sich nach Abzug aller Steuern und Gebühren auf 22 Schilling 30 Groschen. An diesem Tag lud sie eine Freundin ins Café Eiles auf Kaffee und Kuchen ein.

Ein anderer Bruder, Helmut, lebte schon seit einiger Zeit in Wien. Nach dem Krieg kam er nach Mähren zurück. Er berichtete von Hunger und Elend, von Frauen und Kindern, die in den Wienerwald gingen, um Brennholz zu sammeln, von zehn Personen, die sich in den Zinshäusern ein Zimmer teilen mussten. Die Zustände in seiner Heimat erschienen ihm im Vergleich dazu beinahe paradiesisch. Er erzählte aber auch von der sozialdemokratischen Gemeindeverwaltung, die Wohnprojekte durchführte, öffentliche Speiseräume, Kindergärten und Arbeiterbibliotheken einrichtete und der Jugend eine neue Perspektive für die Zukunft gab. »Seit dieser Zeit«, erklärt Renate, »hörte mein Vater nie mehr auf, an das Gute im Menschen zu glauben. Sogar in den schlimmsten Augenblicken seines Lebens glaubte er noch, die Menschheit bewege sich in einer Art evolutionären Entwicklung auf ein paradiesisches Endziel zu. Christliche und marxistische Erlösungsgedanken vermischten sich bei ihm. Man wusste nie, ob er von der klassenlosen Gesellschaft oder vom Neuen Jerusalem sprach. Für ihn war das einerlei. Jesus war der erste Marxist.«

Friedrichs eigenwilliges Christentum war unter anderem dafür verantwortlich, dass er Renates Mutter kennen lernte. Es war an einem Sonntag im Sommer, und wie immer, wenn das Wetter es erlaubte, nützte Friedrich diesen Tag, um einen Ausflug mit dem Fahrrad in die Umgebung der Stadt zu unternehmen. Manchmal stand er um fünf Uhr morgens auf und fuhr los, als die Straßenlaternen noch leuchteten. Die Wege waren damals nicht asphaltiert, oft nur notdürftig befestigt. Die Landschaft war hügelig, aber Friedrich war in einer guten körperlichen Verfassung und erreichte noch am Vormittag ein Dorf an der polnischen Grenze, etwa fünfundzwanzig bis dreißig Kilometer von der Stadt entfernt. Am Ufer des Grenzflusses stand eine barocke Kirche, in der gerade ein Gottesdienst abgehalten wurde. Friedrich lehnte sein Rad gegen die Mauer und trat ein. Der Pfarrer war ein hagerer Mann, der sehr jung wirkte, einer von der asketischen Sorte, ein Eiferer, der den Eindruck eines ständig unausgeschlafenen Menschen machte. Er hielt gerade die Predigt. Die Dorfbewohner hörten auf die rücksichtsloseste Art zu, die man sich vorstellen kann, regungslos, manche mit offenen Mündern. Man hatte den Eindruck, sie würden nicht einmal blinzeln. Hätte Friedrich ein solches Publikum bei einer seiner Parteiversammlungen, wenn er am Rednerpult stand, gehabt, er hätte kein Wort herausgebracht. Der Pfarrer jedoch hatte keine Hemmungen. »Lenin!«, wiederholte er schon zum dritten Mal, und dehnte das zweite »N«, so dass es wie das Aufheulen eines Dieselmotors klang. »Nein, er ist kein Prophet des Bösen. Er ist der Antichrist! Der Leibhaftige!« Die älteren

Männer in der ersten Reihe nickten. Ein paar Frauen bekreuzigten sich. »Und ich weiß es aus sicherer Quelle, denn ein Mensch, auf dessen Zeugnis Verlass ist, hat es mit eigenen Augen gesehen, dass Lenin keinen Fuß unter seinem rechten Stiefel hat, denn als er den Stiefel auszog, kam ein Huf zum Vorschein und über diesem Huf war schwarzes, zotteliges Fell …« Ein Aufschrei des Entsetzens ging durch die Reihen. Man hörte aber auch Gelächter, und Friedrich sah einige Leute die Köpfe schütteln. »Glaubt nicht den Bolschewiken, denn ihre Worte sind der süße Klang der Verführung, glaubt nicht den Sozialisten, denn auf Erden ist kein Paradies zu errichten, und wer es behauptet, ist den dunklen Mächten verfallen, glaubt nicht den Liberalen, denn nicht Geld regiert die Welt, und ihre Freiheit ist nicht die Freiheit, die ich meine.«

»Unsinn!« Die Menschen drehten sich um und starrten den jungen Mann an, der es gewagt hatte, eine Predigt zu stören. Er stand im Gang zwischen den Bänken und knetete nervös seine Kappe in den Händen. »Wenn der Leibhaftige sich erdreistete, unter uns zu erscheinen, würden die Hufschmiede bald zu den Reichsten der Erde zählen, denn die halbe Menschheit müsste beschlagen werden.« Der Pfarrer holte tief Luft, aber die dreiste Einmischung des Fremden verblüffte ihn offenbar zu sehr, als dass er darauf etwas zu erwidern vermochte. »Und wenn der Herrgott uns dazu bestimmt hätte, immerfort zu leiden und nichts für die Verbesserung des irdischen Daseins unserer Mitmenschen zu unternehmen, hätte er seinen Sohn nicht auf die Erde geschickt, um uns zu erlösen. Das war die Freiheit, die *er* gemeint hat.« Und Friedrich hielt eine Rede über den Erlösungsgedanken des Sozialismus und die sozialistischen Wurzeln des Christentums. Das heißt, er wollte diese Rede halten, aber er kam nicht weit, denn die erbosten Gläubigen jagten ihn aus der Kirche, und sie hätten ihn bestimmt übel zugerichtet, wenn er sich nicht schnell auf sein Rad geschwungen hätte und davongefahren wäre. Er nahm den Weg am Fluss entlang, kehrte dann um, machte einen Bogen um die Siedlung, fand aber die Straße in die Stadt nicht, nahm einen Weg, den er für eine Abkürzung hielt, und landete schließlich mit einem geplatzten Reifen im Feld. »Dort«, erzählt Renate, »fand ihn meine Mutter fluchend vor, wobei in jedem zweiten Satz der Teufel, dessen gehörnte Geschwister und des Teufels Großmutter vorkamen.«

»Sie haben wohl eine besondere Beziehung zum Satan, mein Herr«, sagte das Mädchen. »Zuerst führen Sie ihn ständig im Munde und blamieren unseren Pfarrer und nun bemühen Sie sogar die Verwandten des Leibhaftigen. Ich denke, Sie werden es im Leben noch weit bringen.«

Ihre Mutter, sagt Renate, sei eine schöne Frau gewesen, eine »böhmische Schönheit«, blond, üppig – sinnlich bis ins hohe Alter. So wie ihr Vater habe sie »ein großes Mundwerk« besessen, habe wie dieser ein ausgeprägtes Bewusstsein für Recht und Unrecht gehabt, nur so rigoros wie er sei sie nie gewesen, habe eher versucht, das Schicksal zu überlisten als ihm die Stirn zu bieten.

4

Alena Páneková ist die Tochter reicher Bauern. Ein Haus der Familie steht auf der tschechischen, ein zweites, in Sichtweite, auf der polnischen Seite des Flusses. Wenn man die polnischen Verwandten besuchen möchte, muss man in die zweigeteilte Stadt Teschen fahren, wo es einen Grenzübergang und eine Brücke gibt. Die Polacken, meint Alenas Vater, seien ein unsympathisches Völkchen. Er müsse es wissen, denn seine eigene Großmutter sei Polin gewesen. Ein Pole würde morden und rauben und dann in die Kirche laufen, um sein Gewissen bei Beichte, Gebet und all den anderen Kleinigkeiten zu erleichtern. Nur die Juden seien noch größere Halsabschneider als die Polen. Kein Wunder, dass sich beide Völker nicht ausstehen können. Sie machen sich gegenseitig viel zu große Konkurrenz.

Die Grenze und die damit verbundenen Schwierigkeiten sind ein Grund, warum Alenas Familie dem neuen Staat, ja der Politik überhaupt, eher reserviert begegnet. In der Monarchie, sagen sie, seien die Entscheidungen in Wien gefallen, aber man habe jederzeit mit dem Boot über den Fluss rudern können. Heute kämen die Anordnungen aus Prag, aber man müsse sich weiterhin mit Steuerbeamten abgeben, und die Söhne müssten zum Militär, und die Uniformierten und Eierköpfigen auf der anderen Flussseite, denen man ebenfalls Bestechungsgelder zu zahlen habe, seien noch schlimmer als jene aus Wien und Prag zusammen. Und zu all diesen Problemen käme nun ein Schwiegersohn aus der Stadt, ein Sozialist, ein Aufwiegler, ein Eigenbrötler mit Fahrrad, vorlauten Bemerkungen und jüdischen Großeltern, und obendrein noch Deutscher. »Aber sie hat ihn trotzdem geheiratet«, erzählt Renate. »Nicht in der Dorfkirche natürlich, wie sie es sich eigentlich gewünscht hatte. Das ist nach dem Auftritt meines Vaters nicht mehr gegangen, obwohl der junge Pfarrer inzwischen versetzt worden war.«

Alena zieht zu ihrem Mann in die Stadt. In der urbanen Umgebung findet sie sich schnell zurecht und beschließt, Friedrich solle sein Leben ab nun zielgerichteter, strategischer gestalten, anstatt die Zeit bei Versammlungen seiner Partei zu vergeuden. Die gerechte Zukunft, von der er träume, würden weder er noch seine Kinder oder Enkel erleben. Niemand trage die Schuld für den Zeitpunkt seiner eigenen Geburt, und doch habe jeder das Recht auf ein bisschen Glück, denn die Zukunft sei lang und habe immer den längeren Atem als das einzelne Menschenleben.

Alena beschließt, Friedrich solle ein Parfümeriegeschäft eröffnen. Ein Geschäft, das mehr sei, als ein kleiner Laden, das mehrere Waren und Dienstleistungen anbiete, Drogerieartikel, hauptsächlich aber Friseurbedarf en gros und en détail. Dies sei genau jene Art von Geschäft, das in der Stadt noch fehle.

Das Kapital stammt aus Alenas Mitgift und von Friedrichs Bruder Karl, dem schwarzen Schaf der Familie, der durch Börsen- und Währungsspekulationen und »andere dunkle Geschäfte« in den Monaten der großen Inflation in Deutschland und Österreich ein Vermögen gemacht hat.

Friedrich billigt die geplante Unternehmensgründung nicht. Den Einsatz künstlicher Düfte hält er für einen unnötigen Luxus, der den Charakter von Frauen verdirbt, obwohl dies vielleicht, so seine Meinung, »den angeborenen weiblichen Eigenschaften« durchaus entspreche. Doch Alena gibt nicht nach. Wenn sie sich für etwas entschieden hat, stellt sie sich taub und blind, bis sie ihren Willen durchgesetzt hat, und so mutiert der radikale Sozialist Friedrich Reisner beinahe über Nacht zum Kapitalisten. Wie er diese Metamorphose ideologisch rechtfertigt? Gar nicht, meint seine Tochter. Manchmal behauptet er zwar, dass Kleinunternehmertum und Geschäftssinn einen Übergang auf dem Weg zu egalitären Verhältnissen und ein nötiges Gegengewicht zur Macht der Großbourgeoisie darstellten, doch solche Argumente klingen nie glaubwürdig aus seinem Mund.

»In der Zeit des größten Aufschwungs hatten wir zweiundfünfzig Angestellte«, erinnert sich Renate, »wir hatten drei Autos, es ging uns also sehr gut. Im Sommer sind wir nach Jugoslawien oder Italien in die Ferien gefahren. Der Vater eines Bekannten von mir war in dieser Zeit sieben Jahre lang arbeitslos.«

Als Alena schwanger ist, beginnt die Weltwirtschaftskrise. Der Parfümerieladen Reisner ist davon wenig betroffen. Nur zwei oder drei Angestellte müssen nach einem kurzfristigen Absatzrückgang entlassen werden. Vielleicht, meint Renate, weil gerade in Zeiten der Krise und der Not viele Menschen Wert auf Äußerlichkeiten legen, um den Schein der Normalität zu wahren.

Als Renate 1930 auf die Welt kommt, wohnt die Familie im besten Viertel der Stadt. »Das Haus hatte ein fortschrittlich denkender Großindustrieller in Auftrag gegeben, der neue Häuser nach amerikanischem Muster errichten ließ. Es gab einen Luftschutzkeller, Zentralheizung, ein Badezimmer und eine eingebaute Küche. Das war schon was Besonderes für die damalige Zeit. Und auf dem Balkon befand sich sogar ein Müllschacht. Märchenhaft für meine Mutter, die in ihrer Kindheit mit fünf Geschwistern im selben Zimmer schlafen musste. Die Nachbarn waren alle sehr feine Leute. Die Frauen der Direktoren und höheren Angestellten haben sich ihre Kleider und Hüte immer aus Paris kommen lassen.«

Renates frühe Kindheit – eine nachträgliche Idylle. Tägliche Spaziergänge mit dem Kindermädchen im Park. Besuche bei Freundinnen. Onkel und Tanten, die regelmäßig zum Tee kommen. Bürgerliche Gemütlichkeit. »Menschen sind wie Katzen«, meint Renate. »Wenn sie ein herannahendes Unwetter spüren, liegen sie in der Sonne und genießen die letzten Sonnenstrahlen. Sie haben den sechsten Sinn, und wenn sie Glück haben, sogar sieben Leben.«

5

Dezember 1938. Renate steht am Fenster und schaut einem Wagen zu. Er ist voll beladen mit Möbeln, Truhen, Säcken. Außerdem drei Kisten voller Bücher. Was dieser alte Jude alles mitschleppt! Er schlägt auf die beiden Pferde ein. In Panik versuchen sie auszubrechen, reißen das Gefährt einmal nach links, dann nach rechts, und kommen doch nicht vom Fleck. Vielleicht ist die Achse gebrochen. Der Troß zieht vorbei. Niemand bleibt stehen. Niemand hilft. Ab und zu fährt ein Automobil vorbei, hupt, während es die Fuhrwerke überholt.

»Frohe Weihnachten!«, sagt Friedrich und legt seiner Tochter die Hände auf die Schultern. »Du solltest das Fenster wieder schließen, sonst erkältest du dich.«

»Morgen werden wir den Baum aufstellen«, sagt die Mutter.

»Du hast Nerven!«, hört Renate die Stimme des Großvaters. Er hat sich im Wohnzimmer breit gemacht. Neben dem Klavier hat er einen Holzkäfig mit seinem Lieblingsgockel und drei Hühnern aufgestellt. Alena regt sich über ihren Vater auf, aber Friedrich lacht nur: »Bei uns sind alle Flüchtlinge willkommen. Haben Flügel, mit denen sie nicht fliegen können. Gestern noch Staatsbürger, heute Federvieh.«

Die Erwachsenen unterhalten sich über Politik. Dass die

Deutschen den tschechoslowakischen Staat vernichtet haben, sagen sie. Dabei sei es den Deutschen in der Tschechoslowakei besser gegangen als den meisten Minderheiten in Europa, ereifert sich Friedrich. Die politische Autonomie sei ihnen zwar verweigert worden, und im öffentlichen Dienst sei es oft zu Benachteiligungen von Deutschen gekommen, aber es habe immer deutsche Schulen, eine deutsche Universität, deutsche Kultureinrichtungen, Zeitungen und Parteien und sogar deutsche Minister in der Regierung gegeben.

Ein Deutscher, meint der Großvater, sei – ähnlich dem Juden – von Natur aus ein Lump. Es sei also nur natürlich, dass sie zu Todfeinden geworden seien. »Sperrt man zwei Köter in einen engen Raum, beißen sie sich tot.« Der Großvater hat wohl vergessen, dass er früher dasselbe über Juden und Polen gesagt hat. »Offenbar habe ich mich selbst schon im Mutterleib totgebissen«, sagt Friedrich. Er wisse nur nicht, ob seine deutsche Hälfte die jüdische abgemurkst habe oder umgekehrt. Großvater ist beleidigt. Es sei doch klar, dass er seinen Schwiegersohn nicht persönlich gemeint habe. Besage nicht außerdem ein altes Sprichwort, dass sich zwei Teufel in der Brust desselben Menschen gegenseitig den Garaus machen? Zweiundneunzig Prozent aller in der Tschechoslowakei lebenden Deutschen haben bei den letzten Wahlen die Sudetendeutsche Partei, die lokale Nazipartei gewählt. Das müsse man sich vorstellen! Friedrich sei Sozialdemokrat. Immerhin das kleinere Übel.

Die Flüchtlinge draußen, erfährt Renate, kommen nicht aus dem vor kurzem an das Deutsche Reich angeschlossenen Sudetenland, sondern aus dem Gebiet, das von Polen annektiert worden sei. Es sei schon eine Schande, dass England und Frankreich durch das Münchner Abkommen die

Tschechoslowakei – die einzige Demokratie Mitteleuropas – an Hitlerdeutschland verkauft hätten. Dass sich aber die Nachbarn Polen und Ungarn an der Zerstückelung des Landes beteiligt hätten, sei eine zusätzliche Schmach. Die Ungarn sind in der Südslowakei, die Polen in den Teschener Kreis einmarschiert. Die Deutschen deportieren Tschechen und Juden aus den Sudetengebieten. Jeden Tag treffen Züge mit Flüchtlingen auf dem Hauptbahnhof ein. Die Polen treiben Juden und Tschechen zu Fuß über die Grenze. Einige Tage zuvor sind Großvater und Großmutter mit ihren wenigen Habseligkeiten vor der Tür gestanden. Die polnischen Okkupanten hatten ihnen genau drei Stunden zum Packen zugestanden.

»Ich dachte damals, dass mein Vater eine Lösung für diese Probleme haben müsste«, erzählt Renate. »In anderen Situationen wusste er ja auch immer, was zu tun ist. Diesmal aber sagte er nur: ›Weißt du, alles, was sich verschlechtert, wird auch zwangsläufig irgendwann wieder besser.‹ Diese Antwort hat mir mehr Angst eingejagt als alles andere. Wenn sogar mein Vater Sätze dieser Art von sich gab, dann musste das Ende der Welt nahe sein.«

In Renates Klasse sitzen nun jüdische Kinder aus den Grenzgebieten, die Jiddisch sprechen und schlecht Tschechisch können. Die Knaben haben Pejes und tragen Kopfbedeckungen. Von ihren Mitschülern werden sie ausgelacht und regelmäßig verprügelt. Die Lehrerin lässt es geschehen. Es gäbe genug tschechische Flüchtlinge aus den Sudetengebieten, meint sie. Man könne sich nicht auch noch um die Juden kümmern. Wenn sie geschlagen werden, sollen sie sich wehren und ihren Platz in der Klassengemeinschaft behaupten. Ihre Aufgabe als Lehrerin bestehe darin, den tschechischen Kindern Lesen und Schreiben beizubringen.

Die Sorgen und Probleme mögen von Tag zu Tag größer werden, aber Renate findet es trotzdem spannend, dass die Grenze plötzlich bis in die Vororte der Stadt reicht. Wo sich früher Felder und Spazierwege befanden, hat man Schranken aufgestellt und Stacheldrahtzäune gezogen. Sie teilen die Welt in zwei Teile, und manchmal denkt Renate, dass »drüben« der Weizen eine dunklere Farbe habe und dass sogar die Wolken nur bis zur Grenze reichen, denn die Sonne scheine nicht für die Menschen in jenem Reich.

Ab und zu sitzt Renate mit einer Freundin im Gebüsch und beobachtet, wie die deutschen Soldaten ihre Patrouillen machen. Sie sehen nicht bedrohlich aus. Eher gelangweilt. Einmal kommt Renate aus ihrem Versteck heraus und redet einen der Grenzposten an. Der Soldat lässt sich bereitwillig auf ein Gespräch mit ihr ein. Er setzt sich auf einen umgestürzten Baumstamm, stellt sein Gewehr ab, nimmt das Mädchen auf den Schoß. Er habe eine Tochter in ihrem Alter, erzählt er. Sie warte auf ihn, oben in Schleswig, wo er zu Hause ist.

Die Freundin beobachtet sie aus dem Gebüsch heraus. Sie dreht Renate den Rücken zu, als diese wieder bei ihr ist. Mit Verräterinnen, die den Deutschen schöne Augen machen, rede sie nicht, meint sie.

»Du hast mich doch selbst dazu angestiftet«, sagt Renate. »Außerdem – was heißt schöne Augen machen? Ich habe fast die ganze Zeit zu Boden geschaut.«

»Trotzdem!«, meint die Freundin, die nun nicht mehr ihre Freundin sein wird.

6

Renate geht ins Vorzimmer, zieht Mantel und Haube an, beginnt die Schuhe zu binden.

»Wohin willst du denn, Kind?«, fragt der Großvater.

»Dem alten Mann helfen.«

»Welchem Mann?«

»Dem auf der Straße, der ständig auf die Pferde einschlägt.«

»Dem alten Juden, der mit seinem Wagen nicht vom Fleck kommt«, erklärt die Mutter.

»Was geht dich ein alter Jude an?«, fragt die Großmutter. »Und wie kannst du ihm schon helfen mit deinen winzigen Händen? Bleib hier. Als ob wir nicht genug eigene Sorgen hätten.«

»Sind wohl die Reste des jüdischen Blutes in dir«, sagt Großvater und grinst. »Möchtest den Deinigen Hilfe leisten und dich einschmeicheln beim jüdischen Gott.«

»Schlag dir den Unsinn aus dem Kopf, Renata!«, befielt Mutter. Da sagt Friedrich plötzlich: »Lasst sie doch! Das Kind ist weiser als wir alle zusammen. Wo können wir uns in solchen Zeiten denn sonst bewähren als bei Kleinigkeiten? Der Herrgott wird's auf die Aktivseite unserer Lebensbilanz buchen. Haareraufen und Lamentieren hingegen macht ihn taub und stumm.«

Der Vater begleitet Renate hinunter. Er hält ihre Hand. Mit dem Vater an ihrer Seite fühlt sich Renate in ihrem Vorhaben bestärkt.

Die Flüchtlingskolonne macht das Überqueren der Straße zu einer riskanten Herausforderung. Als Vater und Tochter schließlich auf der anderen Seite sind, hat der alte Mann es aufgegeben, die Schindmähren zu misshandeln. Er geht um den Wagen herum, zupft an seinem Bart, kneift die Augen zusammen, schüttelt den Kopf, wippt vor und zurück. Es kommt Renate vor, als würde er das Gefährt anbeten.

»Wo liegt das Problem?«, fragt Friedrich.

»Die Achsen?« Er zuckt mit den Schultern. »Normalerweise erkenne ich den Schaden sofort. Aber heute bin ich blind.«

»Meine Tochter hier«, sagt Friedrich und streichelt Renates Kopf, »möchte Ihnen hilfreich zur Hand gehen, und auch ich bin gerne bereit, mit anzupacken. Wir haben Ihre missliche Lage vom Fenster unserer Wohnung aus beobachtet …« Er zeigt mit dem Finger auf das Haus.

»Ich danke Ihnen, mein Herr«, verkündet der alte Mann mürrisch. »Aber ich glaube, dass ich diese Situation ohne Ihre Hilfe und die Ihrer werten Tochter bewältigen werde. Außerdem warte ich auf meine beiden Söhne. Sie müssen bald hier sein.«

»Als gelerntem Maschinenschlosser, der sich schon als Lehrling für Fahrzeuge jeglicher Art interessiert hat, sind mir Fuhrwerke dieser Art nicht ganz fremd.«

Der Alte macht ein erstauntes Gesicht. »Sie? Ein gelernter Maschinenschlosser?«

»Man soll die Menschen nie nach ihrer Kleidung oder ihrer Aussprache beurteilen. Kleidung kann man kaufen, und die Aussprache bringt man sich zwangsläufig selbst bei, wenn man von bestimmten Leuten nicht wie Abschaum behandelt werden möchte.«

Aber der Mann hat ihm den Rücken zugekehrt. Nach einiger Zeit sagt er leise: »Vierzig Jahre lang habe ich Waren transportiert. Ich war in Mähren, in Schlesien, in Galizien, in Ungarn, überall. Bin schon mit viel schwierigeren Situationen alleine fertig geworden.«

»Es ist nicht wie früher«, sagt Friedrich.

»Früher war es auch nie wie früher«, brummt der Alte.

»Keine Angst, mein Kind«, flüstert Friedrich seiner Tochter ins Ohr. »Sein Wagen wird abgeschleppt. Ich werde mich um alles kümmern.«

»Aber warum …?«

»Greise sind manchmal wunderlich, sogar meschugge. Wahrscheinlich hat der Alte gar keine Söhne, die bald eintreffen werden, und ich bin mir nicht sicher, ob er weiß, wo er heute mit seinem ganzen Kram übernachten soll. Vielleicht hat er beschlossen, so lange in unserer Straße zu verharren, bis Gott ihm ein Zeichen gibt. Ich fürchte nur, dass Gott wieder einmal unter einer schweren Grippe leidet.«

Renate glaubt nicht, dass das Verhalten des alten Mannes etwas mit dem Gesundheitszustand Gottes zu tun hat, sondern eher mit den Geschichten ihrer kürzlich verstorbenen Großmutter über die einfachen, aber nur selten klugen Regeln der männlichen Denkweise.

7

»Das Leben ist wie ein Kunstwerk«, erklärt im Frühjahr 1939 Renates Onkel Franz. »Entweder du stellst dich gegen alles – auch das ist Kunst – oder du machst etwas sehr Eigenes im vorgegebenen Rahmen. So wie Mozart zum Beispiel. Scheinbar immer konventionell und dem guten Geschmack seiner Zeit verpflichtet, war er dennoch ein genialer Erneuerer!« Niemand widerspricht. Es wäre kein Zeichen des guten Tons, Onkel Franz in solchen Dingen zu widersprechen.

»Eigentlich«, erklärt Renate, »habe ich eine gute Erinnerung an meine Onkel Franz und Helmut, und ich kann mir beide nur zusammen vorstellen, obwohl die einzige Ähnlichkeit, die sie hatten, darin bestand, dass sie bis an ihr Lebensende unverheiratet geblieben sind. Sie sind damals immer zusammen bei uns aufgetaucht. Helmut erinnerte mich an ein gereiztes Wildschwein. Wenn er eintrat, glich das einer Attacke. Alle gingen schnell zur Seite, bis er seinen Platz auf dem Sofa im Wohnzimmer eingenommen hatte. Als Ältester hat Helmut Großvaters Schneiderei übernommen. Deshalb, meinte Vater, sei sie nach glanzvollen Zeiten zu einem bescheidenen Gewerbebetrieb abgesunken, der ständig ums Überleben kämpfe, denn Helmut könne, so mein Vater, zwar gut reden und gut essen, aber nicht denken. Franz hingegen war tatsächlich ein Ästhet und ein Künstler, aber nur in seiner eigenen Vorstellung. In Wirklichkeit war er ein gepflegt gekleideter, immer sehr sauberer, wohlriechender und gut rasierter Herr, der in seinem Leben auf wenig außer seine gute Bildung verweisen konnte. Als einziger aus Vaters Familie hatte er ein Studium abgeschlossen – Philosophie an der deutschsprachigen Universität in Prag. Danach war er mehrere Jahre mit einer zwanzig Jahre älteren Frau liiert. Sie ermöglichte ihm ein angenehmes Leben als so genannter ›Privatgelehrter‹. Als sie Mitte der Dreißigerjahre starb, hinterließ sie ihm ein bescheidenes Vermögen, das ausreichte, um ihm ein seinen Ansprüchen entsprechendes Leben zu ermöglichen.

An diesem Tag waren Onkel Franz und Onkel Helmut zu uns gekommen, um meine Eltern zu überreden, die Staatsbürgerschaft des Deutschen Reiches anzunehmen. Einen Monat zuvor hatten die Deutschen die so genannte Resttschechei besetzt. Nun lebten wir in einem formell autonomen Protektorat Böhmen und Mähren. Wir hatten eine eigene Regierung, die nichts zu sagen hatte, und eigene Beamte, die fremde Befehle ausführten. Die meisten Deutschen und Österreicher meiner Generation behaupten immer noch, den Tschechen sei es in ihrer Geschichte nie so gut gegangen wie unter dem Protektorat. Es ist alles eine Frage der Perspektive.«

Onkel Helmut zeigt stolz seinen deutschen Pass her. »Darauf habe ich mein Leben lang gewartet!«, verkündet er.

»Na ja, wenn's weiter nichts ist«, murmelt Friedrich. »Den zweiten Teil des Lebens wirst du darauf warten, das Papier wieder loszuwerden.« Onkel Helmut gibt einen beleidigten Grunzlaut von sich und verschränkt die Arme auf seinem imposanten Bauch.

Schon während seiner Zeit in Wien hat Onkel Helmut, der kurzzeitig und ohne Erfolg Rechtswissenschaften studiert hatte, einer Burschenschaft angehört. Später war er ein kleiner Funktionär der rechtsextremen Deutschnationalen Partei, und nach deren Auflösung durch die tschechoslowakischen Behörden ist er der Sudetendeutschen Partei beigetreten. Friedrich meint, auf einen so wertvollen Mann wie seinen Bruder könne die Nazipartei nicht verzichten. Es gebe keinen einzigen Sauerkraut fressenden Kleinbürger zwischen dem ehemaligen Deutsch-Südwestafrika und der Wolga, der sich nicht mit Helmut identifizieren könnte. Sein Bruder sei bestimmt schon mit weißen Stutzen und Lederhose auf die Welt gekommen. Deshalb hätten die Nazis wohl bewusst seine jüdische Herkunft vergessen.

»Die Partei ist großzügig«, sagt Helmut, holt aus der Innentasche seines Sakkos ein Dokument heraus und faltet es auseinander. Es ist sein Ariernachweis. Sogar Renate darf es kurz in den Händen halten. Sie versteht nicht alles, nur soviel, dass offenbar niemand in ganz Böhmen und Mähren ein reineres Blut habe als Onkel Helmut. Sein Stammbaum scheint auf Wotan persönlich zurückzugehen.

»Gut, dass unsere jüdische Mutter das nicht mehr erlebt hat«, meint Friedrich.

Renates Großmutter Franziska ist vor einem Jahr gestorben.

»Ich habe eben meine Kontakte«, sagt der Onkel und lässt sich zufrieden in den Sessel zurückfallen, so dass es Renate vorkommt, als wachse sein Kopf direkt aus dem Bauchnabel. »Wenn von oben gewollt wird, geht alles. Sogar Konrad Henlein, der jetzt Gauleiter des Sudetenlandes ist, hat bekanntlich eine tschechische Mutter.«

»Abtreiben hätte sie sollen«, brummt der Großvater und beginnt seine Hühner zu füttern. Sie haben im Wohnzimmer ein ständiges Domizil gefunden. Andere Orte lässt er für sie nicht gelten.

Onkel Franz schätzt die rustikale Note des bürgerlichen Wohnzimmers nicht. Jedes Mal, wenn er Richtung Käfig schaut, hält er sich ein Taschentuch vor Mund und Nase.

»Lieber Friedrich«, sagt er, nachdem er offenbar den Gedanken an das Federvieh verdrängt und das Tuch wieder eingesteckt hat, »ein solches Papier läge auch für dich bereit. Sei kein Narr!«

»Nein und nochmals nein!«, schreit Friedrich. »Es gibt eine Grenze der Selbsterniedrigung.«

»Die gibt es nicht«, meint Alena lapidar.

»Gib dem Kaiser, was des Kaisers ist«, erklärt Franz. »Besteht die Kunst nicht darin, sich zu beugen und gerade dadurch als Sieger dazustehen? Denk daran, was ich über Mozart und das Einmalige im Rahmen der Konvention gesagt habe. Es gäbe noch andere Beispiele. Galileo Galilei zum Beispiel. Und sie bewegt sich doch! Die Erde. Im chinesischen

Kampfsport übrigens, und das dürfte vielleicht ein noch treffenderes Gleichnis sein, wird die Kraft des Gegners genützt, indem man die Bewegung des Ausweichens perfektioniert. Dem biegsamen Strauch kann der Wind, der einen kräftigen Baumstamm knickt, nichts anhaben. Oder willst du sterben? Wem nützt du denn als Toter? Deiner Frau? Deiner Tochter? Deinen Angestellten? Es ist besser, sich anzupassen und im Hintergrund zu agieren als nur der Ideale willen den Heldentod zu sterben. Jesus hat …«

»Sei still! Du wagst es, die Worte des Herrn …«

»Du verstehst gar nicht, welch märchenhaftes Glück wir mit Helmut haben! Wenn er mit seinem Eselskopf nicht rechtzeitig zu den Eseln gegangen wäre, säßen wir alle schon in Dachau. Erinnerst du dich, wie wir ihn ausgelacht haben? Wer hätte ahnen können, dass das Volk sich dereinst seine Esel zu Königen und Kaisern auserwählt?«

»Das verbitte ich mir!«, empört sich Helmut.

»Deine Tochter wird in eine deutsche Schule gehen«, sagt Franz. »Alle Wege stehen ihr offen. Was ist schon ein Tscheche in diesem Reich? Doch nur eine Arbeitsmaschine.«

»Wartet's nur ab. Wir werden's euch allen noch zeigen!«, brummt Großvater.

»Vater, geh zurück zu deinen Hühnern«, sagt Alena.

Renate beginnt zu weinen. »Ich will in keine andere Schule.« Aber niemand beachtet sie.

Helmut legt ein weiteres offiziell aussehendes Papier auf den Tisch. »Unterschreib. Das ist der erste Schritt. Alles andere ist Formsache.«

»Ich will in keine andere Schule!«

»Vielleicht ist das wirklich der beste Weg für Renate und Friedrich«, murmelt Alena. »Ich jedenfalls werde die deutsche Staatsbürgerschaft nicht annehmen. Ich bin Tschechin. Als die deutschen Truppen einmarschiert sind, bin ich am Fenster gestanden und habe geweint.«

Schließlich sind sogar Großvater und Großmutter von den Argumenten der beiden Onkel überzeugt. Friedrich unterschreibt widerwillig das Papier. Nur Renate widerholt immerfort: »Ich will in keine andere Schule!« Doch niemand redet ihr gut zu, ermahnt sie, still zu sein, oder schickt sie auf ihr Zimmer wie in anderen Fällen, wenn sie sich in wichtige Erwachsenengespräche einmischt.

»Ich hoffe, Karl hat auch unterschrieben«, sagt Friedrich. »Er ist Teilhaber im Geschäft. Wenn er keinen Ariernachweis hat, könnte es Probleme geben.«

»Nun ja«, sagt Franz und schaut verlegen zur Seite, Richtung Fenster. »Das ist ein etwas heikler Punkt.«

»Das heißt?«

»Das heißt«, sagt Helmut, »dass wir einen jüdischen Duftmischer zum Arier machen können, aber keinen jüdischen Spekulanten. Er hat sich viele Feinde gemacht. Gerade bei unseren Leuten. Die nationalsozialistische Bewegung ist großzügig, aber sie ist auch gerecht.«

»Das bedeutet …?«, murmelt Friedrich.

»Das bedeutet, dass einer von uns über die Klinge springen muss«, erklärt Franz. »Nichts im Leben ist umsonst.«

»Er hat genug Geld gestohlen, um sich alles selbst richten zu können«, meint Helmut. »Als Kind war er Mutters Liebling. Der Kronprinz. Jetzt soll er sehen, wie er seinen Kopf aus der Schlinge zieht.«

»Ich will in keine andere Schule!«

»Jetzt halt endlich den Mund!!!«

Renate fällt vom Stuhl. Die linke Wange und der Kiefer schmerzen. In ihrem Ohr tönt ein anhaltendes Geräusch, das an die Mittagssirene erinnert. Renate ist so überrascht, dass sie auf das Weinen vergisst. Er ist das erste Mal in ihrem Leben, dass ihr Vater sie geschlagen hat. Es wird das letzte Mal bleiben.

Ein Geschrei hebt an.

Alenas Stimme: »Lass das Kind in Ruhe.«

Großvater: »Reiß dich zusammen! Bist du ein Mensch oder ein Vieh?«

Großmutter: »Mein armer kleiner Schatz!«

Onkel Franz: »Hiermit wird uns vor Augen geführt, dass wie immer die Unschuld für den Zynismus der Welt bezahlen muss.«

Onkel Helmut: »Wir teilen Karls Anteil am Geschäft paritätisch. Dein Anteil, Friedrich, erhöht sich somit von fünfzig auf sechsundsechzig und zwei Drittel Prozent.«

Friedrich steht regungslos in der Mitte des Zimmers und sagt kein Wort. Nach einiger Zeit verstummen auch die anderen. Die Stille wird nur vom Gackern der Hühner unterbrochen. Diesen Augenblick der allgemeinen Bestürzung nützt Renate aus, um nach dem Papier zu greifen, das immer noch auf dem Tisch liegt. Sie presst es gegen die Brust, läuft hinaus in den Korridor, der zum Badezimmer führt. Hinter ihrem Rücken hebt das Geschrei wieder an. Es übertönt die Hühner, wird lauter, die schweren Schritte kommen näher. Kurz dreht sich Renate um: Onkel Helmut läuft den anderen voran. Er brüllt etwas von »über's Knie legen« und »umbringen« und fuchtelt mit den Armen. Seine Erscheinung hat nichts Furchterregendes, eher etwas Kurioses, sogar Rührendes an sich. Der Zwicker sitzt schief auf der Nasenspitze, der obere Hosenknopf ist gerissen, das Toupet in die Stirn gerutscht. Als Renate Jahre später diese Szene schildert, sagt sie, ihr Onkel habe plötzlich wie ein jüdischer

Gemischtwarenhändler ausgesehen, der versucht, einen SA-Mann zu imitieren.

Renate schließt die Badezimmertür und dreht den Schlüssel um. Dann zerreißt sie das Dokument in mehrere kleine Papierschnipsel und spült sie im Waschbecken hinunter. »Ich will in keine andere Schule gehen«, flüstert sie.

8

Renate hat das große Licht im Schlafzimmer ausgeschaltet und die Nachttischlampe angeknipst. Sie sitzt im Schneidersitz auf dem Boden, den Rücken gegen die Bettkante gelehnt. Vor ihr auf dem Teppich liegt eine Zeitung, daneben ein aufgeklapptes Taschenmesser. Die Klinge hat sie mit Vaters Schnaps desinfiziert. Den Eltern wird sie morgen sagen, sie habe sich beim Bleistiftspitzen in den Finger geschnitten. Sie werden sich auch diesmal über ihre Ungeschicklichkeit wundern. Aber bis jetzt haben sie noch keinen Verdacht geschöpft.

Strafe muss sein. Eine ganze Stunde lang hat sie die kleine Gertrud schikaniert, hat sie auf einem Bein hüpfen lassen, an den Zöpfen gezogen und dann zum Gaudium der anderen zum Esel degradiert. Damit sie nicht vergisst, welch großes Tier ihr Vater in der deutschen Verwaltung ist. Dreimal hat Gertrud auf allen vieren die Wiese überqueren und dabei unaufhörlich »Ia, ia, ia« schreien müssen. Danach standen alle zehn Mädchen, die Renate kommandieren darf, stramm, in Stirnreihe, Augen gerade, und sie ist auf und ab gegangen und hat geprüft, ob alle Ohren geputzt und ob Hälse und Kragen sauber sind. Für die meisten fand sie lobende Worte, und die Betroffenen erröteten vor Freude, haben so glücklich gegrinst, als hätten sie soeben ein besonders schönes Weihnachtsgeschenk erhalten. Renate ist gern beim Jungmädelbund, der Vorfeldorganisation des BDM für die noch nicht Vierzehnjährigen.

Das Blut tropft auf die Zeitung. Sie bindet ein Taschentuch um den Finger. Aber die Tränen wollen nicht kommen, und die kleine Gertrud tut ihr nicht Leid. Sie zögert. Der Finger schmerzt nicht. Sie hat diesmal nicht tief genug geschnitten, obwohl es nach den Exzessen dieses Nachmittags angebracht gewesen wäre, den ganzen Arm abzuhacken. Schließlich holt sie die Ausgabe des Neuen Testaments, die ihr der Vater vor Jahren geschenkt hat, aus der Schreibtischlade, legt die rechte, die unverletzte Hand darauf, schwört, das nächste Mal weder Gertrud noch eines der anderen Mädchen zu quälen, sondern sich gerecht zu verhalten, wie es einer gewissenhaften BDM-Führerin geziemt. Sie wird auch diesmal ihren Schwur brechen und sich wieder bestrafen müssen.

Jedenfalls ist die Zeit vorbei, als Renate in der deutschen Schule als »tschechisches Schwein« beschimpft wurde. Früher musste sie oft vortreten und etwas vorlesen. An ihrer Aussprache demonstrierte die Lehrerin den anderen, wie man Deutsch nicht sprechen durfte. Renates Aussprache bestand aus »hässlichen slawischen Knack- und Zischlauten«. Jedes Wort – eine Beleidigung für das Ohr eines zivilisierten Menschen. Jeder Satz – primitiv, holprig, slawisch. Die anderen Mädchen lachten Renate aus. Der Platz neben ihr auf der Bank blieb lange leer. Seit sie beim BDM ist, wird sie respektiert. Inzwischen ist ihre Aussprache nicht schlechter als die der Mädchen, deren Väter aus Karlsbad, Wien, Köln oder Breslau als Beamte, Wehrmachtsangehörige oder SS-Leute ins Reichsprotektorat gekommen sind. Der griechische Redner Demosthenes, hat Renate gelesen, habe das klare und deutliche Sprechen geübt, indem er Steine in den Mund nahm. Drei Steinchen hat Renate verschluckt. Die Magenschmerzen hat sie in Kauf genommen. Was ist schon Schmerz? Heute ist sie Klassenbeste. Sogar in Geschichte macht sie keine Fehler mehr. Vergessen ist der Skandal, den sie ausgelöst hatte, als sie behauptete, Karl der Vierte von Böhmen sei ein großer tschechischer König gewesen. Der Geschichtelehrer ließ sie und ihre Mutter in die Sprechstunde kommen. Danach befahl Alena ihrer Tochter alles zu vergessen, was sie in der tschechischen Schule gelernt hatte. Inzwischen weiß Renate längst, dass der König aus dem Geschlecht der Luxemburger, der in Prag residierte, ein großer Deutscher gewesen ist, ein Herrscher auf urgermanischem Boden, einer, der die großen Zeiten des Deutschen Volkes, die Zeit des Dritten Reichs, vorweggenommen und vorbereitet hat.

»Seht ihr«, erklärt Onkel Helmut seinem Bruder und seiner Schwägerin, »wie das Kind sich entwickelt hat. Wo wärt ihr heute, wenn ihr meinen Rat nicht befolgt hättet?«

Renates Eltern bleiben ihm eine Antwort schuldig. Sie wissen, dass Helmut Recht hat. Die Tschechen sind zum »Knechtsvolk« degradiert worden. Alle tschechischen Universitäten und Hochschulen sind schon 1939 geschlossen worden. Das Schulsystem wurde vereinfacht. Ein Knechtsvolk braucht ein wenig Bildung, um gewissenhaft dienen zu können, aber nicht mehr.

Zunächst ist es nur sporadisch zu Verhaftungen gekommen, doch nach der Ermordung des Stellvertretenden Reichsprotektors Reinhard Heydrich haben auch die Tschechen die volle Härte des deutschen Repressionsapparates zu spüren bekommen. Es haben Massenexekutionen stattgefunden. Zwei Dörfer, Lidice und Lezaky, sind dem Erdboden gleichgemacht worden. Die gesamte männliche Bevölkerung der Dörfer ist erschossen worden. Die Frauen sind in Konzentrationslager geschickt und die Kinder in Heime eingewiesen worden.

Wenn Renate ihre ehemaligen Mitschülerinnen aus der tschechischen Schule auf der Straße trifft, schlagen diese die Augen nieder und gehen auf die andere Straßenseite. Renate weiß, dass sie Angst vor ihr haben, insbesondere wenn sie ihre BDM-Uniform trägt. Das gibt ihr ein starkes Gefühl von Befriedigung, das sie nicht unterdrücken kann, so dass sie sich am Abend wieder bestrafen muss.

Im Unterrichtsfach Rassenkunde erzählt der Lehrer von der verbrecherischen Natur der Juden. Auf dem Schaubild, das er am oberen Rand der Tafel befestigt hat, sind jüdische Visagen mit krummen Nasen, schwülstigen Lippen und gierigen Augen abgebildet. Der Lehrer spricht von den Nürnberger Rassengesetzen und erklärt die Grundzüge der Vererbungslehre. An diesem Tag lernt Renate ein neues Wort. Es heißt Eugenik.

Zu Hause betrachtet sich Renate im Spiegel. Sie verwendet den Handspiegel, um ihr Gesicht im Profil zu sehen. Nein, das jüdische Viertel ist definitiv nicht dominant genug, um ihr Leben zu zerstören. Die Nase ist gerade. Die Augen sind blau, die Lippen dünn. Was allerdings den Hang zum verbrecherischen Handeln betrifft … Sie denkt an Gertrud. Aber der Lehrer hat trotzdem Unrecht. Die Rasse allein ist kein unumkehrbares Schicksal. Mit Willen und Fleiß wird sie das jüdische Viertel ausmerzen wie ihre tschechische Aussprache. Mit Fleiß und Willen wird das deutsche Viertel sich ausbreiten und die tschechische Hälfte verdrängen, bis der slawische Teil ihrer Seele zur blassen Erinnerung verkommt, so wie Großvaters Hühner, die längst geschlachtet, gegessen und ausgeschieden sind.

9

Als Friedrich das erste Mal die Gestapo-Zentrale betritt, kommt er freiwillig und als Bittsteller. Er ist ein angesehener Geschäftsmann, deutscher Staatsbürger, ein Mann mit Ariernachweis, Vermögen und einflussreichen Freunden. Man empfängt ihn höflich. Der Beamte bietet ihm eine Zigarette an.

»Danke, ich rauche nicht.«

»Sehr lobenswert. Unser Führer raucht auch nicht.«

»Leider ist es mir nicht gelungen, auf Alkohol und den Genuss von Fleisch zu verzichten. Ich habe nicht die hohen Qualitäten unseres Führers.«

Der Beamte nimmt diese Bemerkungen kommentarlos zur Kenntnis, hebt nur erstaunt die Augenbrauen. »Nun gut«, meint er. »Kommen wir zur Sache. Ihr Schwiegervater.«

Friedrich erklärt, dass der Alte seit einiger Zeit nicht mehr richtig im Kopf gewesen sei. Letztes Jahr sei seine Frau gestorben. Das habe er nicht verkraftet. Spiele es eine Rolle, was ein seniler Greis daherplappere? Wer würde ihn schon ernst nehmen?

»Ich verstehe«, sagt der Beamte und klopft mit dem Federstiel gegen die Tischplatte. »Aber vielleicht hätte er seine Ansichten nicht ausgerechnet einem Angehörigen der Waffen-SS in einer überfüllten Straßenbahn kundtun sollen.«

»Hätte ich ihn zu Hause einsperren müssen?«

»Mehr noch. Die Einlieferung in eine geschlossene Anstalt wäre angebracht gewesen. Ich möchte nicht wiederholen, was er über die aktuelle Kriegslage gesagt hat. Außerdem ist es keine Kleinigkeit, den deutschen Volkscharakter mit der Verderbtheit der Juden zu vergleichen.«

Damit scheint das Gespräch beendet zu sein. Die Gestapo werde sich »in angemessener Form« um den »Herrn Schwiegervater kümmern«, erklärt der Beamte.

»Ihre Gattin ist Tschechin, Herr Reisner?«

»Sie ist eindeutschungsfähig.«

»Jeder schmutzige Zigeuner behauptet heute, er sei eindeutschungsfähig … Aber gut, Herr Reisner. Mal sehen.«

Friedrich hat schon den Mantel zugeknöpft und den Hut in der Hand, als der Beamte ihn bittet, noch einen Augenblick zu warten.

»Wissen Sie, Herr Reisner, es wäre günstig, wenn Sie ab und zu als Gast bei uns vorbeischauen.«

»Als Gast?«

»Als Freund. Wir schätzen Menschen, die in Zeiten wie diesen Augen und Ohren offen halten. Die eine oder andere kleine Geschichte aus dem Alltag, so belanglos sie auch erscheinen mag, könnte von Nutzen für uns sein.«

»Ich weiß nicht, ob ich für diese Art von Tätigkeit die nötige Aufmerksamkeit und Sorgfalt aufzubringen imstande bin.«

»Soweit mir bekannt ist, sind Sie ein äußerst aufmerksamer und sorgfältiger Mensch. Außerdem liegt uns beiden die Gesundheit Ihres Herrn Schwiegervaters sehr am Herzen, nicht wahr?«

Er lächelt und deutet auf den Stuhl, aber Friedrich bleibt stehen. »Darüber hinaus ist mir Ihr Wohlbefinden und das Ihrer Familie ein Anliegen. Sie sind ein angesehener deutscher Bürger dieser Stadt, und es ist meine Aufgabe, deutsche Bürger zu schützen. Ich sehe mich als Diener des Staates. Als gebürtiger Potsdamer schätze ich die preußischen Tugenden. Trotzdem kann ich bei der einen oder anderen Ungereimtheit auch mal ein Auge zudrücken. Sogar wenn es sich um ein gewichtiges Dokument wie den Ariernachweis handelt. Glauben Sie mir, ich bin Ihr Freund. Doch meine schützende Hand ist nicht so groß, um einen Makel, mag er noch so klein und unbedeutend sein, auf Dauer zudecken zu können. Ich bin nur ein kleiner Beamter … Wünsche noch einen schönen Tag, Herr Reisner.«

»Mein Vater«, erzählt Renate, »suchte einige Male tatsächlich die Gestapo-Zentrale als Gast auf. Dem Beamten erzählte er Geschichten. Vom Bäcker zum Beispiel, der die Qualitäten des Führers als Feldherr gelobt hatte und vom Endsieg überzeugt war, vom Arbeiter eines Stahlbetriebs, der behauptet hatte, es sei ihm in seinem Leben noch nie so gut gegangen oder vom sechzehnjährigen Sohn eines deutschen Rechtsanwalts, der älter sein und in seinen Dokumenten das Geburtsdatum fälschen wollte, um sich so schnell wie möglich freiwillig an die Front zu melden. Den Erzählungen meines Vaters zufolge bestand die ganze Stadt nur aus zufriedenen Menschen und überzeugten Nationalsozialisten. Mit der Zeit wurde der Beamte sehr ungehalten, aber mein Vater hob erstaunt die Arme, bekreuzigte sich und sagte: ›Ich schwöre bei Gott, es ist die reine Wahrheit. Alle, mit denen ich Gelegenheit hatte zu sprechen, sind streng auf Linie. Es erstaunt mich ja selbst.‹

Großvater wurde natürlich nicht aus der Haft entlassen. Erst nach dem Krieg erfuhren wir, dass er schon zwei Tage nach seiner Verhaftung im Gestapogefängnis gestorben war.«

Im Oktober 1943 wird Friedrich Reisner und seiner Tochter Renate die deutsche Staatsbürgerschaft aberkannt. Nun sind auch sie Angehörige des Reichsprotektorats.

10

Im November 1943 müssen Alena und Renate ein deutsches Verwaltungsgebäude aufsuchen. Renate erinnert sich an einen langen Korridor und ein Zimmer, das wie eine Arztpraxis aussieht. Es sind drei Männer im Raum. Der eine ist Photograph. Er drückt dem Kind ein Schild in die Hand – ein Stück Karton, auf dem eine Buchstaben- und Nummernkombination zu lesen ist. Renate muss auf ein Podest steigen. Es sieht wie eine Obstkiste aus. Sie muss das Schild auf Brusthöhe halten, ohne den Schriftzug zu verdecken. Dann blitzen die Reflektoren. Ein Bild von vorne, eines im Profil, eine Aufnahme des Hinterkopfes. Die beiden anderen Männer schauen zu. Der eine trägt einen weißen Kittel. Er steht am Fenster, die Arme auf der Brust verschränkt. Der andere sitzt hinter einem Schreibtisch. Als Renate von der Obstkiste heruntersteigen darf, trägt er etwas in ein dickes Heft mit hartem Einband ein. Dann ist Alena an der Reihe. Sie ist empört. Sie sei keine Verbrecherin, schreit sie. Der Mann hinter dem Schreibtisch meint, sie solle sich nicht so aufspielen. Er könne keifende Weiber nicht ausstehen. Er wirkt sehr ruhig.

Der Mann im weißen Kittel holt ein Instrument aus Holz aus dem Schrank, eine Mischung aus Zirkel und Rechenschieber. Damit vermisst er Renates Kopf. Von der Stirn zum Kinn. Von Ohr zu Ohr. Er gibt Zentimeterzahlen bekannt, die der Mann am Schreibtisch in sein Heft einträgt. Dann diktiert er ein kurzes Urteil, in dem die Worte »nur bedingt eindeutschungsfähig« und »slawisch-jüdischer Mischling« fallen. Renate denkt an Demosthenes und die Steine im Mund und daran, dass es keinen Sinn mehr hat, sich selbst zu bestrafen.

Die Mutter empört sich wieder. Der Mann hinter dem Schreibtisch antwortet auch diesmal sehr ruhig. Ob sie es vorziehe, sich zu benehmen oder vor den Augen ihrer Tochter einen Schlag ins Gesicht zu bekommen? Es sei ihre Entscheidung. Alena verstummt.

Mutter und Tochter stehen und warten. Der Beamte fertigt ein Schriftstück an. Er stempelt es ab. Es vergeht eine endlos lange Minute. Dann schiebt er es Alena über den Schreibtisch hin.

»Unterschreiben Sie! Unten rechts.«

»Und wenn ich mich weigere?«

»Es wird Ihrer Tochter nicht gut bekommen.«

Alena unterschreibt.

»Noch etwas. Ich sage es ganz offen. Hüten Sie sich, weitere Kinder mit Ihrem Mann zu haben. Das könnte schlechte Folgen für Sie haben. Verstehen Sie, was ich meine?«

Alena schüttelt den Kopf. Der Mann grinst, steht langsam auf. Er geht um den Schreibtisch herum und auf Alena zu. Er legt die linke Hand auf ihre Schulter und die rechte auf den unteren Teil ihres Bauches. »Zwangssterilisation, gnädige Frau. Aber es wäre doch schade, diesen wohlgeformten Körper an dieser schönen Stelle aufzuschneiden. Also halten Sie sich zurück mit der Vermehrung.«

Renate erinnert sich, dass der Mann sehr groß gewesen ist, »ein nordischer Typ«, der Aussprache nach zu schließen ein Sudetendeutscher.

Am nächsten Tag erfährt Renate, dass sie aus dem BDM

ausgeschlossen worden ist. Einen weiteren Tag später muss sie die deutsche Schule verlassen.

11

»Schon bei Kriegsbeginn mussten wir alle Autos an die Wehrmacht abgeben und uns auch sonst einschränken. Aber das waren Kleinigkeiten. Nun hatten wir andere Lebensmittelkarten. Die Deutschen erhielten größere Rationen als die Tschechen, aber wir waren keine Deutschen mehr. Wenn zum Beispiel Obst in den Handel kam, durfte es nur an Deutsche verkauft werden. Mein Vater ist aufs Land gefahren – in einigen Dörfern hatte er Friseursalons als Dependancen unseres Geschäfts eingerichtet –, um Lebensmittel zu organisieren: Gemüse, Obst, Zucker. Ein Ei pro Woche – das sind meine Kindheitserinnerungen.« Gehungert habe sie in dieser Zeit aber nicht, beteuert Renate.

Im Unterschied zu den anderen von den Hitlertruppen besetzten Gebieten in Mittel- und Osteuropa gibt es im Protektorat kein Massenelend. Das Reich ist auf die Wirtschaftskraft Böhmens und Mährens angewiesen. Nach dem Endsieg ist zwar eine Deportation der Hälfte der Bevölkerung in den Osten geplant, während die andere Hälfte, der »rassisch wertvollere« Teil des tschechischen Volkes, »umgevolkt«, also germanisiert werden soll, vorerst braucht das Reich jedoch Ruhe und Stabilität in dieser strategisch und ökonomisch wichtigen Region. Aus diesem Grund erhält die tschechische Bevölkerung einen im Unterschied zu anderen slawischen Völkern im Nazireich »privilegierten« Status. Jeder Widerstand wird jedoch im Keim erstickt. Zehntausende Tschechen werden hingerichtet, kommen in

Konzentrationslagern oder bei Vergeltungsmaßnahmen um. Mehr als sechzigtausend Juden werden ermordet, darunter Renates Onkel Karl, jener »Spekulant«, für den seine Brüder nicht bereit gewesen sind, einen Ariernachweis zu organisieren.

Friedrichs Anteil am Geschäft wird auf Alena überschrieben, bevor ein Arisierungsverfahren eingeleitet werden kann. Es wird ein halbes Jahr vergehen, bis die deutschen Behörden Friedrich und seine Frau aus der Geschäftsleitung entfernen und den Betrieb einem kommissarischen Verwalter unterstellen. Vorläufig sorgen noch Onkel Helmuts Beziehungen für eine kurze Phase relativer Sicherheit.

Der Parfümerieladen hat nach Beginn des Russlandfeldzugs einen langfristigen Vertrag mit der Wehrmacht abgeschlossen. Es werden Desinfektionsmittel und Morphium für die Militärkrankenhäuser hergestellt. Je mehr Verwundete es gibt, desto besser ist die Auftragslage. Jede Niederlage an der Front – ein Profit. »Am liebsten würde ich alle Spiegel im Haus verhängen, um mir selbst nicht ins Gesicht schauen zu müssen«, sagt Friedrich.

»Das brauchst du nicht«, meint Alena. »Schau lieber wie deine ehemaligen sozialdemokratischen Genossen fleißig für die deutsche Rüstungsindustrie in den Fabriken schuften, wie froh sie sind, dass sie Arbeit haben und dass es ihnen relativ gut geht.«

»Ja, ja, im Fegefeuer werden sie dafür alle mindestens zehntausend Jahre am Spieß gebraten«, erklärt Friedrich. »Bei mir werden es hunderttausend Jahre sein.«

Renate findet die Bemerkungen ihres Vaters längst nicht mehr geistreich. Wenn er versucht, mit ihr ein Gespräch zu beginnen, flüchtet sie in ihr Zimmer und verriegelt die Tür.

Dann beugt sie sich über ihre Schulbücher, löst Mathematikaufgaben und chemische Gleichungen, schreibt Englisch- und Deutschaufsätze, büffelt Grammatikregeln und Jahreszahlen. Bevor sie zu Bett geht, stellt sie den Wecker auf sieben Uhr morgens. Um Punkt acht sitzt sie hinter ihrem Schreibtisch so wie zuvor auf der Schulbank. Sie weiß oder glaubt zu wissen, welcher Stoff durchgenommen wird und was die Lehrer von ihr verlangen würden. Nur in den Pausen gibt es keine Freundinnen mehr, mit denen sie sich unterhalten kann. Die Freundinnen kommen an den Nachmittagen nicht mehr zu Besuch. Auf der Straße wenden sie sich ab oder grüßen halblaut und eilen weiter.

Auch die Eltern verbringen ihre freie Zeit immer öfter allein. Im Gästezimmer dehnt das Ticken der Wanduhr die Zeit des Schweigens. Nach dem Abendessen schaltet Friedrich das Radio ein. Er mag die Musik von Brahms und Wagner, Bach, Haydn und Mozart, während ihm Beethoven »viel zu rührselig« ist. Wenn eines seiner Lieblingsstücke gesendet wird, dreht Friedrich den Lautstärkeknopf fast bis zum Maximum. Hinter den verdunkelten Fenstern hört man trotzdem das Bellen des Hundes im Haus gegenüber. In Friedenszeiten ist er freundlich und zutraulich gewesen. Jetzt, erklärt seine Besitzerin, reagiere er allergisch auf die Stille nach der Ausgangssperre. Wenn es so weiter geht, werde sie ihn einschläfern lassen. Sie hätte wissen müssen, dass ein deutscher Schäferhund einen schlechten Charakter habe, fügt sie flüsternd hinzu.

Im Jahre 1944 wird die Stadt das erste Mal bombardiert. Ziel der Angriffe sind die Rüstungs- und Stahlfabriken, doch die Bomben treffen auch Wohngebiete. Es gibt viele Tote und Verletzte, wenn auch die Heftigkeit der Bombardierungen nicht an jene deutscher oder österreichischer

Städte herankommt. Als Renate und ihre Eltern eines Tages nach der Entwarnung aus dem Luftschutzkeller kommen, ist ihr Haus eine Ruine. In ihrer Wohnung sind die Fensterscheiben zerbrochen, die Möbel umgefallen, die Küche ist ein Ort der Verwüstung. Strom und Wasser funktionieren nicht mehr. Es dauert mehrere Tage, bis alles notdürftig abgedichtet und wieder instandgesetzt ist. Das Wasser muss in Kübeln hinaufgetragen werden. An den Abenden sitzt die Familie im Licht einer Petroleumlampe. Immerhin habe der Bombentreffer eine vielleicht schon geplante Arisierung der Wohnung verhindert, meint Renate.

Die deutschen Behörden geben sich vorerst mit dem Unternehmen und anderen Vermögenswerten der Familie zufrieden. Sie sperren Friedrichs Bankkonten und konfiszieren alle persönlichen Gegenstände, die sich in seinem Firmenbüro befinden, unter anderem einen goldenen Füllfederhalter, einen Anzug, eine Tweedjacke und eine weinrote Aktentasche aus Leder, die er von seinem Vater geerbt hat. Außerdem werden alle Außenfilialen der Firma liquidiert. Im Sommer 1944 wird Friedrich zur Arbeit in seinem »erlernten Beruf als Maschinenschlosser«, wie es im offiziellen Schreiben der Behörde heißt, dienstverpflichtet. Er hat sich am folgenden Tag in derselben Fabrik einzufinden, wo er zwanzig Jahre zuvor seine proletarische Berufslaufbahn beendet zu haben glaubte.

In diesem Winter beginnt Renate wieder Bücher in tschechischer Sprache zu lesen. Sie schreibt Zusammenfassungen und kleine Aufsätze. Ihr Wortschatz ist ausreichend. Die Orthographie jedoch hat sie vergessen.

»Wenn der ganze Spuk vorbei ist, wirst du wieder in die tschechische Schule gehen«, sagt die Mutter. »Dann wirst du eine Tschechin sein wie alle anderen.«

»Ich bin nicht wie die anderen«, erklärt Renate. »Ich bin überhaupt nichts. Eine Mischung.«

»Das ist ja gerade das Schöne« , meint Friedrich. »Du hast von jedem etwas.«

»So wie die Straßenköter, die Promenadenmischungen, die um die Müllkübel herumschleichen.«

»Promenadenmischungen sind die gesündesten und klügsten Hunde.«

»Wenn wir Hundemischlinge wären, würde man uns in Ruhe lassen«, meint die Tochter. »Dann bräuchten wir uns nicht zu fürchten.«

12

Im Herbst 1944 wird Onkel Helmut verhaftet. Man wirft ihm vor, Landesverräter, Kommunist und Jude zu sein. Warum sich seine einflussreichen Freunde von ihm abgewendet haben, weiß Renate auch heute nicht. Vielleicht haben Friedrichs Probleme mit der Gestapo dabei eine Rolle gespielt, vielleicht hat einem der Bonzen sein Gesicht nicht mehr gefallen, oder Helmut ist »einfach nur« Opfer der sich verschärfenden Repressionen und Maßnahmen gegen »Judenmischlinge und deren Abkömmlinge« geworden.

Onkel Franz ahnt, dass die Ausstellung seines eigenen Haftbefehls nur mehr eine Frage der Zeit ist. Niemand ist Helmut so nahe gestanden wie sein jüngerer Bruder. So packt Franz eilig seine Sachen und flüchtet nach Wien, wo er bei einem Schwager seiner verstorbenen Lebensgefährtin Unterschlupf findet.

»Meine Eltern und ich haben nachgedacht, was wir tun sollen«, erzählt Renate. »Mutter hat gemeint, wir sollten ebenfalls schleunigst untertauchen. Vater hat gezögert. Er werde die Lage sondieren, hat er gemeint. Wir haben beide gelacht. Was willst du denn machen?, haben wir ihn gefragt. Zur Gestapo gehen und nachfragen, ob wir demnächst alle ins Konzentrationslager geschickt werden? Wir hätten keine dummen Scherze machen sollen, denn genau in dieser Nacht wurde Vater tatsächlich abgeholt. Zwei Männer kamen in unsere Wohnung, gaben Papa fünf Minuten Zeit, sich anzuziehen, machten ein paar grobe Bemerkungen über jüdische Bolschewisten, die man wie Ungeziefer vernichten müsse, und nannten meine Mutter eine tschechische Hure. Dann nahmen sie Vater mit, erklärten uns aber, bevor sie gingen, wir sollen uns keine Sorgen machen.«

Alena zündet eine Kerze an und stellt sie im Wohnzimmer auf die Kommode, über der ein Kruzifix an der Wand hängt. Sie ist nie besonders gläubig gewesen, aber diesmal kniet sie auf dem Boden und betet die ganze Nacht. Sie wendet sich an alle Heiligen, die sie kennt und die sie nicht kennt, nennt einfach alle Namen, die ihr einfallen. Es gebe kaum einen Namen, hinter dem nicht ein Heiliger stehe, meint sie, und wenn nicht, dann werde bestimmt irgendwann jemand dieses Namens heilig gesprochen.

Renate betet ebenfalls. Nach einer halben Stunde des Bittens und Flehens beschließt sie, Gott ein Geschäft vorzuschlagen. Die ganze Nacht überlegt sie, welches Opfer für Gott groß genug wäre, damit ihr Vater nicht ins Konzentrationslager muss, doch nichts von dem, was ihr einfällt, scheint angemessen zu sein. Eines ist sicher: Gott hätte bestimmt keinen Gewinn davon, wenn sie sich selbst – so wie früher – Verletzungen zufügen würde. Soll sie ein anständiges Leben führen und anderen helfen? Das wäre nicht genug. Etwas Selbstverständliches ist kein Opfer. Nonne zu werden wäre ein Zeichen von Hochmut und kein Dienst an Gott, denn was hat Er davon, wenn sie Ihm keine Kinder schenkt? Gott mag grausam sein, aber er ist bestimmt, auch wenn er den Menschen nach seinem Ebenbild erschaffen hat, kein Trottel, denkt sie.

Mehrere Stunden vergehen, aber Gott schickt ihr keinen erlösenden Gedanken. Er ist nicht bereit, mit ihr Geschäfte zu machen, sondern hat offenbar beschlossen, sie für alle Verfehlungen und Gemeinheiten, die sie begangen hat, zu bestrafen. Er hat Vater den Schergen ausgeliefert.

Doch es geschieht ein Wunder. Im Morgengrauen kommt Friedrich zurück. Sein rechtes Auge ist geschwollen, das Gesicht voller Blutergüsse, auf der Wange klafft eine Platzwunde, und die Druckstellen am Hals zeigen, wie nahe er dem Tod gewesen ist. Aber er lächelt. »Ich bin froh, dass sie mir weder Arme noch Beine gebrochen haben oder noch Schlimmeres mit mir gemacht haben«, sagt er.

Außer dieser und ein paar ähnlichen Andeutungen wird Friedrich nichts von dem erzählen, was in dieser Nacht geschehen ist. »Wenn wir ihn später danach gefragt haben«, erinnert sich Renate, »hat er nur gemeint, die Vorsehung sei eine böse Hexe, die man auf dem Scheiterhaufen verbrannt habe. Nun räche sie sich, indem sie die Guten bestrafe und den Durchschnittlichen gegenüber Milde walten lasse. Wenn Papa solche Scherze machte, wusste wir, dass wir ihn in Ruhe lassen sollten.«

Noch am selben Tag packt Friedrich Kleidung, Wäsche, Dokumente und ein paar Bücher – gerade soviel wie in einen einzigen Koffer passt – und übersiedelt zu Herrn Novotný, einem ehemaligen Angestellten seiner Firma. Offenbar ist alles schon vorbereitet.

Am gefährlichsten ist die Fahrt mit der Straßenbahn.

Die Novotnýs wohnen am anderen Ende der Stadt. Friedrich steigt mehrmals um, macht einen Umweg, geht einen langen Weg zu Fuß. Er muss damit rechnen, dass er beschattet wird. Doch scheinbar meint es die böse Hexe Vorsehung wirklich gut mit ihm.

»Mutter und ich sind zu Bekannten in ein Dorf südlich der Stadt geflüchtet«, erzählt Renate. »Herr Novotný hat uns natürlich nicht alle drei aufnehmen können. Dafür war seine Wohnung zu klein, und es wäre auch zu gefährlich gewesen. Außerdem war meine Mutter keine Jüdin und ich nur ein Mischling zweiten Grades. Deshalb hofften wir, die Nazis würden uns in Ruhe lassen. Zumindest redeten wir uns das ein. Trotzdem wollten wir nicht in der Stadt bleiben. Man hätte Mama festnehmen können, um Vaters Aufenthaltsort zu erfahren, oder aus einem anderen Grund, soweit die Nazis überhaupt irgendwelche Gründe gebraucht haben, um jemanden festzunehmen. Später, in kommunistischer Zeit, war das genauso. Man hat die Leute so lange gequält und eingeschüchtert, bis sie etwas gesagt oder erfunden haben, das gegen sie verwendet werden konnte. Es geht immer und überall – auch heute – nach demselben Prinzip: Für die Staatsmacht ist man grundsätzlich immer irgendwie schuldig.«

13

Im Dorf kann man sich der Illusion hingeben, es gebe keinen Krieg. Auf die sauberen Häuser, die ordentlichen Lattenzäune und Gemüsebeete ist noch nie eine Bombe gefallen. Zu essen gibt es genug. Einige Männer sind als Zwangsarbeiter in Deutschland oder in Österreich, aber die anderen sind zu Hause, müssen nicht wie halb Europa zur Armee einrücken. Doch der erste Blick ist trügerisch. Im Nachbarort, erzählt man, ist eine ganze Familie standrechtlich erschossen worden, weil sie einem Saboteur, der eine Eisenbahnbrücke gesprengt hatte, Unterschlupf gewährt haben soll. Zwei Männer wurden festgenommen, weil sie das Falsche am falschen Ort gesagt haben, und die drei Juden, die beim Einmarsch der Deutschen noch im Dorf gelebt haben, wurden schon vor ein paar Jahren abgeholt.

Das Ehepaar Brožík gibt Alena als ihre Nichte aus, die nach einer »schweren Ehekrise« für einen längeren, undefinierbaren Zeitraum zu ihren Verwandten aufs Land gezogen sei. Alena ist mit den Brožíks tatsächlich weitschichtig verwandt. Der Schwager von Frau Brožík ist der Cousin einer Schwägerin von Alenas Großtante. Das braucht niemand zu wissen, doch wahrscheinlich kennt oder ahnt ohnehin fast jeder die Wahrheit. In einem Dorf lässt sich schwer etwas verheimlichen, auch wenn die Brožíks erst vor zehn Jahren hierher gezogen sind und somit durchaus eine Nichte haben könnten, die noch nie im Dorf gewesen ist. Hauptsache, die Behörden überprüfen die Geschichte nicht. Doch die Behörden sind Ende 1944 mit wichtigeren Dingen beschäftigt. Die einen bereiten sich auf den Heldentod vor, andere planen ihre Flucht oder schreiben für die Zeit danach ihre Biographien neu. Die Denunzianten und Mitläufer haben erkannt, dass sie bald neuen Herren dienen werden, und jene, die glauben, bis zuletzt penibel ihre Pflicht erfüllen zu müssen, befinden sich zufällig nicht in diesem Teil der mährischen Provinz.

Zehn Kilometer entfernt ist eine Bahnstation. Der Stationsvorsteher hat einen Verwandten in der Stadt. Dieser hat einen Freund, der seinerseits gute Freunde hat. So erfährt Alena regelmäßig, dass es ihrem Mann gut geht. Die Nachrichten kommen verschlüsselt. *Die Katze ist immer noch rollig,* heißt es zum Beispiel, *Es gibt weiterhin jeden Tag Topfenstrudel* oder*: Der alte Turm steht noch.*

Bis kurz vor Kriegsende bleibt es in Böhmen und Mähren trotz vereinzelter Aktivitäten von Widerstandskämpfern relativ ruhig. In der Slowakei residiert schon die erste tschechoslowakische Nachkriegsregierung, die aus Kommunisten, Sozialdemokraten und einigen bürgerlichen Parteien besteht. Während fast alle Länder vom Nazijoch befreit sind oder sich selbst befreit haben, ein Großteil von Deutschland und Österreich von den Alliierten erobert worden ist, während Hitler nicht mehr lebt und auf dem Dach des Reichstagsgebäudes in Berlin die sowjetische Fahne weht, regiert im Protektorat immer noch Karl Hermann Frank, Reichs- und Staatsminister für Böhmen und Mähren. Erst am 5. Mai beginnt in Prag ein Aufstand gegen das Besatzungsregime. Einige Deutsche leisten Widerstand. Es kommt zu schweren Gefechten zwischen der Roten Armee, den Aufständischen und der Waffen-SS. Das Großdeutsche Reich verhält sich wie ein Huhn, dem gerade der Kopf abgehackt worden ist. Es ist schon tot, aber es bewegt sich noch, läuft und schlägt mit den Flügeln.

Mit dem Aufstand kommt die Vergeltung. Den Pogromen gegen die Deutschen fallen Tausende zum Opfer. Das alles erfahren Renate und Alena erst später. Im Dorf hat sich der Machtwechsel unspektakulär vollzogen. Wenige Stunden bevor die Rote Armee einrückt, hat ein scharfsinniger Bewohner neben der Kirche ein Holzschild mit der Aufschrift *Stalinplatz* angebracht, und der von der Protektoratsregierung eingesetzte Bürgermeister hat sein altes Vorkriegsparteibuch hervorgekramt, das ihn als Mitglied der

Katholischen Volkspartei ausweist. Das wird ihn trotzdem nicht schützen können. Man wird ihn verhaften, durch ein Volksgericht aburteilen und in ein Lager schicken.

Am Tag der Befreiung erfährt Renate von ihrer Mutter, dass ihre Eltern einer sozialdemokratischen Widerstandsbewegung angehört haben. Aktive Kämpfer sind sie zwar keine gewesen, aber im Keller von Friedrichs Parfümerieladen haben konspirative Treffen stattgefunden. Es wurden Waffen und Propagandamaterial dort zwischengelagert. Menschen auf der Flucht haben in diesem Versteck einige Male übernachtet. Nach der Verhaftung von Renates Großvater ist der »Stützpunkt« geschlossen worden. Es war damit zu rechnen, dass die Familie Reisner von der Gestapo observiert wird. Ihr Vater habe zwar keine Bomben gelegt oder Schüsse auf Heydrich abgefeuert, sagt Renate, er sei aber ein fast genauso großes Risiko eingegangen. Wäre das Versteck entdeckt worden, hätte man die Eltern mit Sicherheit ins Konzentrationslager geschickt oder hingerichtet. Sie sei bis heute stolz darauf, dass ihre Eltern damals so viel Mut bewiesen haben.

»Nachdem die Russen einmarschiert sind, wurden in unser Haus zwei Offiziere einquartiert. Sie waren sehr korrekt und anständig. Einem von ihnen bin ich zu großem Dank verpflichtet. Ich bin nämlich in den Tagen, als der Krieg zu Ende ging, an schwerer Grippe erkrankt, und dieser sowjetische Offizier war sehr besorgt um mich. Er hat mir Medikamente gebracht, die mich schnell wieder genesen ließen. Obwohl ich mit hohem Fieber im Bett lag und mich elend fühlte, war ich glücklich. Ich wusste, dass Vater überlebt hatte. Es gab keine Gestapo mehr und auch niemanden, der meinen Schädel vermessen und meine Mutter sterilisieren wollte. Ich dachte, die schlimmen Zeiten seien vorbei, und es würde alles werden wie vor dem Krieg. Ich war eben noch sehr jung und naiv. Ich machte schon Pläne für später, stellte mir vor, wie ich in Prag ein wildes Studentenleben führe, in den berühmten Kaffeehäusern und Bars sitze, ganz in Schwarz, mit einer Zigarettenspitze im Mundwinkel, ein halbes Dutzend Verehrer um mich herum, und wie ich dann einen heimlichen Geliebten in seinem luxuriösen Appartement am Altstädter Ring besuche.«

Zwei Wochen nach Kriegsende kehren Alena und Renate in ihre Heimatstadt zurück. Friedrich holt sie am Bahnhof ab. Sie fahren mit der Straßenbahn nach Hause, ganz offen und auf direktem Weg, ohne sich fürchten zu müssen.

14

Die Frau läuft im Kreis. Man hat ihr die Bluse und den Rock vom Leib gerissen. Ihre Unterhose ist unförmig. Marke »Liebestöter«. Ein Mann schreit, man solle das Luder ganz ausziehen. Die schmutzige Unterwäsche und der hässliche Büstenhalter verderben einem den Spaß. Doch die Initiatoren des Spektakels wollen nicht so weit gehen. Sie seien Revolutionäre, sagen sie, Patrioten, keine Frauenschänder.

Die Frau ist keine Deutsche, sondern eine Tschechin, die mit einem Wehrmachtsoffizier liiert gewesen ist. Nun ist ihr Freund in die Heimat geflüchtet oder in Kriegsgefangenschaft geraten. Drei Kinder habe die Schlampe dem Deutschen geboren, wird erzählt, drei Bastarde. In Frankreich werden Schlampen wie sie kahl geschoren. Hier hat man sich diese Mühe nicht gemacht. Man hat der Frau büschelweise die Haare ausgerissen.

Sie läuft vom Eingang des Hauses, in dem sie wohnt, bis

zur nächsten Kreuzung, dann hinüber auf die andere Straßenseite und in einem weiten Bogen über die Fahrbahn zurück zum Hauseingang. Für jeden Monat der Besatzung soll sie eine Runde laufen, heißt es. Die »Revolutionäre« zählen die Runden. Sie streiten, ob das halbe Jahr zwischen dem Münchner Abkommen und der Zerschlagung der Resttschechoslowakei mitgerechnet werden soll oder nicht.

Das Opfer ist nicht mehr ganz jung, vielleicht sieben- oder achtundzwanzig. Die Geburten und das schlechte Essen haben ihren Körper in die Breite gehen lassen. Die Zuschauer machen entsprechende Bemerkungen. Sie lachen. Die Fenster der umliegenden Häuser sind geöffnet. Der Lärm schwillt an.

»Bitte beenden Sie diese Schweinerei«, sagt eine Frau zu einem Polizisten, der abseits steht und zuschaut. »Sehen Sie denn nicht, was los ist? Hinter den Fenstern stehen die jungen Burschen und die geilen alten Männer und wichsen. Das hat nichts mehr mit Politik zu tun.«

Der Polizist brummt etwas, setzt unwillig seine Mütze auf, die er zuvor in der Hand gehalten hat, seufzt und geht langsam zum Ort des Geschehens.

»Machen Sie die Straße frei, Herrschaften!« Er hat eine leise Stimme. Der Satz klingt eher wie eine Bitte denn wie ein Befehl. »Sie behindern den Verkehr.«

Schallendes Gelächter.

»Treiben Sie Ihre Scherze woanders. Hier kommt sonst der Linienbus nicht vorbei. Gehen Sie bitte auseinander. Oder soll ich Verstärkung holen?«

Wieder Lachen. Murren. Ein paar Halbwüchsige beginnen mit einem Pfeifkonzert. Die Fensterläden werden zugeklappt. Die Frau aber läuft weiter. Immer im Kreis. Sie läuft auch dann, als die Menschen auseinander gehen, läuft so lange, bis ihr jemand einen Mantel um die Schultern legt, die Tränen aus dem Gesicht wischt und sie behutsam von der Straße zum Gehsteig drängt.

»Ich habe das alles gesehen und noch viel Schlimmeres«, erzählt Renate. »Aber das Entsetzlichste war, dass ich nie wusste, zu welcher Gruppe ich selbst gehörte, zu jenen, die im Kreis laufen, oder zu denen, die andere im Kreis laufen lassen. Angst, Mitleid, sogar Genugtuung, vor allem Angst – diese Gefühle kamen gleichzeitig oder gingen ineinander über. Ich war fünfzehn, also ohnehin schon in einem schwierigen Alter. Ich habe damals trotzdem das meiste erfolgreich verdrängt oder abgeblockt, um später natürlich doppelt und dreifach unter den Folgen des Erlebten zu leiden. Als junges Mädchen aber war ich vernünftig. Junge Mädchen hatten lieb und brav zu sein.«

Für die Deutschen der Stadt, die in den Tagen und Wochen nach der Befreiung noch nicht erschlagen oder vertrieben worden sind, sind das Frühjahr und der Sommer 1945 eine schlimme Zeit. Sie werden enteignet, bekommen geringere Lebensmittelzuteilungen als die Tschechen, und wer in der Öffentlichkeit Deutsch spricht, läuft Gefahr, verprügelt oder sogar getötet zu werden. Sie müssen eine Armbinde mit dem Buchstaben »N« (Němec – Deutscher) tragen und dürfen – wie die Juden während der Nazizeit – weder den Gehsteig benützen noch mit der Straßenbahn fahren. Der Besuch von Lokalen, Kino- und Theatersälen ist ihnen ebenfalls verwehrt. Diese diskriminierenden Bestimmungen seien von Stadt zu Stadt etwas unterschiedlich, im Prinzip aber ähnlich gewesen, erklärt Renate. Dass Friedrich davon nicht betroffen ist, hat weniger mit seiner jüdischen Herkunft zu tun, als vielmehr damit, dass seine Ehefrau Tschechin ist.

Im Unterschied zu einigen anderen Orten finden in Renates Heimatstadt nach dem Mai 1945 keine weiteren Pogrome statt. Die verbliebenen Deutschen werden Anfang 1946 zusammengetrieben, in Züge verfrachtet und nach Deutschland geschickt. Auf die »wilden Vertreibungen« des Jahres 1945 folgt der systematische »Transfer« in der Zeit von Jänner bis November 1946. Es wird in dieser Stadt keine Deutschen mehr geben, so wie es seit einigen Jahren keine Juden mehr gibt. Die Machthaber werden sich neue Feinde und neue Fremde schaffen müssen.

Mit der Vertreibung der Deutschen solle das Nationalitätenproblem, das so viel Unglück über das Land gebracht habe, ein für alle Mal gelöst werden, erklärt der tschechoslowakische Präsident Beneš. Vor dem Krieg ist er noch ein liberaler und demokratischer Politiker gewesen. Die ethnischen Säuberungen werden sowohl von linken als auch von bürgerlichen Kräften gut geheißen. Die Siegermächte des Zweiten Weltkriegs sind mit dem Bevölkerungstransfer einverstanden. Hat nicht die Mehrheit der deutschen Bevölkerung den tschechoslowakischen Staat von Anfang an abgelehnt und zu seiner Zerstörung beigetragen? Die Aussiedlung der deutschen Bevölkerung soll nach Vorstellung der Großmächte »geordnet und human« erfolgen, doch jene, die in Viehwaggons gepfercht und abgeschoben werden, haben noch Glück gehabt. Hunderttausende werden in Lager gesperrt. Mindestens dreißigtausend, manchen Berechnungen zufolge sogar mehr als zweihunderttausend, werden ermordet oder verlieren im Zuge der Verfolgungen und Vertreibungen ihr Leben. Fast drei Millionen Deutsche müssen in den Jahren 1945 und 1946 ihr Heimatland verlassen, nur etwa zweihundertdreißigtausend – hauptsächlich Menschen, die tschechische Vorfahren haben, in gemischten Ehen leben oder aktiv gegen das NS-Regime Widerstand geleistet haben – dürfen in der Tschechoslowakei bleiben. Friedrich jedoch glaubt noch lange, bei den Verfolgungen der Deutschen handle es sich um Exzesse, die es nach der Konsolidierung der politischen Verhältnisse und der Normalisierung des Alltagslebens nicht mehr geben solle. Wenn uns dieser Krieg etwas gelehrt hat, meint er, dann doch vor allem die tiefe Abscheu vor jeglichem nationalen Überschwang.

Der Krieg ist zu Ende, und die Menschen werden abseits der Schlachtfelder zu Tode gebracht. Es ist wie früher. Wie es immer war. Friedrich aber will glauben, alles sei anders geworden, so als habe sich die Welt um ihm herum nicht einfach nur gehäutet, sondern wäre neu erschaffen worden. »Papa ist wirklich ein unbelehrbarer Idealist gewesen«, erzählt Renate. »Ich habe schon mit fünfzehn über manche seiner Aussagen gelächelt, und die Mama hat gar nicht mehr mit ihm diskutiert.«

Diskutiert wird im Hause der Reisners in den Wochen nach der Befreiung viel. Renate erinnert sich an einen Besuch zweier Freunde ihres Vaters. Der eine heißt Šimek und ist der ehemalige Chefbuchhalter des Parfümerieladens. Den zweiten kennt Friedrich noch aus seiner aktiven Zeit als Sozialdemokrat. Sein Name ist Renate entfallen. Im Gespräch mit den beiden empört sich Friedrich darüber, dass er in der Öffentlichkeit seine Muttersprache nicht mehr benützen darf. Er erzählt, wie er einen Bekannten auf der Straße getroffen habe, einen Deutschen. Dieser habe auf der Fahrbahn gehen müssen, ständig in der Gefahr, von einem Auto angefahren zu werden. Seine Schuhe und seine Hose seien mit Straßenkot bedeckt gewesen. Als Friedrich ihn auf Deutsch angesprochen habe, sei er erschrocken zusammengezuckt und habe auf Tschechisch geantwortet: »Bist du wahnsinnig geworden? Sei ja still!« Aber die Passanten haben zugehört. Sie stoßen Friedrich über den Gehsteigrand. »Du kannst deinem Freund Gesellschaft leisten«, sagen sie.

Šimek meint, er bedauere sehr, was Friedrich am Tag der Befreiung und danach erleben habe müssen. Friedrich sei mit einer Tschechin verheiratet, er habe unter den Nazis gelitten, er verdiene es, sich in seinem Heimatland zu Hause fühlen zu dürfen. Die anderen aber, die »richtigen« Deutschen sollten am eigenen Leib erfahren, was es heißt, Menschen zweiter Klasse zu sein. Er empfinde kein Mitleid für sie. Hatten sie Mitleid mit seinem Bruder, als er in Mauthausen an Hunger und Erschöpfung gestorben ist?

Friedrichs sozialdemokratischer Freund, der inzwischen Kommunist geworden ist, hat keine eigene Meinung zu diesem Thema. Er habe es schwer genug, sein eigenes Leben neu zu organisieren. Sein Sohn sei 1939 nach Großbritannien ins Exil gegangen, um sich dort den tschechoslowakischen Streitkräften anzuschließen. Seit Jahren habe er nichts mehr von ihm gehört. Solle er sich jetzt noch über die Deutschen Gedanken machen? Er sei in dieser Frage ganz auf der Linie seiner Partei. Egal, wie sich die Partei entscheide – er werde sie unterstützen.

15

»Bis Anfang 1946 haben wir weiterhin in unserem alten Haus gewohnt. Die Kriegsschäden wurden repariert. Später, schon in den Fünfzigerjahren, wurden alle Wohnungsbesitzer enteignet. Das Bauwerk wurde zu einem Verwaltungsgebäude umgebaut. Unsere Wohnung wurde zum Büro des Direktors der regionalen Planungsabteilung für die Herstellung und den Vertrieb von Toilettenartikeln. Das war vielleicht eine Art Scherz, den sich die Mächtigen erlaubt haben – der Einrichtung zur Überwachung des staatlichen Plansolls ausgerechnet die Wohnung eines ehemaligen Parfümerieladenbesitzers zuzuweisen. In den Monaten nach dem Krieg war es aber noch nicht so weit. Die Tschechoslowakei war noch keine Volksdemokratie, und kaum jemand von uns wollte glauben, dass es bald dazu kommen würde.«

Die Familie Reisner bekommt einen Teil ihrer Konten und ihres Geldes zurück. Die alten Kronen aus der Protektoratszeit werden zweimal abgewertet, aber sie sind noch gültig. Sogar Reichsmark kursieren noch. Für die erste Zeit ist »mehr schlecht als recht« das Auskommen der Familie gesichert. Das Unternehmen jedoch bleibt beschlagnahmt. Produktion und Verkauf sind vorerst eingestellt worden. Die Firma wird als deutsches Vermögen eingestuft. Später wird der »Parfümerieladen Reisner« in einen Staatsbetrieb umgewandelt.

Renate erinnert sich, dass sie mit ihrem Vater einige Male im Geschäftsgebäude gewesen ist. Ein großer Teil des Inventars ist entweder zerstört oder geplündert worden. Im Keller stehen noch ein paar große Flaschen mit Kölnisch-Wasser. »Fast alles ist von den russischen Soldaten ausgetrunken worden«, erzählt Renate. »Das war ja Alkohol. Und dann sind sie herumgegangen, haben sich gegenseitig angehaucht und gesagt: ›Ach, riecht das gut!‹ Einige sind später krank geworden oder sogar erblindet.«

Friedrich bemüht sich vergeblich, sein Unternehmen zurückzubekommen. Er reicht mehrere Anträge ein, die allesamt abgewiesen werden. Außerdem betätigt er sich wieder politisch. Er spielt mit dem Gedanken für den Stadtrat zu kandidieren. »Aber Vater war sehr enttäuscht von seiner Partei«, erzählt Renate. »Er meinte, die Sozialdemokraten hätten sich an die Kommunisten und an Stalin verkauft. Unser Land wurde damals von einer Koalition mehrerer Parteien, darunter auch die Sozialdemokraten, regiert, die in der so genannten Nationalen Front vereint waren. Tonangebend waren die Kommunisten, obwohl Fierlinger, der erste Ministerpräsident nach dem Krieg, ein linker Sozialist gewesen ist. Schon in den Dreißigerjahren hatte Vater behauptet, die Kommunisten hätten den Kommunismus verraten, und nach dem Hitler-Stalin-Pakt hat er sie nur mehr verachtet. Nun behauptete er, die Kommunisten seien endgültig zu Chauvinisten und Faschisten mutiert. Er schrieb Briefe an die Regierung in Prag, an Präsident Beneš, an die Führer der bürgerlichen Parteien und an alle tschechischen Bischöfe. Darin beschwerte er sich über die Behandlung der Deutschen. Meine Mutter hat ihn angefleht, er solle damit aufhören und an seine Familie denken. Wir hätten schon genug gelitten. Aber ich glaube, das traumatische Erlebnis am Tag der Befreiung hat ihn verändert. Er ist nie ein Feigling gewesen, aber jetzt wurde er beinahe tollkühn, und immer öfter verlor er den Bezug zur Realität. Er musste so schnell wie möglich die Welt verändern oder vollständig resignieren. Irgendwann, ich glaube im Juli, wurde er verhaftet, diesmal von der tschechischen Polizei.«

»Sie sind ein Deutscher?«, fragt man ihn.

»Nein, ich bin kein Deutscher«, antwortet Friedrich auf Tschechisch. »Ich war Protektoratsangehöriger, und außerdem bin ich jüdischer Abstammung.«

»Das werden wir alles prüfen. Sie heißen Reisner?«

»Ja.«

»Einen Koffer dürfen Sie mitnehmen. Beeilen Sie sich. Ich habe in einer Stunde Dienstschluss.«

Diesmal erzählt Renate nichts über die bangen Stunden des Wartens. Nein, mit Gott habe sie keine Verträge mehr abgeschlossen, auch nicht mit dem Teufel. Ihre Mutter habe einen ganzen Tag geweint. »Als die Nazis da waren, hat man zumindest gewusst, wer der Feind ist«, habe sie gesagt. »Aber dass einen nun, nach der Befreiung, die eigenen Leute auf diese Weise terrorisieren, das tut noch mehr weh.« Die Mutter habe sich erkundigt, in welches Gefängnis der Vater gebracht worden sei, aber bevor sie ihn dort besuchen konnte, sei er wieder freigelassen worden. Er sei nämlich nicht wegen seiner Briefe verhaftet worden, sondern weil man ihn für Onkel Helmut gehalten habe. Erst nach mehreren Verhören habe er den Leiter der Untersuchung davon überzeugen können, dass er nicht sein eigener Bruder sei.

»Onkel Helmut galt als schwerer Nazi, Gestapo-Spitzel und Verräter. Wenn er nicht Teilhaber an Vaters Geschäft gewesen wäre, hätten wir es vielleicht tatsächlich zurückbekommen und noch bis zur endgültigen kommunistischen Machtübernahme drei Jahre später weiterführen können. Onkel Helmut hat übrigens alle Gestapo-Verhöre und das Konzentrationslager Theresienstadt überlebt. Danach ist er nach Deutschland übersiedelt. Fünf Jahre später ist er nach einer nachlässig durchgeführten Magenoperation in einem Augsburger Krankenhaus gestorben.«

16

Im Herbst kommt Renate in ein tschechisches Gymnasium. Der Direktor lädt sie und ihren Vater zu einem Gespräch ein. Im Vorzimmer warten auch andere Schüler und deren Eltern. Einige von ihnen sind Renates ehemalige Mitschülerinnen aus der deutschen Schule. Sie wenden sich schweigend von ihr ab. Es gibt nichts zu sagen. »Die meisten dieser deutschen Mädchen wurden nicht ins Gymnasium aufgenommen. Das hatte politische Gründe, aber auch sprachliche, denn kaum eine besaß ausreichende Tschechischkenntnisse. Fast alle wurden kurze Zeit später mit ihren Eltern aus der Tschechoslowakei abgeschoben. Zwei Mitschülerinnen haben in ihrer Heimatstadt bleiben können, weil ihre Mütter Tschechinnen waren. Es wurde ihnen aber nicht erlaubt, ins Gymnasium zu gehen, weil ihre Väter hohe Posten beim deutschen Militär oder in der Verwaltung gehabt hatten. Sie durften nur in die Hauptschule.«

Renate kann Tschechisch, und ihr Vater war weder bei der Wehrmacht noch in der deutschen Verwaltung tätig. Dennoch hat Friedrichs Treffen mit dem Direktor eher den Charakter eines Verhörs als eines Gesprächs.

»Ihre Tochter war in einer deutschen Schule?«

»Ja.«

»Sie hat eine gewisse Position beim BDM gehabt, wie ich erfahren habe.«

»Wenn Sie das Herumkommandieren von ein paar Mädels schon als eine gewisse Position sehen wollen, dann ja.«

»Was ich sehen will oder nicht, spielt keine Rolle.«

»Ja dann …«

»Nehmen Sie sich keine Freiheiten heraus! Die Zeiten haben sich geändert!«

»Eben. Ich dachte, wir leben jetzt in einem freien Land.«

Der Schuldirektor ist ein schlanker Mann um die vierzig mit Glatze. Er trägt kein Sakko, was für einen Herrn in seiner Position ungewöhnlich ist, sondern einen dunkelgrauen Rollkragenpullover und eine schwarze Lederjacke. Sein Büro wirkt spartanisch. Das imposante Mobiliar aus der k.u.k-Zeit hat er entfernen lassen. Nun ist alles funktional und minimalistisch: der moderne Schreibtisch aus einer deutschen Amtsstube, der türlose Aktenschrank, die harten Stühle ohne Armlehnen. Die Wände sind weiß gestrichen. Das einzige Bild an der Wand: eine Photographie von Lenin und Stalin nebeneinander auf einem Sofa sitzend, eine Aufnahme aus den Zwanzigerjahren. Lenin, schon von Krankheit gezeichnet, blickt nachdenklich ins Leere, Stalin hingegen schaut seinen Mentor mit dem bemühten Lächeln eines jungen Mannes an, der mit seiner Geliebten Schluss machen möchte, aber nicht sicher ist, ob der beste Zeitpunkt, ihr das zu sagen, schon gekommen ist. Auf jeden Fall ist es offensichtlich, dass der Herr Direktor seine kommunistische Gesinnung noch ernst nimmt.

»Wir möchten eine schleichende Konterrevolution an unserer Schule verhindern«, sagt der Direktor.

»Meine Tochter schleicht nicht.«

»Die faschistischen Ideen und Vorstellungen in den Köpfen der ehemals deutschen Schüler können die anderen Kinder vergiften.«

»Ich dachte, Sie seien gut informiert. Sie wissen doch, weswegen meine Tochter die deutsche Schule verlassen musste.«

Renate würde gerne auch etwas dazu sagen, aber der Direktor spricht nur mit ihrem Vater. Er schaut sie nicht einmal an.

»Ihre Familie hatte die deutsche Staatsbürgerschaft, nicht wahr?«

»Ich war im Widerstand. Und was haben Sie in dieser Zeit getan?«, fragt Friedrich.

»Was wollen Sie damit andeuten?«, schreit der Direktor.

»Sagen Sie es mir doch.«

»Die Unterhaltung ist beendet. Leben Sie wohl, Herr Reisner.«

Renate glaubt nicht mehr daran, dass sie jemals die Matura machen wird. Auf dem Nachhauseweg fragt sie ihren Vater, was er mit der Bemerkung über die Vergangenheit des Direktors tatsächlich andeuten wollte. »Keine Ahnung«, meint Friedrich. »Ich habe nur laut nachgedacht und dabei, wie mir scheint, ins Schwarze getroffen.«

Wider Erwarten wird Renate zu den Aufnahmeprüfungen zugelassen. Das Ergebnis reicht aus, um das Gymnasium besuchen zu dürfen. Allerdings wird Renate zwei Klassen zurückgestuft. Seit 1943 hatte sie keine Schule mehr besucht.

»Anfangs hatte ich große Schwierigkeiten, denn die Grammatik ist im Tschechischen ziemlich schwer. Hilfe erhielt ich von einem Freund meines Vaters, der ebenfalls Schuldirektor und außerdem Sozialdemokrat war. Er war es auch, der offensichtlich ein gutes Wort für mich eingelegt hatte, so dass ich überhaupt ins Gymnasium gehen durfte. Zweimal in der Woche habe ich diesen Mann bei ihm zu Hause besucht. Er hat mich einem Drill unterzogen und hat richtiges, schönes Tschechisch mit mir gesprochen, er hat mir erklärt, wie man die Wörter betonen muss, damit man nicht sofort hört, dass ich lange Zeit fast nur Deutsch gesprochen habe. Ich war froh darüber. Zwei Jahre lang bin ich zu ihm gegangen, und habe so – zumindest was die tschechische Sprache betrifft – die verlorenen Jahre aufgeholt.«

Eine von Renates Mitschülerinnen ist Jüdin. Sie hat die Konzentrationslager Auschwitz und Mauthausen überlebt. Auch sie hat Schwierigkeiten mit ihrer Muttersprache.

»Nach der Befreiung durch die Amerikaner ist in Mauthausen eine Typhusepidemie ausgebrochen«, erzählt Renate. »Meine Freundin Jiřina ist erkrankt. Ihre Mutter hat sie gesund gepflegt, hat sich dabei aber selbst angesteckt und ist anschließend gestorben. Jiřina war dann allein, hat aber durch das Rote Kreuz ihren Vater gefunden, der vor dem Krieg nach England geflüchtet war. Die beiden haben sich in Wien getroffen und sind in die Tschechoslowakei zurückgekehrt.

Jiřina sprach schlecht Tschechisch. Wenn sie etwas nicht verstand, konnte ich es ihr auf Deutsch erklären, denn mein Tschechisch war besser. Aber wir mussten darauf achten, dass niemand in der Nähe war, denn es war verpönt, Deutsch zu sprechen.

Eines Tages, das dürfte schon zwei Jahre nach dem Krieg gewesen sein, ist Jiřina tränenüberströmt in die Schule gekommen. Ihr Vater habe beschlossen, nach Palästina auszuwandern. Es werde sich alles wiederholen, habe er gemeint. Es gäbe wieder einen starken Judenhass, und dieser werde zu einem neuen Faschismus führen. Jiřina wollte nicht weg. Sie war verliebt, und der junge Mann, mit dem sie sich heimlich traf, wollte sie heiraten. Dennoch musste sie ihre Sachen packen und dem Vater folgen. Damals war aber der Staat Israel noch nicht gegründet. Die beiden kamen illegal nach Palästina. Nach der Einreise wurden sie deshalb von den britischen Behörden wieder in ein Lager gesteckt.«

17

Friedrich sucht Arbeit, aber niemand möchte einen Deutschen einstellen. Er ist außerdem kein junger Mann mehr. Die Ängste und Verfolgungen der letzten Jahre haben Spuren hinterlassen. Vor langer Zeit hat er sich eine schwere Lungenentzündung geholt, als er an einem Sonntag im Spätherbst beim Fischen in den Fluss gefallen ist. Nun bricht die Krankheit wieder aus. Friedrich erklärt, er könne es sich nicht leisten, zu Hause im Bett zu liegen, nimmt Medikamente und geht wieder auf Arbeitssuche.

»Ich bin tschechoslowakischer Staatsbürger und Patriot. Ich war im Widerstand, und aufgrund meiner jüdischen Herkunft musste ich mich im letzten Kriegsjahr vor den Nazis verstecken.«

Jedes Mal schämt sich Friedrich für diese Standardfloskel, und jedes Mal fällt die Antwort ähnlich aus: »Ich würde Sie ja sofort einstellen, Herr Reisner, aber Sie müssen verstehen – die anderen Kollegen ... wenn Sie hören, dass Sie Deutscher sind ... wir leben in Zeiten der Wirren, Herr Reisner, besser gesagt der Verwirrung.«

Im Herbst ist ein Großteil der Ersparnisse aufgebraucht. Alena bringt ihren Schmuck zum Pfandleiher, Friedrich verkauft seine goldene Uhr und eine wertvolle Schatulle, ein Erbstück.

Alena findet Arbeit als Näherin in einem Textilgeschäft. Sie macht Überstunden, nimmt die Kleidungsstücke mit nach Hause, arbeitet manchmal die ganze Nacht durch.

»Einmal wache ich auf und merke, dass im Wohnzimmer Licht brennt. Ich gehe hin und sehe meine Mutter die Punkte abmessen. Es musste alles auf den Millimeter genau stimmen. Dennoch ist es Mama gelungen, ab und zu etwas abzuzweigen, so dass sie auch für uns etwas nähen oder unsere alten, abgetragenen Sachen reparieren konnte.«

Doch diese Arbeit allein reicht nicht aus, um die Familie zu ernähren. Im Winter muss schließlich die Wohnung verkauft werden. Obwohl das Haus beschädigt ist, findet sich ein Käufer. Er bietet eine lächerlich geringe Kaufsumme an. Renates Eltern akzeptieren. Sie haben keine andere Wahl.

Die Reisners übersiedeln in eine kleine Mietwohnung in der Innenstadt. Das Waschbecken und die Toilette sind draußen auf dem Gang, der Herd stammt aus dem 19. Jahrhundert und wird mit Holz geheizt, und an der Decke haben sich nasse, schimmlige Flecken gebildet. »Die beiden anderen Wohnungen in diesem Stock standen leer«, erzählt Renate. »Dort hatten früher Deutsche gewohnt. So hatten wir das Klo und das Waschbecken ganz für uns allein. Es war also nicht so schlimm.«

Alena gibt sich optimistisch. Schlimmer könne es nicht mehr werden, meint sie. Friedrich betont, dass ihm die »einfachen Verhältnisse«, in denen er nun wohnen müsse, nichts ausmachen. Was ihn ärgert, ist die Städtische Zentrale der Kommunistischen Partei, die sich im Erdgeschoß des Hauses befindet. An der Außenmauer prangt ein Roter Stern aus Blech von der Größe eines Fensters. Es sei eine Zumutung, jeden Tag auf der Treppe diese Genossen sehen zu müssen, beschwert sich Friedrich. Es müsste ein Gesetz erlassen werden, das bestimmte Menschen verpflichtet, in der Öffentlichkeit nicht nur ihren Hintern, sondern auch ihr Gesicht zu bedecken.

Die Eltern schlafen im Wohnzimmer, Renate im kleineren Nebenraum, in dem gerade ihr Bett und ein Schrank Platz haben. Den Eltern steht noch weniger Privatsphäre zur Verfügung. Wenn die Tochter zur Wohnungstür geht, muss sie jedes Mal das Zimmer der Eltern durchqueren.

Alena hat sich geirrt. Es kommt noch schlimmer. Im April 1946 erfährt Friedrich, dass er aus der Tschechoslowakei ausgesiedelt werden soll. Friedrichs zahlreiche Beschwerdebriefe und seine kritischen Bemerkungen in der Öffentlichkeit sind den Machthabern offenbar doch unangenehm aufgefallen. Die Reisners erhalten diese Nachricht von einer Bekannten, deren Bruder in Prag lebt und als Beamter im Innenministerium arbeitet. Sie gibt Friedrich den Rat, das Land – wenn er die Möglichkeit dazu habe – so schnell wie möglich freiwillig zu verlassen. Anderenfalls werde er mit anderen Deutschen im Viehwaggon reisen müssen.

Friedrich weigert sich, das Unvermeidliche hinzunehmen. Schon hat er einen weiteren Brief an den Innenminister verfasst. Alena jedoch drängt zur Ausreise. Hat nicht Onkel Franz vor einiger Zeit seinem Bruder das Angebot gemacht, zu ihm nach Wien zu kommen? Franz ist – wie so oft in seinem Leben – auch diesmal auf die Füße gefallen. Der Schwager seiner ehemaligen Lebensgefährtin hat ihm bei einem Unternehmen, das elektrische Geräte herstellt, einen Arbeitsplatz verschafft. In der Buchhaltung und im Vertrieb seien noch Stellen frei, schreibt Franz. Er werde bei der Firmenleitung ein gutes Wort für seinen Bruder einlegen. Das Nachkriegsgeschäft entwickle sich besser als erwartet. Das Unternehmen expandiere und stelle neue Mitarbeiter ein.

»Ich gehe nur dann nach Wien, wenn du mitgehst«, sagt Friedrich.

»Renata muss die Schule abschließen. Sie hat zwei Jahre verloren. Glaubst du, sie hätte in Österreich noch die Chance zu maturieren? Unsere Tochter hat schon genug mitgemacht. Sie soll zu Hause bleiben, anstatt in einem anderen Land wieder eine Fremde zu sein. Außerdem ist bei uns die Versorgungslage besser als in Wien. Dort herrscht, wie ich gehört habe, entsetzliche Armut.«

»Dann bleibe ich auch hier.«

»Sie schieben dich nach Deutschland ab oder bringen dich um.«

»Wenn sie das gewollt hätten, wäre ich längst tot.«

»Wir können ja nachkommen, wenn Renata die Matura gemacht hat.«

Die ganze Nacht lang haben ihre Eltern gestritten, erinnert sich Renate. Es sei wie Pingpong gewesen. Dieselben Argumente, Entgegnungen und Einwände in verschiedenen Varianten. So sei es bis in die Morgenstunden hin und her gegangen, bis die Eltern ermattet auf dem Sofa eingeschlafen seien.

Die Meinung der Tochter ist für die Eltern nicht von Belang. Sie darf zuhören, aber nicht mitreden. In Wirklichkeit aber, meint sie, sei alles ohnehin schon entschieden gewesen: »Wenn die Mama sich ihrer Sache ganz sicher war, hatte der Papa keine Chance.«

Onkel Franz schickt seinem Bruder eine offizielle, amtlich beglaubigte Einladung. Ein österreichischer Beamter, »der mit Franz oder dem Schwager seiner verstorbenen Lebensgefährtin oder mit jemandem, den sie kannten« befreundet ist, unterstützt Friedrichs Einreiseantrag, und so stellt die österreichische Botschaft in Prag gerade noch rechtzeitig die Einreisedokumente aus, um Friedrich die Deportation durch seine Landsleute zu ersparen.

»Bevor mein Vater abgereist ist, haben sich meine Eltern scheiden lassen. Das sei besser für Mutter und mich, haben sie gesagt. Ein deutscher Verwandter im Ausland sei ein Makel in Zeiten wie diesen. In Wirklichkeit haben sich meine Eltern in den vorangegangenen Monaten auseinander gelebt. Mutter hat unter Vaters unbedachten Aktionen gelitten. Vor allem hatte sie Angst, dass mir etwas zustoßen könnte, weil er so unvorsichtig war. Ich sollte endlich sein dürfen wie alle anderen und ein sorgenfreies Leben führen. Ich selbst war natürlich sehr traurig darüber, dass mein Vater abreisen musste, aber es war nicht so schlimm, wie manche Erfahrungen, die ich davor oder danach gemacht habe. Ich gab mich der Illusion hin, unsere Trennung sei nur vorläufig. Die politischen Verhältnisse würden sich ändern und Vater zurückkehren, vielleicht schon in ein paar Monaten oder in einem Jahr. Als wir Vater schließlich zum Bahnhof begleiteten, verhielten sich meine Eltern so, als würden wir uns alle bald wiedersehen. Ich bin ihnen bis heute dankbar dafür. Eine sentimentale Abschiedsszene mit Tränen und langen Umarmungen hätte ich nicht ertragen.«

18

Die Tschechoslowakei habe in den Jahren nach dem Krieg einem Menschen geglichen, der kurz vor einer schweren Erkältung steht, erzählt Renate: »Die Nase rinnt, der Kopf schmerzt, die Kräfte lassen nach, aber das Fieber ist noch nicht gestiegen. Der Mensch glaubt, den Prozess mit Aspirin oder Vitamin-C-Tabletten aufhalten zu können, oder er ignoriert die Krankheitssymptome, geht arbeiten und am Abend vielleicht sogar ins Kino, nur um am nächsten Morgen mit Schüttelfrost und einem bellenden Husten aufzuwachen.«

Die sowjetischen Truppen haben das Land schon 1945 wieder verlassen. Im Parlament in Prag sind mehrere Parteien vertreten. Es werden neue Gesetze diskutiert, Wahlen abgehalten und Koalitionen geschlossen, aber das Innenministerium, die Polizei, der Staatssicherheitsdienst, Teile der Armee und die bewaffneten Arbeitermilizen unterstehen längst der Kontrolle der Kommunistischen Partei, die sich weder sonderlich für Wahlen noch für demokratisch legitimierte Gesetze interessiert. Die endgültige Machtübernahme durch die Kommunisten im Februar 1948 wird auf wenig Wiederstand stoßen. Kurze Zeit später ist die Tschechoslowakei eine Diktatur nach sowjetischem Vorbild.

»Ich hatte Französisch als Freifach«, berichtet Renate. »Der Lehrer war antikommunistisch eingestellt. Jeder wusste das. Alle Schüler mochten ihn. Er konnte zwar nicht besonders gut unterrichten, war aber immer freundlich und erzählte interessante Geschichten aus seinem Leben. Eines Tages, kurz nach dem Februar 1948, hat er in der Klasse etwas Unvorsichtiges gesagt, ich glaube, dass Stalin ein Trottel sei oder etwas Ähnliches. Ein Schüler – wir haben nie erfahren, wer es war – hat ihn deshalb angezeigt. Der Lehrer wurde festgenommen und zu mehreren Jahren Gefängnis verurteilt. Daraufhin haben sich viele von uns demonstrativ vom Französischunterricht abgemeldet, und ich kann bis heute nicht gut Französisch.«

Renates Geschichtelehrerin ist schon zur Zeit der Monarchie Kommunistin gewesen. Jetzt erklärt sie den Schülern, die Entwicklung der Gesellschaft unterliege einer ökonomisch determinierten Zwangsläufigkeit. Der Spätkapitalismus münde im Faschismus. Dessen Überwindung führe zum Sozialismus und dieser wiederum zum Kommunismus. Wer sich dieser Entwicklung entgegenstelle, sei genauso zum Scheitern verurteilt wie jemand, der ein Naturgesetz, zum Beispiel die Schwerkraft, aufzuheben oder zu verbieten trachte.

Bei den Prüfungen gibt Renate jene Antworten, die von ihr erwartet werden. In Wirklichkeit jedoch hat sie eine starke Immunität gegen Ideologien entwickelt. Kommunistische oder andere Jugendorganisationen interessieren sie nicht. Statt des Gemeinschaftserlebnisses sucht sie die Zurückgezogenheit, macht längere Ausflüge mit dem Fahrrad oder Wanderungen am Fluss entlang. Ihrem Vater schreibt sie Briefe, meist jede Woche einen, manchmal sogar zwei. Sie berichtet über ihre Schulerfolge und betont jedes Mal, dass es ihr gut gehe und dass sie sich auf ein Wiedersehen freue.

Friedrichs Briefe sind weniger optimistisch. Sein Einkommen sei zwar ausreichend, die Arbeit jedoch langweilig. Viele Menschen würden den »heldenhaften Zeiten des Tausendjährigen Reiches« nachtrauern. Der Sieg über den Faschismus werde als »Zusammenbruch« bezeichnet, und in den Vereinen der vertriebenen Deutschen aus Böhmen und Mähren säßen größtenteils Nazis, Revanchisten, Juden- und Tschechenhasser. Ihre Hauptaufgabe sähen sie darin, die Geschichte der letzten Jahre umzuschreiben, um sich ausschließlich als Opfer und Unschuldslämmer darzustellen. Er selbst sei einmal bei einem Treffen seiner deutschen Landsleute dabei gewesen und habe versucht, mit ihnen zu diskutieren. Sie haben ihm das Hemd zerrissen und das Sakko ruiniert, und wenn er nicht rechtzeitig geflüchtet wäre, hätten sie ihm wohl noch Schlimmeres angetan.

»Dein Vater wird sich nie ändern«, seufzt Alena.

19

Bald nach Friedrichs Abreise bekommt Alena Besuch von der Geheimpolizei. Ob sie noch Kontakt zu ihrem Ex-Mann habe, wird sie gefragt.

»Selbstverständlich. Er ist der Vater meiner Tochter.«

»Dann müssen Sie uns erzählen, was der Inhalt Ihrer Korrespondenz ist.«

»Haben Sie das Recht danach zu fragen?«

»Wenn Verdacht auf Spionage besteht, dann schon.«

Es folgt ein längeres Verhör.

Nein, zu ihrem Schwager in Amerika habe sie keinen Kontakt, beteuert Alena. Nein, den Schwager in Deutschland habe sie seit dem Krieg weder gesehen noch habe er ihr geschrieben.

Man nennt ihr Namen, die sie nie gehört hat. Man lässt sie Gesprächsprotokolle und Erklärungen unterschreiben.

Bevor sie gehen, versprechen die Polizisten, »bald, sehr bald sogar« wiederzukommen.

»Schließlich konnte meine Mutter nur mehr wenig arbeiten, weil sie ständig zu Verhören abgeholt wurde oder weil die Geheimpolizisten in unsere Wohnung kamen. Es fanden mehrere Hausdurchsuchungen statt. Einige von Vaters Briefen wurden beschlagnahmt und außerdem mein letztes Zeugnis aus der deutschen Schule.«

Nach einiger Zeit werden die regelmäßigen Besuche der Beamten vom Staatssicherheitsdienst Teil des Alltags. Meistens versuchen sie Alena einzuschüchtern, drohen mit Gefängnis und Lagerhaft. Andere bemühen sich, korrekt zu erscheinen, formulieren ihre Fragen nüchtern und knapp. Zu einigen wenigen hingegen entwickelt Alena beinahe ein freundschaftliches Verhältnis.

»Ach Sie sind es, Herr Klíma. Kommen Sie herein. Wollen Sie einen Tee?«

»Gerne, Frau Reisnerová. Es tut mir Leid, dass ich Sie wieder einmal stören muss.«

»Wie geht es Ihrem Sohn, Herr Klíma? Ist er wieder gesund?«

»Er hat sich noch nicht ganz erholt. Unsere Wohnverhältnisse, Sie wissen ja ... Es sind schwere Zeiten für uns alle.«

»Wem sagen Sie das! Nun gut, worum geht es diesmal, Herr Klíma?«

»Uns ist da etwas aufgefallen, Frau Reisnerová. Also. Aus rein beruflicher Neugierde: Was wollten Sie in Prag? Sie waren doch letzte Woche in Prag, nicht wahr?«

Friedrich hat Geld nach Prag geschickt. Alena hat dort seinen Kontaktmann aufgesucht, der ihr die Hälfte des Geldes ausgehändigt hat. Die andere Hälfte soll sie später bekommen. Die Transaktion ist illegal, aber Alena braucht das Geld und möchte den Kontaktmann nicht gefährden. Deshalb erzählt sie etwas von einer alten Freundin, die sie angeblich besucht hat.

Herr Klíma runzelt die Stirn. »Erzählen Sie mir keine Märchen, Frau Reisnerová, sonst nimmt alles noch ein böses Ende. Das sage ich Ihnen in aller Freundschaft. Oder wollen Sie, dass Ihre Tochter, nachdem der Vater weg ist, bald auch ohne Mutter bleibt?«

Während der unter kommunistischer Kontrolle stehende Staatssicherheitsdienst Alena das Leben schwer macht, erweisen sich die Genossen in der KP-Zentrale zwei Stockwerke tiefer als gute Nachbarn. Die Funktionäre der Partei grüßen höflich, wenn sie Alena oder Renate im Stiegenhaus begegnen, und Herr Pavel, Chauffeur bei einem der lokalen

Kleinbonzen, hilft ihnen sogar dabei, den Gasherd, den sie mit Friedrichs Geld gekauft haben, in die Wohnung hinauf zu tragen.

Herr Pavel ist Anfang zwanzig, kräftig, fast zwei Meter groß und immer gut gelaunt. Mit seinem Lächeln scheint er alle Probleme der Welt hinwegstrahlen zu wollen.

»Einen wunderschönen guten Tag, Fräulein Reisnerová«, sagt er jedes Mal, wenn er Renate sieht, nimmt seine Mütze ab, verbeugt sich und strahlt.

»Aber es regnet in Strömen!«

»Das macht nichts, denn auch dieser Regen, glauben Sie mir, wird irgendwann aufhören. Das ist so sicher, wie das Amen im Gebet.«

Pavels Grinsen geht Renate auf die Nerven. In seiner Gegenwart versucht sie, so ernst wie möglich zu bleiben. Wenn er ihr etwas sagt, widerspricht sie. Lobt er ihr neues Kleid, findet sie es grauenhaft, macht er ihr ein Kompliment zu einer neuen Frisur, erwidert sie, jede Klobürste sehe hübscher aus. Die Haare lasse sie sich von ihrer Mutter schneiden. Einen Besuch im Frisiersalon könne sie sich nicht leisten.

»Merkst du denn nicht, dass er in dich verliebt ist?«, fragt Alena.

»Verliebt? In mich? Wieso sollte sich jemand in mich verlieben?«

Fortan bemüht sich Renate, keine längeren Gespräche mehr mit Pavel zu führen.

»Geschmeichelt hat es mir aber schon, dass mich jemand attraktiv findet«, erklärt Renate heute. »Ich selbst glaubte ja, hässlich, verklemmt und langweilig zu sein, jedenfalls völlig uninteressant für einen Mann. Es kam mir vor, als würden mich alle Burschen in der Schule ignorieren. Wenn jemand Interesse an mir zeigte, habe ich es nicht bemerkt. In Wirklichkeit war ich recht apart, aber ich habe jeden ausgelacht, der mir das gesagt hat. Und dann habe ich mir gedacht: O je, ich werde irgendwann einen Chauffeur heiraten. Etwas Besseres steht mir sowieso nicht zu.«

20

Er war der erste fortschrittlich denkende Mensch in Zeiten der Finsternis. Damals war jeder in seiner kleinen Welt eingeschlossen wie in einer Klausur. Jeder Hügel markierte das Ende der Welt. Jeder Marktplatz war der Mittelpunkt des Universums. Jeder Bäcker war stolz auf seinen wohlgenährten Bauch, und jeder Lehrer oder Pfaffe glaubte, seine Muttersprache sei schöner als alle anderen.

Renate achtet nicht mehr darauf, ob die Linien ihres Schriftzugs denselben Winkel haben und die Buchstaben von Zeile zu Zeile im Gleichschritt marschieren.

Er aber fügte zusammen und gab jedem sein Recht. Er schuf ein Königreich, in dem Tschechen, Deutsche und Juden gleichberechtigte Untertanen waren, und als er Kaiser wurde, freuten sich die Menschen im ganzen Reich. Er war ein Luxemburger, der Deutsch, Tschechisch, Latein und außerdem Französisch sprach, denn seine Jugend hatte er in Paris verbracht.

Renate hat vier Seiten geschrieben, bevor die Hälfte der Schulstunde um ist. Ihre Mitschüler rutschen nervös auf ihren Stühlen hin und her, werfen Hilfe suchende Blicke hinauf zu den Spinnweben an der Decke und kratzen sich mit ihren Stahlfedern langsam von Wort zu Wort. Renate hingegen spürt die Aufregung, die sich in ihrem Körper ausbreitet und vom Kopf hinabsinkt in den Bauch und weiter in die Beine. Wenn sie kein disziplinierter Mensch wäre, würde sie noch weitere zehn Seiten verfassen.

Er fühlte sich weder als Tscheche noch als Deutscher, sondern in erster Linie als Vater seiner Untertanen. Wut und Zorn waren ihm fremd. In seinem Land sollte die Bildung über den Stumpfsinn und die Vernunft über die Leidenschaften siegen. Deshalb gründete Karl IV. die Universität Prag, welche vor einigen Monaten den 600. Jahrestag ihres Bestehens gefeiert hat. Diese Universität war die erste im damaligen Deutschen Reich. Im Unterschied zu Italien oder Frankreich war bei uns zu jener Zeit nämlich noch tiefstes Mittelalter, das erst König Karl ein wenig zu erhellen vermochte. Übrigens gab Karl dem Deutschen Reich, zu dem das Königreich Böhmen damals gehörte, mit der Goldenen Bulle seine erste und einzige Verfassung. Er war ein weiser, gut aussehender König, der den Wein, den Frieden und die Frauen liebte. Auf die Pergamentblätter seines Tagebuchs schrieb er mit zitternder Hand die Namen der von ihm verehrten Damen, aber er zeichnete auch die großen Feldherren seiner Zeit mit Eselsohren und Affengesichtern und verfasste außerdem eine spannende Autobiographie, die heute noch lesenswert ist.

Renate ärgert sich. Sie hat zu spät bemerkt, dass in ihrem Satz der Frieden zwar noch vor den Frauen, aber erst nach dem Wein kommt. Aber es wäre unschön, die Zeile durchzustreichen. Das Aufsatzthema lautet *Karl IV. – ein großer tschechischer König*, eine wichtige Arbeit, die als Vorbereitung auf die Matura im Frühjahr gilt. Die Form zählt fast genauso viel wie der Inhalt. Tintenklekse, Korrekturen oder unnötige Schnörkel können einen Notenabzug bedeuten.

Einen Liter Wein am Tag haben erwachsene Männer im Mittelalter getrunken, weiß Renate aus einem Geschichtsbuch ihres Vaters und denkt, dass schon alles seine Richtigkeit hat – der Wein zuerst, dann der Frieden.

Er holte Deutsche und Juden ins Land, um Handel, Gewerbe und Kultur zu fördern und machte dadurch Böhmen zu einem fortschrittlichen Land. Als es nach der Pestepidemie im Jahre 1348 zu den großen Judenpogromen in Deutschland kam, unternahm Karl als Landesherr entschiedene Schritte zum Schutz der Verfolgten, so dass es zumindest in Luxemburg, Böhmen, Mähren und Schlesien nur vereizelt zu Übergriffen gegen Juden gekommen ist.

Renate liest ihren Text noch einmal durch. An einer Stelle fehlt ein »Háček«, an einer anderen ein »Kroužek«, der Kreis über dem Buchstaben »u«. Sie findet keine weiteren Fehler. Es ist kein Zufall, dass sie Klassenbeste ist. Ihr Notendurchschnitt ist so gut wie einst in der deutschen Schule. Es hat sie viel Mühe gekostet, die »Teutonismen« aus ihrer Sprache zu verbannen. Inzwischen ist ihr Tschechisch makellos. Den Lehrern zum Trotz liest Renate aber weiterhin deutsche Bücher. Manchmal lernt sie Sätze von Thomas Mann oder Lion Feuchtwanger auswendig, übersetzt sie ins Tschechische und flicht sie in ihre Aufsätze ein. Niemand durchschaut ihre Taktik. Die Tschechischlehrerin lobt ihren guten Stil, ihre gewagten Wortspiele und ungewöhnlichen Redewendungen. Sie ist großzügig und hat ihrer Schülerin die deutsche Herkunft verziehen. Nur noch selten spottet sie über Satzkonstruktionen, die sie angeblich an Leitartikel im *Völkischen Beobachter* erinnern.

Renate braucht ein Schlusswort.

Der große König ließ sich von niemandem etwas vorschreiben oder unter Druck setzen, schreibt sie. *Politische*

Parteien oder Ideologien gab es damals noch nicht, und Gerechtigkeit war kein leeres Wort.

Sie hätte es dabei bewenden lassen sollen, wird mir Renate später erklären. Was sie geschrieben hatte, war schon provokant genug gewesen. Aber bevor sie das Löschblatt über die Seite legt und das Tintenfass zuschraubt, fügt sie einen weiteren Satz hinzu: *Jene, die heute an seiner Stelle sind, werden nie sein Format erreichen.*

Nach dem Unterricht macht Renate beim Nachhausegehen einen Umweg durch den Stadtgarten, dorthin, wo am Ufer eines künstlichen Teichs ein Denkmal Karls des Vierten steht, ein typisches Produkt des ausgehenden 19. Jahrhunderts – der mittelalterliche König erinnert an einen kostümierten Schauspieler, der auf einer Provinzbühne zum Monolog ansetzt. Auf dem Sockel war früher eine Aufschrift in deutscher und tschechischer Sprache zu lesen: *Dem großen deutschen Kaiser und böhmischen König in dankbarer Erinnerung …* Im Frühjahr 1945 wurde der deutsche Text herausgemeißelt.

21

»Ich dachte, du seist ein gebranntes Kind«, sagt die Mutter, »und dann verhältst du dich dumm und naiv, so als wärst du irgendwo in der Schweiz oder in Kanada aufgewachsen.« Alena und Renate sind auf dem Weg zum Direktor.

»Als ob unser Leben nicht schwer genug wäre«, schimpft die Mutter.

»Ich hab' ja nichts getan«, murmelt die Tochter.

»Heutzutage ist weniger als nichts schon zuviel.«

Renate beginnt an den Fingernägeln zu knabbern. Die

Mutter schlägt ihr auf die Finger. »Hör auf, das klingt, als würdest du einen Mistkäfer nach dem anderen zertreten. Bist du eine junge Dame oder ein schlampiges Luder?«

»Ein schlampiges Luder, Mama.«

»Wenn's wenigstens wirklich so wäre! Aber du verbringst die ganze Zeit zu Hause, liest Bücher oder starrst in die Luft und presst die Knie zusammen wie eine alte Jungfer. Achtzehn Jahre alt und noch nie verliebt gewesen.«

»Und du hast dich von Papa scheiden lassen, Mama.«

Einige Stunden später sitzen Mutter und Tochter in ihrer Wohnung auf dem Sofa und lesen miteinander den Text, den ihnen der Direktor gegeben hat: fünf Seiten Schreibmaschinenschrift mit einem etwas unter den Zeilenrand verschobenen »e« und einem »i«, dem der Punkt fehlt.

»Jetzt, da seine Partei die ganze Macht an sich gerissen hat, könnte sie großzügig sein und ihm ein neues Gerät schenken«, murmelt Alena.

Der erste Satz lautet: *Ich bekenne mich schuldig*. In der letzten Zeile steht: *Ich werde mich bessern*.

»Die Schreibmaschine ist ihm egal«, meint Renate. »Auf solche Sachen hat er noch nie Wert gelegt. Hast du seine Krawatte gesehen?«

»Aber seit dem Putsch im Februar ist er trotzdem imposanter geworden«, erklärt Alena.

Der Direktor hat tatsächlich den asketischen Zug des Eiferers mit jenem des Potentaten vertauscht. Er trägt Anzug und Krawatte, und seit kurzem bedeckt ein Teppich mit rotschwarzem Karo-Muster den Parkettboden seines Büros. Auf dem Fensterbrett stehen Blumentöpfe, und an der Wand hängt eine Lithographie, auf der die Stadtpromenade von Jalta, das Meer und der schneebedeckte Gipfel des Aj-Petri abgebildet sind. Dagegen wirkt die Photographie von Lenin und Stalin recht unscheinbar. Auch in der Ausdrucksweise und im Tonfall ist er milder geworden. Er hat die ganze Zeit gelächelt und Alena zum Abschied sogar die Hand geküsst.

»Was geht mich irgendein König an, der schon lange tot ist«, ereifert sich Alena. »Die Nazis haben sich für ihn interessiert und jetzt die Kommunisten. Als würde es nicht ausreichen, die Lebenden zu misshandeln.«

»Je länger jemand tot ist, desto bedeutender wird er, hat Großvater einmal gesagt.«

»Du, sei still ... Wenn du scharfe Hunde sekkierst, brauchst du dich nicht zu wundern, dass sie beißen ... Glaubst du überhaupt daran, was du geschrieben hast? Dass es damals keine Parteien und Ideologien gegeben hat? Dass jene, die heute an seiner Stelle sind, nie sein Format erreichen werden? Den Hinweis auf die Judenpogrome hättest du dir ebenfalls sparen können. Die Leute wollen nicht ständig daran erinnert werden, wie sie vor ein paar Jahren weggeschaut haben, als man ihre Nachbarn abgeholt hat. Der Direktor nicht und die anderen im Lehrerkollegium auch nicht. Ich glaube, du solltest dich in einen netten Burschen deines Alters verlieben und nicht in einen, der vor sechshundert Jahren gestorben ist.«

Renate errötet und kehrt ihrer Mutter den Rücken zu. »Du warst auch nicht gerade vorsichtig«, murmelt sie. »Sagst dem Direktor ins Gesicht, er sei kleinlich und mache sich mit dieser Geschichte lächerlich.«

»Was soll ich machen. Ich bin allergisch auf dumme Menschen. Zuerst behauptet er, du seist naiv, sentimental und politisch unreif und eine Minute später, du seist hinterhältig und keine gute Patriotin, weil du behauptest, erst die Deutschen und Juden hätten aus Böhmen ein zivilisiertes Land gemacht.«

»Ich bin keine gute Patriotin.«

»Du bist nicht klug genug, um es dir leisten zu können, keine gute Patriotin zu sein.«

»Hast du gewusst, dass es in Luxemburg eine eigene Sprache gibt, das Luxemburgische?«, fragt Renate.

»Und ich dachte früher, Luxemburg sei ein Stadtteil von Prag.«

»Gibt es nicht einen Park in Paris, der so heißt?«

»Sei froh, dass alles so glimpflich verlaufen ist«, meint die Mutter. Dann steht sie auf, streichelt den Kopf der Tochter und umarmt sie.

Renate erzählt, sie habe mit dem Gedanken gespielt, den Text des Direktors zu zerreißen und einen eigenen zu verfassen. Aber sie erinnert sich an die Bemerkung ihrer Großmutter über die einfache Struktur der männlichen Psyche und beschließt, den Dingen ihren Lauf zu lassen.

»Für uns war natürlich alles todernst«, erklärt mir Renate, »obwohl mir die Absurdität des Ganzen bewusst war. Man stelle sich vor: Der Mann befielt mir, vor versammelter Klasse Selbstkritik zu üben, und drückt mir dabei einen fertigen Text in die Hand, von dem alle glauben sollen, ich hätte ihn selbst geschrieben. Wahrscheinlich hatte er mehr Angst als Mutter, und ich und wollte auf Nummer Sicher gehen. Hätte er auf diese Schularbeit überhaupt nicht reagiert, wäre er selbst in die Schusslinie geraten. Wer weiß, wem meine Lehrerin sonst noch von diesem Aufsatz erzählt hatte. Dabei war damals, im Herbst 1948, das Regime noch jung. Die großen Säuberungen hatten gerade erst begonnen. Ein oder zwei Jahre später hätten im Büro des Direktors bestimmt schon die Herren vom Staatssicherheitsdienst auf mich gewartet.«

So bekommt Karl der Vierte eine zweite Chance, sich in einen tschechischen Patrioten zu verwandeln.

»Ich stehe da und lese diesen Text. Rechts neben mir steht die Lehrerin, Frau Jonášová, links der Direktor. Jeder weiß sofort, dass ich den Text nicht geschrieben haben kann. Diese verschachtelten Sätze und hohlen Phrasen sind nicht mein Stil. Bla, bla, bla, sage ich laut und versuche meiner Stimme eine pathetische Note zu geben. Wenn schon, dann richtig. Ein bisschen bla, bla über Karl den Vierten, ein bisschen bla, bla über mich: Ich bekenne bla, bla, bla politisch unaufgeklärt, kindlich, sentimental und reaktionär zu sein. Kindlich und reaktionär. Wie passt das eigentlich zusammen? Ich verspreche, mich zu bessern bla, bla und bla, bla zu lernen im Geiste von bla, bla, bla, und meine bla Herkunft und die bla Vergangenheit ist der bla Gegenwart gewichen, in der wir alle wachsen und reifen müssen für die bla Zukunft. Wenn er das braucht, soll er sich darüber freuen, dass ich hier draußen stehe und mich zum Narren mache, denke ich. Die Schüler in der Klasse beginnen zu tuscheln und zu kichern. Ich aber lese weiter und betone jeden Satz, so als würde ich ein Gedicht vortragen und grinse dabei in einem fort. Mutter hat mir gesagt, ich solle mein Gesicht nicht verlieren, aber ich bin mir nicht sicher, ob ich überhaupt noch ein Gesicht habe. Dann, auf einmal, empfinde ich ein großes Gefühl von Freiheit. Man kann mich verletzen oder töten, aber man kann mich nicht demütigen, es sei denn, ich lasse es zu, denke ich. Wie soll mir jemand die Würde nehmen können, der selbst keine hat? Schließlich unterbricht mich der Direktor und sagt: ›Das reicht, Fräulein Reisnerová. Sie werden Ihre Verstocktheit und Ihren Hochmut noch bereuen.‹«

22

Im Frühjahr 1949 steht Renate kurz vor der Matura. Die Nachmittage nach dem Unterricht verbringt sie bei einer Schulkollegin. Sie bereiten die Schummelzettel für die schriftlichen Prüfungen vor. Ein kleines Stück Papier lässt sich leicht unter dem Ärmel verstecken. »Bei solchen Dingen habe ich Phantasie entwickelt«, erinnert sich Renate. »Ich bin ja schon geübt gewesen im Verbergen.«

Einmal kommt Renate nach Hause und sieht, dass die Wohnungstür offen steht. Im Wohnzimmer sind die Schubladen aus dem Schrank herausgezogen, der Inhalt auf den Boden geleert, die Matratzen von den Betten geworfen worden. Ist die Mama verrückt geworden?, denkt Renate. Mehr fällt ihr im ersten Augenblick nicht ein. Sie betrachtet einige Zeit die Kleidungsstücke, die auf dem Boden liegen, das schmiedeeiserne, rostige Bettgestell, ihre alten Schulhefte und Bücher. Sogar die Vorhänge sind heruntergerissen worden. Wozu das? Was kann man hinter den Vorhängen verstecken?

Jemand klopft leise an der Tür. Dann hört Renate Schritte. Pavel, der Chauffeur, kommt ins Zimmer, schaut sich verlegen um, senkt den Blick.

»Die Mama lässt Ihnen ausrichten, Fräulein, dass sie verhaftet worden ist. Sie sollen nicht traurig sein, hat Ihre Mama gesagt. Sie werden bald erfahren, wohin man sie gebracht hat.« Es tue ihm alles sehr Leid, betont er, und wenn er dem Fräulein irgendwie helfen könne, solle es sich an ihn wenden.

»Aber ich habe das nicht gleich getan«, erzählt Renate, »sondern bin zu Bekannten gelaufen. Das waren Kommunisten, ein Ehepaar, beide hatten Posten in der Stadtverwaltung. Ich habe sie angefleht, etwas für meine Mutter zu tun.«

Die Bekannten reagieren zurückhaltend. Der Mann verspricht, Erkundigungen über den Aufenthalt der Mutter einzuholen. Wenn sich Alena nichts zu Schulden habe kommen lassen, werde man sie wieder freilassen, erklärt er. Wenn das Volk regiere, sitze niemand unschuldig im Gefängnis.

Als der Mann gerade nicht im Zimmer ist, steckt die Frau Renate Geld zu. »Du brauchst es nicht zurückzugeben«, flüstert sie, »aber erzähl' bitte niemandem, dass du's von mir hast.«

Am nächsten Morgen erscheint in der lokalen Tageszeitung ein Artikel über Renates Mutter. Die Überschrift lautet: *Spionin verhaftet! Das Haus voller Pelze.*

»Meine Mutter hatte einen einzigen Pelz aus Kaninchenfell. So gut ist es uns nicht gegangen, dass sie sich einen Persianer oder andere Pelze hätte leisten können. Sie war zwar immer schön angezogen, sogar auffallend schön, aber sie hatte von Haus aus gelernt, dass man nicht zu viel Geld in Fetzen investieren soll.«

Eine Spionin für eine Reihe kapitalistischer, fortschrittsfeindlicher Staaten, heißt es, *ist gestern festgenommen worden. In ihrer Wohnung wurden subversives Material und teure Schmuggelware, darunter mehrere Zobelpelze, sichergestellt …*

Einige Zeilen weiter steht: *Der Ehemann von Alena R., ein Halbdeutscher und der Bruder einer ehemaligen lokalen Nazigröße, hat sich schon 1946 nach Österreich abgesetzt. Trotz »Scheidung« stehen die Eheleute weiterhin in engem Brief- und Geschäftskontakt …*

Der letzte Satz des Artikels lautet: *Der Wachsamkeit un-*

serer Sicherheitskräfte ist es zu verdanken, dass Schädlinge und profitgierige Kriminelle wie Alena R. nun endgültig und ein für alle Mal aus dem Verkehr gezogen werden.

In der Schule wird Renate gefragt, ob es sich bei Alena R. um ihre Mutter handelt. »Ja«, sagt Renate. »Natürlich ist das meine Mama, das wisst ihr doch, und ihr wisst genauso, dass alles, was über sie geschrieben wurde, nur Lügen sind.«

Einige Mädchen aus der Klasse suchen nach tröstenden Worten. Andere, die Klügeren, lassen Renate in Ruhe. Auch die Lehrer erwähnen den Artikel mit keinem Wort.

»Ich bin in diesen Tagen in die Schule gegangen«, erzählt Renate. »Zu Hause hätte ich es nicht ausgehalten. In der Nacht konnte ich kaum schlafen. Ständig glaubte ich, im Vorzimmer Schritte zu hören. Einmal dachte ich, die Mama sei zurückgekommen, dann wieder, die Polizei sei da, um auch mich zu holen. In der Wohnung fühlte ich mich krank, so als hätte ich vierzig Grad Fieber. Nicht einmal die Kleidungsstücke hatte ich aufgeräumt. Sie lagen immer noch überall auf dem Boden.«

23

Das Lager besteht aus einem Dutzend Baracken. Es liegt außerhalb der Stadt auf einem Hügel im freien Gelände. Kein Dorf ist in der Nähe, nicht einmal eine Hütte, nur Wiesen und eine asphaltierte Straße. Von der Bushaltestelle muss man eineinhalb Stunden zu Fuß gehen, um zum Tor zu gelangen. Die Beobachtungsposten auf den Wachtürmen sehen jede Bewegung im Umkreis von drei Kilometern.

Zweimal wartet Renate stundenlang in der Verwaltungsbaracke, um dann doch wieder weggeschickt zu werden.

»Die Gefangene Alena Reisnerová darf keine Besucher empfangen«, wird gesagt. »Anweisung von oben.«

Oder schlicht: »Kommen Sie ein anderes Mal wieder.«

»Aber ich habe eine Besuchserlaubnis.«

»Gehen Sie, gehen Sie, Fräulein, Ihre Besuchserlaubnis ist auch nächste Woche noch gültig.« Die Stimme ist ruhig, der Ton freundlich, nicht einmal spöttisch. Das macht alles noch schlimmer.

»Als ich das dritte Mal dort war, haben sie mir endlich erlaubt, meine Mutter zu sehen. Man hat mich in einen dunklen Raum geführt, der durch ein Gitter in zwei Teile getrennt war. Ich durfte die Mama nicht einmal berühren. Es war ein Wärter dabei, der mich jedes Mal angeschrien hat, wenn ich die Hände durch die Gitterstäbe nach ihr ausgestreckt habe. Außerdem hat er unser Gespräch mitstenographiert. Meine Mutter sah furchbar aus. Sie hat aber die ganze Zeit beteuert, es gehe ihr gut, ich brauche mir keine Sorgen zu machen. Erst später habe ich erfahren, dass sie von den Wärtern belästigt worden war, aber es ist ihr gelungen, das Schlimmste zu verhindern. Sie hat sich gewehrt, bis ein Ranghöherer, ein Offizier, eingeschritten ist. Meine Mutter war damals Mitte vierzig, aber immer noch eine attraktive Frau. Sogar kurz von ihrem Tod mit fünfundneunzig Jahren hätte man meinen können, sie sei gerade erst in Pension gegangen.«

Nachdem Renate ihre Mutter im Lager gesehen hat, räumt sie die Wohnung auf, zieht ihr schönstes Kleid an, trägt Schminke und Lippenstift auf, schlüpft in Mutters Schuhe, deren Absätze so hoch sind, dass die Zehen schmerzen und das Gehen einem Balanceakt gleicht. Sie schaut in den Spiegel und erschrickt. Sogar ihre Augen haben plötzlich einen vulgären Glanz bekommen. Schnell zieht sie das

Kleid wieder aus und wischt die Schminke und den Lippenstift aus dem Gesicht.

Renates hässlichste Bluse ist dunkelbraun, hat Mottenlöcher und einen eingerissenen Kragen. Der Rock ist aus grauem Sackleinen. Er macht sie zehn Jahre älter. In dieser Verkleidung gleicht sie einer jener Bettlerinnen, die auf dem Marktplatz die Passanten am Ärmel fassen und Kleingeld fordern. Zu armselig!, denkt sie. Damit erwecke ich nicht Mitleid, sondern Abscheu. Noch habe ich meine Würde oder zumindest Reste davon.

Abermals wechselt sie die Kleidung. In ihrem Alltagsgewand ist sie wieder sie selbst.

Herr Pavel ist nicht in der Parteizentrale. Er chauffiere seinen Chef gerade in der Gegend herum, erklärt Fräulein Katzová – in einer Person Vorzimmerdame, Sekretärin und das Hirn der Partei. Renate weiß, dass Fräulein Katzová Pavels Chef und den anderen Kleinbonzen der Stadt die Reden schreibt. Genosse Dostál, Pavels Chef, sei früher Straßenbahnschaffner gewesen, erzählt Fräulein Katzová. Nun lasse er sich jeden Meter mit dem Auto kutschieren. In den letzten zwei Jahren habe er zehn Kilo zugenommen. Er selbst behaupte, dies sei die Verantwortung, die auf seinen Schultern laste und ihn nach unten und somit in die Breite drücke.

Fräulein Katzová darf sich Freiheiten herausnehmen. Normalerweise wäre der Preis für ihre Bonmots in Zuchthausjahren zu berechnen, aber das Ansehen der Partei würde großen Schaden nehmen, wenn sich die Genossen ihre Reden selber schreiben müssten. Erst 1952, im Zuge der großen parteiinternen Säuberungen, denen der Generalsekretär der Partei Rudolf Slánský, ein Jude, und viele andere »trotzkistisch-zionistisch-titoistische, bürgerlichnationalistische Verräter und Feinde des tschechoslowakischen Volkes, der volksdemokratischen Ordnung und des Sozialismus«, viele von ihnen ebenfalls Juden, zum Opfer fallen werden, wird man schließlich auch sie festnehmen, des Zionismus anklagen und für mehrere Jahre ins Gefängnis sperren.

An diesem Tag erzählt Renate Fräulein Katzová nichts von ihren Problemen. »Diese Frau hat mich nie gegrüßt, wenn wir uns im Stiegenhaus begegnet sind«, erklärt sie mir, »es schien, als sei meine Jugend für sie eine Provokation. Sie war Anfang fünfzig, wahrscheinlich eine alte Jungfer, und lebte mit ihrem alten Vater zusammen. Während des Krieges waren die beiden im Exil, in Mexiko, Argentinien oder in einem anderen lateinamerikanischen Land. Dort ist sie jedenfalls zur Kommunistin geworden.«

Renate wartet auf Pavel. Wenn er ihrer Mutter hilft, ist sie zu allem bereit. Inzwischen weiß sie, wie sehr er sie begehrt. Sie wird sich Mühe geben, ihn nicht zu enttäuschen. Sie versucht, sich vorzustellen, wie das sein wird. In ihrer Phantasie hat er kein Gesicht und keine Hände. In ihrer Phantasie ist er geruchlos, und die Farbe seines Haars ist nicht mehr blond, sondern schimmert rötlich.

24

Einige Tage später, an einem Sonntag, sitzen Pavel und Fräulein Katzová im Wohnzimmer der Reisners. Renate hat Kaffee gekocht. Den Kuchen – »eine Art Sachertorte, jedenfalls ein Schokoladekuchen« – haben die Gäste mitgebracht.

»Übrigens habe ich auch einen Kaninchenpelz«, sagt Fräulein Katzová. »Für mich mit Milch und Zucker.«

»Ein Glas Wasser bitte, ich trinke keinen Kaffee«, sagt Pavel. »Mir scheint, dass nichts von dem, was Frau Reisnerová vorgeworfen wird, bewiesen werden kann.«

»Halten wir uns nicht mit Nebensächlichkeiten auf«, meint Fräulein Katzová. »Wichtiger ist, dass der Kontakt zum Vorgesetzten des Genossen, der die Untersuchung leitet, so schnell wie möglich hergestellt wird.«

»Wem sagen Sie das, Fräulein Katzová«, seufzt Pavel. »In der Protektoratszeit war ich einmal wegen Schwarzhandels eingesperrt. Jeder Tag im Gefängnis zählt wie ein Monat in Freiheit.«

»Genau das meine ich.«

»Vielleicht sollte Renata der Partei beitreten. Sie könnten einen Antrag von ihr rückdatieren, auf einen Zeitpunkt vor der Verhaftung, damit die Absicht hinter dem Beitritt nicht zu offensichtlich ist.«

»Machen Sie Witze, Pavel?«

»Es wäre auch möglich, sie einer der Blockparteien beitreten zu lassen, weil …«

»Lieber Pavel«, unterbricht ihn Fräulein Katzová, »ich schätze Sie sehr, aber ich glaube, es ist besser, wenn Sie das Denken mir überlassen. Konzentrieren Sie sich lieber auf Sachen, von denen Sie etwas verstehen. Die Straßenverkehrsordnung zum Beispiel.«

»Schon gut«, brummt Pavel, trinkt einen Schluck Wasser und beginnt, den Kuchen zu essen.

Renate hört schweigend zu. Sie ist froh, dass die beiden ihr keine weiteren Fragen stellen.

»Eines kann ich nicht verstehen«, meint Pavel, als er mit seinem Stück Kuchen fertig ist, »Spionage, Kontrabande, faschistische Gesinnung, ein Ehemann im Ausland, in Ordnung, aber warum Monarchismus? Warum die Wiedereinsetzung des Hauses Habsburg? Ein Habsburger als tschechoslowakischer König. Das ist doch absurd.«

Fräulein Katzová lacht. »Der Herr Untersuchungsleiter hat bei der Anklageschrift eindeutig übers Ziel geschossen. Eine Verehrerin von Kaiser Karl soll die Festgenommene sein. Ausgerechnet Kaiser Karl! Franz Josef oder Maria Theresia – meinetwegen. Aber Kaiser Karl? Dieser Versager. Wer soll sich für den schon begeistern?«

»Was ist mit Ihnen los, Renata?«, fragt Pavel. »Sie sind ja auf einmal schneeweiß.« Renate ringt nach Luft.

»Sie haben zu wenig geschlafen. Nehmen Sie Schlaftabletten, sonst kippen Sie das nächste Mal wirklich um«, meint Fräulein Katzová.

»Es geht schon«, flüstert Renate und trinkt ein Glas Wasser. Sie kann wieder atmen.

»Es ist alles meine Schuld, habe ich in diesem Augenblick gedacht«, erzählt sie. »Hätte ich den dummen Schulaufsatz nicht geschrieben, hätte meine Mutter nicht mit dem Direktor gestritten, hätte ich mich später in der Klasse nicht so provokant verhalten … Aber dass der Direktor alles der Staatssicherheit meldet und man dort Karl den Vierten aus dem 14. Jahrhundert mit dem letzten Habsburgerkaiser verwechselt … Ich glaube, der Untersuchungsleiter hat sich bewusst einen bösen Scherz erlaubt … Andererseits wäre Mama so oder so verhaftet worden. Jeder der anderen Anklagepunkte allein hätte für die Höchststrafe gereicht … Das alles ist mir in Sekundenschnelle durch den Kopf gegangen, aber in diesem kurzen Augenblick, als ich überzeugt war, dass Mama alles nur meinetwegen durchmachen müsse, wollte ich sterben.«

Währenddessen sprechen Fräulein Katzová und Pavel wieder über den Untersuchungsleiter, der ihrer Meinung nach eindeutig den Bogen überspannt hat. »Wenn's nicht tragisch wäre, dann wär's beinahe witzig«, bemerkt Fräulein Katzová. »Eine Anhängerin der Habsburger, Spionin für Amerika und Faschistin, und das alles gleichzeitig. Keine Frage: Man muss unsere Führungskräfte in Geschichte und politischer Bildung besser schulen. Ich werde das anregen.«

Eine Woche später wird das Verfahren gegen Alena Reisnerová eingestellt. Sie wird aus der Haft entlassen und erhält für die im Lager verbrachte Zeit eine kleine Entschädigung. Die konfiszierten Briefe und Dokumente werden ihr retourniert. Nur den Kaninchenpelz bekommt sie nie mehr zurück. Fortan lässt die Geheimpolizei Alena in Ruhe. Friedrichs Briefe werden allerdings weiterhin von der Zensurbehörde kontrolliert. Alena glaubt das an der Art, wie sie zugeklebt sind, zu erkennen.

»Ich bin mir nicht sicher, ob ich mit Pavel wirklich ins Bett gegangen wäre, wenn er es von mir verlangt hätte«, sagt Renate. »Aber die einzige Vertraulichkeit, die er sich mir gegenüber erlaubt hat, war eine Umarmung, als wir erfahren haben, dass Mama frei kommt, und ein Kuss auf die Stirn. Außerdem hat er nicht mehr Fräulein Reisnerová, sondern Renata zu mir gesagt, aber auch nur, weil ich ihn darum gebeten hatte. Nach der Matura bin ich zum Studium nach Prag gegangen. Mutter ist in eine andere Wohnung gezogen. Der Kontakt zu Pavel ist abgebrochen. Ich weiß nicht, was aus ihm geworden ist, nachdem Fräulein Katzová und kurze Zeit später auch sein Chef verhaftet wurden.«

25

Die Fünfzigerjahre sind in Renates Erinnerungen ein kurzer Abriss. Sie betont, ihr Leben habe sich nicht wesentlich von dem Hunderttausender anderer im »real existierenden Sozialismus« unterschieden.

»Meine Mutter hat im Gefängnis Furchtbares erleben müssen, und es war nicht auszuschließen, dass sie irgendwann wieder verhaftet wird. Dennoch war sie nicht bereit zu emigrieren«, erzählt Renate. »Ich wiederum konnte Mutter nicht alleine lassen. Außerdem waren die Grenzen schon geschlossen. Erst Jahre später durfte ich meinen Vater in Wien besuchen.«

Renate beschließt, an der Karlsuniversität in Prag Anglistik zu studieren. Englisch hat sie zwei Jahre lang an der deutschen Oberschule gelernt. Die Sprache des Feindes müsse man kennen, wurde den Schülerinnen damals erklärt.

Im Studentenheim wohnt Renate mit drei anderen Mädchen in einer winzigen Kammer, nimmt die Mahlzeiten in der Universitätskantine ein und geht früh schlafen. So hat sie sich das Studentenleben als junges Mädchen nicht vorgestellt. Für Kaffeehäuser, Restaurants oder das Prager Nachtleben hat sie weder Zeit noch Geld. Bald muss sie das Studium ohnehin abbrechen. Nach wenigen Wochen wird sie exmatrikuliert. Ihr Vater lebt im Westen, er ist deutscher Herkunft und unter dem alten Regime Unternehmer gewesen. Drei Gründe, nicht studieren zu dürfen. »Ich war nicht überrascht«, sagt Renate. »Ich hatte eine solche Angst gehabt, dass so etwas passieren könnte, dass ich fast erleichtert war, als es dann wirklich passiert ist.« Renate meldet sich in einer Sprachschule an, muss aber auch diese Ausbildung abbrechen, als ihr familiärer Hintergrund bekannt wird. Im Frühjahr 1950 kehrt sie in ihre Geburtsstadt zurück.

Zuerst arbeitet Renate als Kalkulationsassistentin in einem großen Kombinat zur Herstellung alkoholischer Getränke. Seit dieser Zeit trinkt sie keinen Alkohol mehr außer Wein – das einzige Getränk, das im Kombinat nicht hergestellt wurde. Einige Monate später wechselt sie in die Dokumentationsabteilung eines »Staatlichen Projektierungsbüros«, eines großen Unternehmens, in dem Projekte für den Grubenbau ausgearbeitet werden. Der Betrieb ist in einem sechsstöckigen Gebäude untergebracht und beschäftigt achthundert Angestellte. Renates Aufgabe besteht darin, ausländische, vor allem südafrikanische Zeitschriften zu lesen, zu übersetzen und zusammenzufassen. In Südafrika wird zwar Gold abgebaut, doch die technischen und maschinenbaulichen Informationen aus diesem Land sind auch für die tschechischen Kohlebergwerke interessant. Aber nur »sehr verlässliche Personen« dürfen im Planungsbüro arbeiten, insbesondere wenn sie Zugang zu Material aus dem Westen haben. Bald hat Renate »wieder die Polizei am Hals«.

»Sie haben mich einige Male in die Kaderabteilung gerufen und ausgefragt, aber nichts Verdächtiges aus mir herausbekommen. Ich war schon routiniert. Ich könnte ein Buch schreiben mit dem Titel: *Wenn die Geheimpolizei vor der Tür steht. Tipps und Strategien.* Meine Großmutter hatte Recht. Das männliche Verhalten kann brutal sein, aber es ist meist vorhersehbar, und totalitäre Regime werden immer von Männern geführt. Männer geben die Ideologien und die Strukturen vor, auch wenn viele Frauen Symphatisantinnen und Handlanger sind. Gepiesackt hat man mich damals jedenfalls schrecklich.«

Die Leiterin der Dokumentationsabteilung setzt sich für Renate ein. Sie ist Kommunistin seit ihrer frühen Jugend, war während des Krieges im Widerstand, wurde von der Gestapo verhaftet und verbrachte mehrere Jahre in einem Gefängnis in Breslau. In den Jahren nach 1945 hat sie von ihrer Partei und vom tschechoslowakischen Staat mehrere Auszeichnungen für ihren Kampf gegen den Faschismus erhalten. Das ist wohl der Grund, warum sie in den Fünfzigerjahren immer noch eine leitende Position innehat, obwohl alle wissen, was sie von den Verhältnissen in ihrem Heimatland hält. 1968 wird sie Dubček und seine Idee vom Sozialismus mit menschlichem Antlitz unterstützen und nach der Zerschlagung des Prager Frühlings in die Schweiz flüchten.

»Lass dich bei diesen Menschen auf nichts ein!«, sagt sie zu Renate. »Schau, dass du aus dem Ganzen irgendwie herauskommst!«

Eines Tages wird Renate nach der Arbeit von zwei Beamten abgeholt. Die beiden Herren sind höflich. Sie helfen Renate sogar in den Mantel. Danach geht es mit dem schwarzen Dienstwagen in die Innenstadt, aber nicht zur Zentrale des Staatssicherheitsdienstes, sondern zu einem teuren Restaurant, wo schon – in einer Ecke und in einiger Entfernung von den anderen Gästen – ein Tisch reserviert ist. Das ist so ungewöhnlich, dass Renate ihre ganze Routine im Umgang mit dieser Behörde aufbieten muss, um ihre Nervosität zu verbergen. Hätte man sie in einen dunklen Verhörraum gebracht, hätte sie das weniger geängstigt. Der Kellner habe etwas verhärmt gewirkt, erinnert sich Renate. Sie weiß noch, dass er Václav geheißen habe und ein »Ober der alten Schule« gewesen sei, der sehr elegant serviert und sich vor allem sehr elegant verbeugt habe und dass ihre beiden Begleiter ihm zugezwinkert und gemeint haben, er solle doch »etwas aus dem Speziallager organisieren«. Das Essen ist tatsächlich besser als das, was einem in der realsozialistischen Tschechoslowakei dieser Zeit normalerweise zugemutet wird. Das Gemüse riecht nicht, wie in anderen Lokalen, nach Abfall, das Fleisch besteht aus Fleisch und nicht aus Knochen und Sehnen, und sogar der Wein stammt aus guten alten Zeiten – ein Beaujolais Jahrgang 1937.

Den Grund des Gesprächs erfährt Renate erst, als die Nachspeise – Marmeladepalatschinken mit Schlagobers – serviert wird. Solche Köstlichkeiten werde sie bald jeden Tag essen können, verkünden ihre beiden Begleiter.

»Das ist aber lieb, dass Sie für mich eine Gehaltserhöhung durchgesetzt haben«, sagt Renate.

»Es ist viel besser: Wir lassen Sie nach Wien zu Ihrem Vater. Alles ist schon arrangiert«, erklärt einer der Beamten.

»Ich habe gehört, dass Sie Klavierstunden nehmen«, bemerkt der andere.

»Ja …«

»Wir schenken Ihnen ein Klavier. Das können Sie nach Wien mitnehmen.«

»Oh!«

»Ein paar Kleinigkeiten müssten Sie für uns natürlich schon tun …«

»Aha.«

Renate soll Nachrichten übermitteln oder weiterleiten. »Das ist alles kein Problem, Sie brauchen dafür keine besondere Schulung, und viel Zeit wird es nicht in Anspruch nehmen«, heißt es. »Eines nur noch: Ihre Mutter muss leider hier bleiben. Sozusagen als Garantie. Aber sie will ja sowieso nicht weg, insofern ist das Ganze natürlich reine Formsache.«

Unglaublich, wie sich alles wiederholt, denkt Renate. Vor zehn Jahren hat die Gestapo versucht, meinen Vater anzuwerben. Sie überlegt fieberhaft, was sie tun soll.

Renate bestellt eine weitere Palatschinke, trinkt einen Kaffee und danach noch ein Glas Rotwein und sagt schließlich: »Ich kann nicht nach Wien, ich heirate.«

»Ein halbes Jahr später habe ich tatsächlich geheiratet«, erzählt sie. »Die Ehe war nicht glücklich. Doch mit der Heirat bin ich aus dem Schlamassel wieder herausgekommen. Ich habe gesagt, ich wolle eine Familie gründen und meine Kinder zu Hause, in der Tschechoslowakei, auf die Welt bringen.«

26

Renate bringt eine Tochter zur Welt, lässt sich einige Jahre später scheiden und nimmt ihren alten Namen wieder an. Über ihre Ehe sagt sie nicht viel – es sei die banale Geschichte einer kurzen Verliebtheit, einer schnellen Entfremdung, der Krise und der gegenseitigen Schuldzuweisungen gewesen. Millionen von Menschen würden dasselbe erleben, meint sie. Daran sei nichts interessant oder berichtenswert. »Hier und auch bei einigen meiner späteren Beziehungen war, wie mir scheint, eine Art Selbstzerstörungsmechanismus am Werk, vielleicht weil ich soviel Ablehnung erlebt habe, dass ich mich selbst abgelehnt habe. Erst später, in Wien, war ich mit mir selbst so weit versöhnt, dass ich eine dauerhafte Beziehung eingehen konnte. Ich habe in den Achtzigerjahren ein zweites Mal geheiratet, und diese Ehe ist glücklich gewesen.«

Nachdem die Geheimpolizei sie in Ruhe gelassen hat,

kann Renate endlich ein normales Leben führen. Ihr Mann, ebenfalls im Planungsbüro angestellt, verdient gut. Die Familie bezieht eine Wohnung mit großer Küche, eigenem Badezimmer und WC in einem modernen Wohnhaus am Stadtrand. Dort darf Renate mit Monika, ihrer Tochter, auch nach der Scheidung bleiben. Ihr Ex-Ehemann übersiedelt nach Brünn. Alles in allem sei es keine schlechte Zeit für sie gewesen, meint Renate. Als wirklich unangenehm sind ihr außer ihren privaten Problemen nur die »Kadergespräche« in Erinnerung geblieben, zu denen sie mindestens einmal im Jahr gerufen wird. Man wirft ihr vor, nicht engagiert genug zu sein und politische Versammlungen zu meiden. Der zuständige Aktivist im Betrieb kennt Renate von früher. Er ist ein ehemaliger Mitschüler. Die »Vorzugsschülerin« solle doch beweisen, dass die Ausbildung, die ihr der Staat geschenkt habe, nicht umsonst gewesen sei, erklärt er jedes Mal hämisch. Diesmal hat Renate eine gute Ausrede parat. Eine allein stehende Mutter könne keine Funktionen in der Gewerkschaft übernehmen oder sich stundenlange Vorträge über die Diskriminierung der Schwarzen in den USA, den Kampf des palästinensischen Volkes oder die kubanische Revolution anhören. »Das war nicht gelogen. Die Karenzzeit betrug damals drei Monate, und bald hatte ich unter der Dreifachbelastung als geschiedene und berufstätige Mutter zu leiden.«

Seit Mitte der Fünfzigerjahre darf Renate ihren Vater in Wien besuchen. Onkel Franz ist inzwischen gestorben. Auch der Schwager seiner ehemaligen Lebensgefährtin ist nicht mehr am Leben, und sein Freund, der Beamte, der einst Friedrichs Einwanderungsantrag unterstützt hat, ist längst in Pension. Friedrich hat niemanden mehr, der ihn protegiert, aber seine Stelle in der Elektronikfirma hat er behalten können. Zu mehr als dem unbedeutenden Posten eines stellvertretenden Sachbearbeiters in der Buchhaltung hat es der einstige Unternehmer jedoch nicht gebracht. Aber Friedrich meint, es sei ihm in seinem Leben ohnehin nie um Geld oder Karriere gegangen.

»Alle zwei Jahre bin ich zu ihm gefahren, aber auch nur, weil ich im Ministerium gebettelt und geweint habe – von einer Tür raus, zur anderen rein. Und – das können sich die Leute heute nicht mehr vorstellen – ich bin etliche Male mit dem Chopin-Express gefahren und war der einzige Passagier im ganzen Zug. Der Schaffner hat sich zu mir gesetzt, denn ich habe gezittert, und er hat versucht, mich zu beruhigen. Ich hatte Angst vor den Grenzkontrollen. Nach der Grenze hat sich dann der österreichische Schaffner zu mir gesetzt.«

Renate erzählt von unangenehmen Zöllnern, die alle Koffer ausleeren und nach doppelten Böden suchen oder Bücher auf Deutsch konfiszieren. Es habe aber auch »lustige Grenzübertrittsgeschichten« gegeben. Einmal möchte sie Nylonstrümpfe für ihre Freundinnen ins Land schmuggeln. Sie kauft vier Paar, überlegt, wie sie die Strümpfe über die Grenze bringen soll, und beschließt, sie anzuziehen. Glücklicherweise ist es Winter.

Strümpfe haben damals noch Nähte. Renate merkt zu spät, dass diese nicht genau übereinander liegen. An der Grenze brüllt sie der Zöllner an. »Wieviele Nylonstrümpfe haben Sie mit?«, fragt er. »Nur die, die ich anhabe«, antwortet sie. Sie muss den Rock hochheben, sie muss sich drehen, sie muss sich anschauen lassen und die Strümpfe ausziehen. »Hübsche Beine haben Sie«, bemerkt der Zöllner.

Das halbe Leben müsse man sich durch lustige Geschichten dieser Art durcharbeiten, meint Renate.

1966 liegt Friedrich im Krankenhaus. Er hat schon zuvor gekränkelt. Unter Vorlage der Bestätigungen über seinen Krankheitszustand bekommt Renate ein Visum, obwohl ihr letzter Besuch in Wien erst wenige Monate zurück liegt. Sechs Wochen ist das neue Visum gültig. Nach Ablauf dieser Frist sucht Renate um einen Auswanderungspass an. In ihrer Begründung führt sie an, dass ihr Vater jemanden brauche, der ihn pflegt. Das könne sie beweisen. Außerdem will sie, dass es Monika im Leben besser hat als sie. Wenigstens die Tochter soll in keiner Diktatur leben müssen. Seit Jahren spielt Renate mit dem Gedanken, auszuwandern. Sie hat lange gezögert. Nun zwingt sie Vaters Krankheit zur Entscheidung.

»Schweren Herzens beschloss ich, meine Mutter allein in der Tschechoslowakei zurückzulassen«, berichtet Renate. »Aber Mutter hat mich verstanden und hatte nichts gegen meine Ausreise einzuwenden. Sie habe eine Rente, die zum Leben reiche, hat sie gesagt, und benötige keine Hilfe. Der Auswanderungspass hat mich viel Geld gekostet, doch schließlich haben mir die Behörden erlaubt, meinen Wohnort nach Wien zu verlegen. So bin ich offiziell ausgewandert, musste weder flüchten noch um Asyl ansuchen und konnte somit regelmäßig meine Mutter besuchen. Bis 1973 bin ich tschechoslowakische Staatsbürgerin geblieben.«

27

In Wien stellt Friedrich der Tochter und der Enkelin den Großteil seiner Wohnung zur Verfügung. Er selbst zieht sich in ein kleines Zimmer, das so genannte Kabinett, zurück.

»Ein kranker Mann meines Alters braucht nicht mehr«,

meint er. »Ältere Menschen sollten bescheiden sein. Sie haben ihr Leben gelebt, die Jüngeren noch nicht. Mein Leben geht jedenfalls zu Ende.« Renate widerspricht, erinnert Vater an seinen Idealismus und die Leidenschaft, mit der er einst Pläne für eine bessere Welt geschmiedet hat. Friedrich lacht. »Weißt du«, erwidert er bitter, »in Wien wird der Idealismus als ein Fall für die Psychiatrie angesehen, und wenn man hier lange genug gelebt hat, beginnt man auch wirklich daran zu glauben.«

Bald stellt Renate fest, dass ihr Vater nur oberflächlich betrachtet resigniert hat. Er spricht immer noch stundenlang über die Verbindung von Religion und Sozialismus, macht Exzerpte aus Büchern und Zeitschriften und schreibt Artikel für die *Arbeiterzeitung*, von denen kein einziger jemals veröffentlicht wird. Die Redaktion schickt ihm in regelmäßigen Abständen höfliche Briefe, die alle mit den Worten: *Sehr geehrter Herr Reisner, wir bedauern, Ihnen mitteilen zu müssen …* beginnen. Renate wundert das nicht. Friedrichs Artikel seien für die damalige Zeit alle ziemlich radikal gewesen. So habe er zum Beispiel behauptet, es gäbe in Österreich Tausende ehemalige Nazis, die nach dem Krieg zu Sozialdemokraten mutiert seien, eigentlich aber vor Gericht gestellt gehörten, der 8. Mai müsse zum Nationalfeiertag erklärt und die Freiheitliche Partei verboten werden. Kein Wunder, dass seine Artikel nicht einmal als Leserbriefe erscheinen.

»Monika hat ihren Großvater sehr gemocht«, erzählt Renate, »aber wenn er zu seinen Monologen ansetzte oder in Erinnerungen schwelgte, ist sie immer aus dem Zimmer gegangen. Sie habe als Schülerin in der Tschechoslowakei schon zu viele hohle Phrasen gehört, hat sie gemeint. Dabei war vieles, was Vater sagte, gar nicht so dumm, nur konnte sie das als Jugendliche noch nicht erkennen und hatte außerdem andere Dinge im Kopf.«

Friedrich verbringt noch ein paar schöne Jahre mit Tochter und Enkelin. Er stirbt in der Silvesternacht 1970 wenige Stunden vor seinem siebzigsten Geburtstag an den Folgen eines Schlaganfalls.

28

An ihre ersten Jahre in Österreich erinnert sich Renate gerne zurück. Aufgrund ihrer Sprachkenntnisse findet sie Arbeit in einem mittelgroßen Handelsunternehmen, das Berg- und Wanderschuhe ins Ausland verkauft. Die Tochter schickt sie ins Wiener tschechische Gymnasium. Sie findet neue Freunde und fährt das erste Mal nach dem Krieg wieder in den Süden, nach Italien. Anfeindungen wegen ihrer Herkunft erlebt sie in Österreich selten. In Mähren geboren zu sein, sei in Wien nichts Außergewöhnliches, meint sie. Den tschechischen Verwandten begegne man öfter mit Spott als mit Hass, allenfalls mit leichter Verachtung oder Misstrauen, aber nicht mit Abscheu. Jugoslawen und Türken, die in diesen Jahren in großer Zahl als Gastarbeiter nach Österreich kommen, sind mit viel größeren Vorurteilen der einheimischen Bevölkerung konfrontiert. Die Reisners sind privilegierte Ausländer. Dennoch habe sie immer wieder Sätze zu hören bekommen, die sie verletzt haben, erzählt Renate.

»Euch Tschechen ist es in eurer Geschichte nie so gut gegangen wie unterm Protektorat«, behauptet jemand beiläufig.

»Die Judenmischlinge haben's unterm Hitler gut gehabt.

Zum Militär haben's nicht müssen und vergast sind's auch nicht worden«, heißt es. »Nehm' S' ma's net üb'l, gnä' Frau.«

Renate nimmt es übel. Sie versucht zu erklären. Sie ist tagelang niedergeschlagen, weil man ihr nicht zuhören will, und sie beschließt jedes Mal, nicht mehr über die Dummheit der Menschen zu trauern und sich stattdessen über jene Dinge zu freuen, die ihr niemand mehr wegnehmen kann: den bescheidenen Wohlstand, die große Auswahl in den Geschäften, die Möglichkeit, jederzeit ins Ausland fahren zu dürfen, und vor allem die Tatsache, dass sie nicht mehr willkürlich zum Verhör abgeholt oder verhaftet werden kann.

Das Nehmsmasnetübl wird Renate dennoch wieder einfallen, und es wird ihr keine Ruhe lassen, und von Jahr zu Jahr wird es den Tonfall verändern und immer lauter in ihren Ohren klingen.

29

Renates Arbeitgeber heißt Georg Schanz und ist ein alter Nazi, der aus seiner Gesinnung keinen Hehl macht. Deutschlands Krieg gegen die Sowjetunion sei ein Kampf zwischen abendländischer Zivilisation und bolschewistisch-asiatischer Barbarei gewesen. Die Welt werde von einer Gruppe besonders reicher und einflussreicher jüdischer Spekulanten regiert, die sich regelmäßig in der New Yorker Wall Street zu den Sitzungen ihrer Freimaurerloge mit der Bezeichnung *Die Weisen von Zion* einfinden, um ihre Strategien festzulegen. Der amerikanische Präsident sei nicht viel mehr als ihr Untergebener.

»Herr Schanz hatte leider manchmal den Wunsch, sich mitzuteilen«, erzählt Renate. »Dann habe ich mit ihm streiten müssen. Ich dürfe alles nicht so persönlich nehmen, hat er gemeint. Ich glaube, er mochte mich. Jedenfalls hat er mich nie schikaniert oder benachteiligt. Er hat mir sogar einmal in einer schwierigen Situation geholfen.«

Anfang der Siebzigerjahre stellt Renate einen Antrag auf Verleihung der österreichischen Staatsbürgerschaft. Doch bis es soweit ist, muss sie ihre Aufenthaltsgenehmigung weiterhin jedes Jahr verlängern. Die österreichische Bürokratie arbeitet langsam. Im Winter 1972 sucht Renate wieder einmal das Amtsgebäude der Fremdenpolizei in der Wiener Innenstadt auf. Auch diesmal sitzen im Wartezimmer schon Dutzende von Gastarbeitern, die alle auf die magische, blau gestrichene Holztür mit der Aufschrift *Eintritt nur nach der Lautsprecherdurchsage Ihrer Warteschlangennummer* starren. Obwohl die Fenster offen sind, zieht der Zigarettenrauch nicht ab. Renate glaubt, die Müdigkeit der Menschen riechen zu können. Sie hat das Gefühl, als würden ihr die Kälte und der Rauch unter den Rock und die Bluse kriechen. Nach einer Viertelstunde knöpft sie den Mantel wieder zu und wickelt den Schal um den Hals. Bis ihre Nummer aufgerufen wird, vergehen weitere drei Stunden.

Dem Beamten hinter der magischen Tür ist die Müdigkeit ebenfalls ins Gesicht geschrieben. Seinem Alter nach zu schließen, müsste er kurz vor der Pensionierung stehen. In barschem Ton verlangt er nach dem ausgefüllten Antragsformular. Von Amtspersonen ist Renate noch nie freundlich behandelt worden. Sie weiß, wie sie sich zu benehmen hat. Sie nimmt auf dem Stuhl gegenüber vom Schreibtisch Platz, reicht dem Mann das Formular und die anderen Papiere, und spricht nur, wenn sie gefragt wird.

Zuerst ist alles Routine. Doch plötzlich heißt es: »Wir

können hier nichts für Sie tun. Die Regeln wurden geändert. Sie müssen in die Tschechoslowakei zurückfahren und dort in unserem Konsulat um ein neues Visum ansuchen.«

»Das geht nicht«, stammelt Renate, »ich bin berufstätig, meine Tochter geht hier in die Schule. Ich kann sie doch nicht mitten im Schuljahr …«

»Es tut mir sehr Leid, aber bis Ende des Monats haben Sie das Land zu verlassen«, unterbricht sie der Beamte. Er blättert in den Unterlagen, die auf seinem Schreibtisch liegen, ohne aufzuschauen.

»Mein Einbürgerungsverfahren läuft!«, sagt Renate mit Verweiflung in der Stimme. »Es kann sich nur mehr um wenige Monate handeln, bis ich österreichische Staatsbürgerin bin.«

»Das spielt kein Rolle. Das eine hat nichts mit dem anderen zu tun.«

»Aber ich könnte in der Tschechoslowakei Schwierigkeiten bekommen. Ich habe einen Ausbürgerungsantrag gestellt. Wer weiß, wie die tschechischen Behörden reagieren, wenn ich plötzlich wieder längere Zeit im Land bin.«

»Tut mir Leid, aber das ist nicht mein Problem.«

»Das können Sie doch nicht ernst meinen. In einem demokratischen Rechtsstaat darf es doch nicht sein, dass …«

»Wollen Sie mir erzählen, was ich darf und was nicht?«, schreit der Mann. »Ich habe Besseres zu tun, als mit Ihnen herumzudiskutieren. Haben Sie nicht gesehen, wieviele Leute draußen warten?«

Renate wird wütend. Sie hat in ihrem Leben schon oft Beleidigungen hinnehmen müssen und ist dabei ruhig und vernünftig geblieben. Jetzt will sie nicht mehr. Jetzt schreit auch sie: »Einen anderen Ton bitte, ja! Ihren Tonfall kenne ich nur zu gut. Von früher. Aus der Nazizeit.«

»Was erlauben Sie sich!« Das erste Mal schaut ihr der Mann direkt ins Gesicht. Er ist aufgesprungen. Es kommt Renate vor, als wolle er sich gleich auf sie stürzen. »Was glauben Sie, wo Sie sind?«, brüllt er.

»Das ist es ja, dass ich nicht mehr weiß, wo ich bin und welches Jahr wir haben.«

»Raus!«

»Ich …«

»Hinaus, hab' ich gesagt! Aber plötzlich.«

Die Wartenden im Vorraum begleiten Renates Abgang mit vorwurfsvollen Blicken. Einige sind unruhig, ängstlich, andere feindselig. Was fällt ihr ein, den Mann dermaßen zu verärgern! Die schlechte Laune des Bürokraten ist für jemanden, der die falschen Papiere hat, schlimmer als das bösartigste Gesetz.

»Zwei Stunden später komme ich in die Arbeit. Ich bin kreuz und quer durch die Stadt gelaufen. Im Café Kammerspiele habe ich ein Glas Wein getrunken und danach gleich ein zweites. Mein Gesicht sieht aus, als hätte ich die ganze Nacht durchgezecht. Ich bin weder frisiert noch geschminkt und kann die Tränen nicht zurückhalten. Mein Chef sieht mich, zuckt zusammen und fragt: ›Was ist denn mit Ihnen los? Sie schauen ja aus, als kämen Sie direkt aus der Ausnüchterungszelle.‹ Er lässt mir ein Glas Wasser bringen, macht die Bürotür zu, damit die Kollegen nichts hören, und sagt: ›Sie wissen, wie ich zu Ihnen stehe. Sie können also offen sprechen.‹ Dann holt er aus der Innentasche seines Sakkos einen Kamm heraus und reicht ihn mir. ›Sie können mir auch nicht helfen‹, sage ich. ›Warten Sie's ab‹, meint er. Kurzum, ich erzähle ihm alles, und er beginnt sofort zu schimpfen. ›Diese dummen Bürokraten!‹, schreit er. ›Früher hätte es sowas nicht gegeben.‹ Aber ich brauche mir trotzdem keine Sorgen zu machen, er habe eine Lösung für mein Problem. ›Ich kenne da ein ganz großes Tier in der Sozialistischen Partei‹, sagt er. ›Mit dem bin ich in Wöllersdorf gesessen, damals, in der Systemzeit unter Schuschnigg. Ihn haben S' als Sozi eingesperrt und mich, weil ich illegaler Nazi war. In Wöllersdorf hat er mir ein paarmal aus der Patsche geholfen und 1938, nach dem Anschluss, hab' ich dafür gesorgt, dass er ausreisen darf. Den ruf ich jetzt an.‹«

Renate möchte mir nicht verraten, wer dieses große Tier gewesen ist. Sie erzählt nur, dass Herr Schanz nach dem Telephongespräch etwas melancholisch gewirkt habe. »Eigentlich schade«, habe er gemurmelt. »Manchen Menschen bekommt es nicht, wenn sie zu wachsen beginnen.«

Nun ist alles verloren!, denkt Renate.

»Keine Angst, Frau Reisner, mein Gott, schauen Sie nicht so drein. Es ist alles geregelt. Ich bin ja nicht von gestern. Ich weiß, wie man mit einem Nilpferd reden muss, das glaubt, es sei ein Adler und könne fliegen.«

»Danke«, flüstert Renate. Trotz der Erleichterung spürt sie plötzlich Übelkeit und hat einen bitteren Geschmack im Mund.

30

Am nächsten Morgen erhält Renate einen wichtigen Anruf. Sie wird gebeten, so bald wie möglich »im Amt vorbeizuschauen, um alle Missverständnisse bezüglich Verlängerung der Aufenthaltsgenehmigung auszuräumen«. Die Frauenstimme am anderen Ende der Leitung ist betont höflich. Renate könne sich innerhalb der üblichen Dienstzeiten »jederzeit einen Termin ausmachen« und solle sich direkt im Vorzimmer des zuständigen Abteilungsleiters »mit allen nötigen Papieren« melden.

»Dann komme ich gleich heute um vierzehn Uhr«, sagt Renate.

Das Büro des Abteilungsleiters ist in einem der oberen Stockwerke. In den Gängen hängen Reproduktionen von Veduten, die Wien im 18. Jahrhundert zeigen. Im Vorzimmer stehen ein weinrotes Ledersofa und ein runder Glastisch, auf dem neben Zeitschriften eine offene Pralinenschachtel liegt. Die Sekretärin nimmt Renate den Mantel ab.

Das ist ja fast wie im Vorhof zum Paradies oder zumindest zu einer sehr milden Version des Fegefeuers, denkt Renate. Fehlt nur noch, dass der Leiter mir lächelnd entgegenkommt und erklärt, es sei ihm eine große Ehre, mich zu empfangen.

Die Tür öffnet sich. Der Leiter – ein beleibter Herr mittleren Alters – kommt Renate lächelnd entgegen. In seiner linken Hand hält er einen Strauß mit weißen Rosen.

»Guten Tag, gnädige Frau, ich hoffe, Sie mussten nicht zu lange warten ... Bitte folgen Sie mir ... Bitte setzen Sie sich ... Darf ich Ihnen etwas anbieten? Soll ich einen Kaffee bringen lassen? ... Susi, bitte einen Kaffee für die Frau Reisner ...«

Als die Sekretärin gegangen ist, beginnt der Mann wortreich seine Entschuldigung für das »bedauerliche Missverständnis« vorzubringen. Bei der großen Masse von Menschen, die »bearbeitet« werden, unterlaufen nun einmal hin und wieder Fehler. Der Kollege aus der unteren Etage sei »bedauerlicherweise eben auch nur ein Mensch«. Für seine verbalen Entgleisungen sei er auf das Schärfste zurechtgewiesen worden. Wenn die gnädige Frau darauf bestehe, werde man ihn holen lassen, damit er sich persönlich bei ihr entschuldige.

Renate besteht nicht darauf, sondern gibt sich mit dem Blumenstrauß und einer ständigen Aufenthaltsgenehmigung zufrieden.

»Danach habe ich mich elend gefühlt«, erzählt Renate. »Ich habe die Dokumente und die Blumen genommen und bin gegangen. Nur schnell hinaus aus diesem Gebäude! Dann habe ich beinahe einen Kreislaufkollaps erlitten. Ich habe mich gegen ein parkendes Auto gelehnt und gehofft, dass meine Knie nicht nachgeben. Die Blumen sind mir aus der Hand gefallen. Spontane Hilfsbereitschaft erlebt man in Wien selten, aber diesmal ist eine junge Frau stehen geblieben und hat gefragt, was mit mir los sei, ob ich etwas brauche. Sie sei gerne bereit, mich nach Hause zu bringen. Sie hat mir gut zugeredet. Dann hat sie mich tatsächlich bis zu meiner Wohnungstür begleitet. Das war das Schönste an diesem Tag.«

Nach dem Endsieg

1

Ende 1939 beschließen zwei junge Wiener, aus dem Nazireich zu flüchten. Robert ist im Sommer zur Marine gemustert worden, weil er Berufserfahrung bei einer Hamburger Schiffswerft hat. Doch an Hitlers Krieg möchte er nicht teilnehmen. Karl muss nicht zum Militär. Sein »Blut« entbindet ihn von der ehrenvollen Pflicht, mit der Waffe in der Hand für den Führer zu sterben. Nach den Nürnberger Rassengesetzen gilt er seiner jüdischen Mutter wegen als Halbjude. Robert ist vorerst vom Militärdienst freigestellt und nach Kriegsbeginn bei einer Flugzeugfabrik in Wiener Neustadt arbeitsverpflichtet worden. Karl ist ebenfalls bei den Flugzeugwerken beschäftigt. Mit Roberts Hilfe hat er eine Stelle in der Buchhaltung bekommen.

Das kleine Zimmer, das die beiden Freunde in Wiener Neustadt gemietet haben, dient als konspirativer Treffpunkt. Der Vermieter, ein Hilfsarbeiter und ehemaliger Sozialdemokrat, ist nach dem »Anschluss«, vielleicht auch schon in den Jahren davor, zum fanatischen Nazi geworden. Er ahnt nicht, dass er unter seinem Dach einen Halbjuden beherbergt. »Karl war einen halben Kopf größer als ich«, wird Robert später erzählen. »Ein richtiger Hüne. Von seinem

Vater, einem ehemaligen k.u.k.-Offizier, hatte er die militärische Haltung übernommen. Äußerlich entsprach er dem Idealbild eines SS-Mannes, wie ihn sich die Nazis vorstellten.«

Wenn die Tür abgesperrt und die Vorhänge zugezogen sind, werden Landkarten auf dem Tisch ausgebreitet, Pläne geschmiedet, Fluchtrouten festgelegt. Die Stimmung ist gut, wenn man genügend Zigaretten auf Vorrat hat und manchmal auch einen Wein, um auf die Zukunft anzustoßen. Mit neunzehn Jahren trifft das Unglück immer nur die anderen.

Karl möchte sich über Jugoslawien und Griechenland nach Palästina durchschlagen. Welche Rolle spielt es schon, dass Robert kein Jude ist, dass die britische Mandatsmacht die Zuwanderung auf ein Minimum beschränkt hat und zuvor der ganze Balkan zu durchqueren ist.

»Wir hatten kaum eine Vorstellung, was uns im Ausland wirklich erwartete«, erzählt Robert heute. »Fast schien es uns, dass jemand, dem es gelingt, die Grenzen des Großdeutschen Reiches zu überschreiten, von freundlichen Menschen mit den Worten willkommen geheißen wird: ›Ich freu mich mit dir, dass es dir gelungen ist, dort wegzukommen! Du bist ein Held!‹«

Kurz vor Weihnachten steigen Robert und Karl in einen Zug Richtung Süden. Niemand schöpft Verdacht. Zwei Wiener fahren auf Winterurlaub nach Kärnten. Die jungen Männer tragen Wanderschuhe und Rucksäcke, geben sich gut gelaunt, scherzen mit den anderen Fahrgästen. Nichts Ungewöhnliches im ersten Kriegswinter. Der Polenfeldzug ist beendet, mit der Sowjetunion hat das Deutsche Reich ein Abkommen geschlossen, und der Krieg im Westen ist noch nicht in seine heiße Phase eingetreten. Wer es sich leisten kann, macht über die Feiertage eine kleine Reise. Nein, wie im Frieden ist es nicht mehr, aber was Krieg ist, werden die Menschen erst in den nächsten Jahren erfahren.

In den Rucksäcken liegt Proviant für die erste Zeit, hauptsächlich Konserven. Damit könnte man zur Not eine Woche überleben, vielleicht auch zwei. In dem kleinen Dorf am Ende des Lavanttales und am Fuße des Karawankengebirges, wo die beiden Wanderer in einem Gasthaus Tee mit Rum trinken, sind Urlauber zwar noch kein selbstverständlicher Anblick, aber auch nicht mehr so außergewöhnlich, dass sie ein interessantes Gesprächsthema abgeben würden. An einem Wochenende im November waren die beiden schon einmal hier gewesen, um die Gegend zu erkunden. Streng bewacht ist die Grenze hier nicht, hatten sie festgestellt. Jugoslawien ist nicht die Schweiz. An der Schweizer Grenze gibt es kaum ein Durchkommen.

Jetzt läuft alles nach Plan. Niemand folgt ihnen. Wahrscheinlich sieht auch niemand, wie sie in einen Weg einbiegen, der bergauf führt. Nun hängt alles von der körperlichen Verfassung und einer guten Portion Glück ab.

Das Wetter ist schlecht. Manchmal versinken die Flüchtlinge bis zum Bauch im Schnee. Doch wie leicht sie vom Weg abkommen, sich verletzen oder erfrieren könnten, beschäftigt sie kaum. Nur nicht einer Grenzpatrouille in die Hände fallen! Nur nicht zurück müssen – der Rachejustiz des Tausendjährigen Reiches ausgeliefert. Im letzten Augenblick reißt Karl seinen Freund zu Boden und drückt ihn in den Schnee. Die beiden Uniformierten gehen zehn Meter entfernt vorbei, bleiben stehen. Der eine uriniert gegen einen Baumstamm, der andere zündet sich eine Zigarette an, ruft seinem Kameraden zu, er solle sich beeilen. Ein Sauwetter ist das. Wenn wenigstens der Wind nicht wäre.

Dann ist es geschafft. Ein Dorf. Häuser mit Schneehauben um einen Kirchturm gruppiert. Ein schmutzig grauer Strich – die Landstraße, von angebrannten Streichhölzern, den Telegraphenmasten, gesäumt. Der Fluss – wie eine schwarze Schlange im Sand. Kaum ein Unterschied zu drüben. Aber ist das Licht hier nicht trotzdem heller und der Himmel weiter? Die Freunde umarmen einander. Dann laufen sie den Abhang hinunter.

2

Robert Hamminger erzählt aus seinem Leben. Ich sitze in seinem Atelier, das vor dreißig Jahren das Kinderzimmer seines Sohnes gewesen ist. Klein und zierlich ist der alte Mann, sehr mager, er wirkt fast knabenhaft. Das schmale Gesicht stark zerfurcht. In den blauen Augen immer noch jenes schelmische Funkeln, das er schon als junger Mensch gehabt haben dürfte: dem Leben und der Macht der Zeit ein Schnippchen schlagen. Ein Aufnahmegerät steht auf dem Tisch, Weinflasche und Gläser. Die Stehlampe taucht den Raum in ein warmes Licht. Robert Hamminger erzählt bereitwillig, fast im Plauderton, von Ereignissen, die mehr als ein halbes Jahrhundert zurückliegen, erzählt, als wäre es die Geschichte eines Freundes, den er vor langer Zeit gekannt hat, macht hin und wieder eine Pause, schenkt Wein nach, schweift ab, flicht die eine oder andere Anekdote ein. Das Erzählte kommt mit einer über die Jahre erarbeiteten Sicherheit daher. Doch wenn man ein feines Ohr für Zwischentöne hat, spürt man die Spannung, die sich weder im Wein ertränken, noch im Scherz auflösen lässt. Das Vergangene erscheint im Licht der Gegenwart, die Gegenwart als Spiegel der Vergangenheit. Verschiedene Zeiten in einem Gruppenbild.

»Ich habe einmal eine alte Chronik des Künstlerhauses gesehen, der ehemals wichtigsten österreichischen Künstlervereinigung. Nach dem Krieg hat man versucht, gewisse Eintragungen mit einem tintenlösenden Mittel, dem sogenannten Tintentod, aus dem Buch zu löschen. Allerdings verfärben sich diese Stellen mit der Zeit und werden braun. In der Spalte Parteimitgliedschaft und auch unter Auszeichnungen – überall sieht man diese braunen Flecken, und das ungefähr bei zwei Drittel der in der Chronik angeführten Künstler«, erzählt mir der Maler Robert Hamminger und lacht. »Heute ist der Tintentod ein wenig aus der Mode gekommen.«

»Ja, man schreibt einfach mit blauer oder schwarzer Tinte, vielleicht auch mit einer anderen Farbe, über die braunen Flecken drüber«, sage ich, »und kaum jemand findet noch etwas dabei.«

Jahrzehntelang hat Robert Hamminger dafür gekämpft, dass die braunen Flecken auf der selbstgestrickten weißen Weste des österreichischen Selbstverständnisses nicht so leicht übersehen werden. Heute noch entrüstet er sich über die Verlogenheit, mit der ehemalige Nazis und Mitläufer sich nach dem Krieg plötzlich als österreichische Patrioten gebärdeten und bald wieder in leitende Positionen aufstiegen. Als sich Mitte der Sechzigerjahre der Wiener Universitätsprofessor Taras Borodajkewycz mit antisemitischen Äußerungen in seinen Vorlesungen hervortat, nahm Robert Hamminger aktiv an jenen Protestkundgebungen teil, die in Österreich zu den machtvollsten Demonstrationen gegen Rechtsradikalismus und Antisemitismus in den Nachkriegsjahrzehnten werden sollten. »Es war unglaublich und empörend, dass der Staat mit seinen beiden aus der Vorkriegszeit übernommenen Großparteien damals so untätig blieb«, sagt Hamminger. »Die Regierenden hatten kein Interesse, allzu forsch gegen ehemalige Nazis vorzugehen. Es waren einfach noch zu viele da.«

In seiner Kunst jedoch hat sich Hamminger konsequent von seinem politischen Engagement distanziert. Der politische, der kämpferische Mensch scheint auf den ersten Blick im krassen Gegensatz dazu zu stehen, was der Künstler auszudrücken versucht.

Hamminger ist ein Vertreter der Wiener Schule des Phantastischen Realismus. Er malt Bilder der Harmonie, Bilder einer verklärten, magischen Welt, in der mathematisch-kühle Kompositionen dominieren und eine klassische Grundhaltung zu erkennen ist: Sonnen, Monde und eine manchmal überquellende Vegetation in utopischen Landschaften mit klaren, voneinander abgegrenzten Formen, einer verflachten Perspektive und gedämpften Farben, sparsam und in sich gekehrt. Eine menschenleere Welt, die Symmetrie suggeriert und zu Kontemplation einlädt. Man möchte innehalten vor diesen Bildern, sich von den Sorgen des Alltags freimachen.

Früher malte Robert Hamminger abstrakt: vielleicht, wie er heute erklärt, als Reaktion auf den Zwang und das Dogma des Naziregimes. Bald jedoch befriedigten ihn diese Kunst und ihre mehr dekorative als inhaltliche Bedeutung nicht mehr. Er gab die »reine Ästhetik der Abstraktion«, die er heute als Spielerei bezeichnet, auf und wandte sich der gegenständlichen Darstellung zu.

Hammingers Kunst spiegelt die »Sehnsucht nach dem einfachen Leben« wider, die Lust, Bedingungen zu schaffen, in denen der Mensch sich gut einrichten kann. Diese sind, seiner Ansicht nach, auf der Grundlage einer vernunftbedingten Genügsamkeit zu erreichen. Der Mensch selbst bleibt in Hammingers Werk unsichtbar, und in manchen seiner Bilder ist eine gewisse Schwermut nicht zu verkennen.

Manche politisch engagierten österreichischen Kollegen konnten die verklärte Welt von Hammingers Bildern nicht verstehen. »Wie kannst du dich einschließen und in einem geschützten Raum träumen?«, fragten sie ihn.

»Ich habe nun einmal ein anderes Programm als ihr«, hat er geantwortet. »Bilder von einer harmonischen Welt zu entwerfen und an die Utopie zu glauben, ist eine Form des Überlebens. Was soll uns sonst die Kraft geben, angesichts des Zustands dieser Welt nicht zu resignieren oder zur Pistole zu greifen?«

»Ein guter Malerfreund von mir«, erzählt er, »hat vor einigen Jahren gemeint, alles habe keinen Sinn, alles sei Scheiße, und ist aus dem sechsten Stock in den Tod gesprungen.«

3

Robert Hamminger ist Wiener, Jahrgang 1920. Der erste Schock für den Jugendlichen ist der Bürgerkrieg, der im Februar 1934 zur Zerschlagung der österreichischen Sozialdemokratie führte. Kurze Zeit später wurde der autoritäre »Ständestaat« gegründet. Die Beseitigung der Ersten Republik empfindet der Dreizehnjährige schon als großes Unrecht. Die »schwarze« Diktatur war der erste Schritt auf dem Weg zur »braunen«. Doch im Anhaltelager Wöllersdorf, in dem das Regime Sozialdemokraten, Kommunisten und Nazis gleichermaßen interniert hatte, »konnte man sich immer, so man Geld hatte, das Gulasch aus dem Wirtshaus kommen lassen«, erzählt Hamminger. Die österreichische Variante des Faschismus war nur ein Vorgeschmack auf das, was kommen sollte.

Robert Hammingers Mutter war eine gläubige Katholikin, sein Vater Atheist und aktiver Sozialist, bevor er, angeekelt von den ständigen Fraktionskämpfen innerhalb der linken Bewegung, der Partei und der aktiven Politik den Rücken kehrte. »Es wäre für mich eitel zu sagen«, erzählt mir Hamminger, »ich wäre schon im Alter von fünfzehn Jahren fähig gewesen, Barbarei und Humanismus glasklar auseinanderzuhalten.« Aber der sozialistisch geprägte Gerechtigkeitssinn des Vaters und der katholische Humanismus der Mutter haben einen nachhaltigen Einfluss auf ihn ausgeübt. Schließlich muss er miterleben, wie sein Vater, ein Schlosser, zu Beginn der Weltwirtschaftskrise durchmachen muss, »was heute viele wieder ähnlich erleben, dass nämlich der sozial Schwächere gezwungen ist, zu schlechteren Konditionen weiterzuarbeiten, um seinen Job nicht zu verlieren.«

Von noch größerer, vielleicht entscheidender Bedeutung ist für den Jugendlichen aber der Einfluss seines Geschichtelehrers in der Unterstufe des Gymnasiums, der den Schülern die Unmenschlichkeit und die schon damals offenkundigen Konsequenzen des Faschismus zu erklären versteht. Er muss dabei geschickt und vorsichtig agieren, denn ein großer Teil der Schüler sympathisiert bereits mit den Nazis. Auch an der Wiener Technischen Lehranstalt, die Robert auf Wunsch seines Vaters nach der Grundschule besucht, gehört schon ein Drittel seiner Mitschüler zu den aktiven Mitgliedern der in Österreich verbotenen und im Untergrund agierenden Nazipartei. Nach dem »Anschluss« Österreichs an Hitlerdeutschland im März 1938 wird dieser Lehrer mit dem ersten Häftlingstransport nach Dachau deportiert.

Früher als die meisten anderen Österreicher bekommt Robert Hamminger Gelegenheit, das NS-Regime aus der Nähe kennen zu lernen. Als die finanzielle Lage der Familie immer hoffnungsloser wird, nimmt der junge Mann 1936 die Gelegenheit wahr, seine Ausbildung als Techniker in Hamburg fortzusetzen, zumal ein dort lebender Onkel das Angebot macht, ihn bei sich aufzunehmen. Als Volontär im technischen Büro einer Schiffswerft erlebt Hamminger die auf Hochtouren laufende Aufrüstung des Dritten Reichs. »Wenn die Deutschen mit ihrer Arbeitswut und ihrem Organisationsfanatismus sowas in Angriff nehmen, dann nimmt das unheimliche Dimensionen an«, erzählt er. Auf der Werft wird in drei Schichten gearbeitet. Noch heute ist Hamminger von dieser negativen Energie beeindruckt.

»Ich hatte im Arbeitspass die Eintragung *Technischer Zeichner, Hilfskonstrukteur* stehen. Ich konnte in einem Tempo beruflich aufsteigen, das im späteren Nachkriegsösterreich undenkbar gewesen wäre. Auch was das Gehalt betrifft. Geld spielte ja keine Rolle. Wenn es knapp wurde, hat man es einfach gedruckt.«

In Erinnerung geblieben ist Robert Hamminger der trockene Humor seines Onkels Fritz, der ihm deutlich zu verstehen gibt, was er von den »Verhältnissen« in Deutschland hält und wie er die nahe Zukunft einschätzt. Eines Tages wird am Hamburger Rathausplatz – der zu diesem Zeitpunkt, wie fast alle vergleichbaren Plätze in Deutschland, Adolf-Hitler-Platz heißt – der eben erst kreierte Volkswagen vorgestellt. Schon einige Jahre zuvor hat man begonnen, für dieses Auto, das der Österreicher Porsche entworfen hatte, zu werben. Interessenten erhielten ein Heft, in das sie wöchentlich Marken einkleben durften. Hatte man Marken im Wert von 998 Reichsmark gesammelt, konnte man sich für die Zuteilung eines Volkswagens vormerken lassen. Nun also ist es so weit: Zwei oder drei Modelle des neuen Wagentyps stehen lackiert, verchromt und vernickelt auf einem großen Podest aus Holz. »Der Ingenieur hat erklärt, was dieser Wagen alles kann«, erzählt Hamminger, »mit einer ununterbrochenen Betonung des Führers, als ob dieser jedes Rädchen persönlich angefertigt oder sich ausgedacht hätte.« Der Wagen habe seinen Motor hinten, was ein Vorteil sei, erläutert der Ingenieur stolz.

»Ist das wirklich ein Vorteil, wenn ein Auto den Motor hinten hat?«, fragt Robert seinen Onkel.

»Wenn von vorne geschossen wird, was zumeist der Fall ist, dann schon«, meint dieser.

»Das Auto hat den Vorteil einer Luftkühlung, es ist vom Wasser unabhängig«, fährt der Ingenieur in seinen Ausführungen fort.

»Ist das für das Auto wirklich ein wesentlicher Vorteil?«, will Hamminger von seinem Onkel wissen, worauf dieser die knappe Antwort gibt: »Wenn man damit nach Afrika fährt, dann schon.«

Später, Anfang der Vierzigerjahre, wird der Volkswagen tatsächlich in tausenden von Exemplaren, als so genannter Kübelwagen, nach Afrika an die Front verschifft werden. Das dürfte »Onkel Fritz« vorausgeahnt haben, meint sein Neffe heute. Dies offen auszusprechen, habe er sich nicht getraut. »Er hat es angedeutet und wohl gedacht: Nun mach dir selber einen Reim. In hunderterlei anderen Dingen ist er genauso vorgegangen.«

4

Nach der Besetzung Österreichs durch das Deutsche Reich schickt Robert Hamminger seinem Vater ein Beileidstelegramm, das mit den Worten *Zum traurigen Anlass …* beginnt. Ein Glück, dass diese jugendliche Torheit keine negativen Konsequenzen für ihn und seine Familie gehabt hat, stellt Hamminger heute fest. »Wenn ein Gestapobeamter nachgeprüft und feststellt hätte, dass in der Familie niemand gestorben ist? Wenn er sich Gedanken darüber gemacht hätte, was der Bursche damit wohl gemeint haben könnte? Das hätte KZ für mich und meine Eltern bedeuten können.«

Robert kehrt nach Wien zurück. Da seine Eltern eine viel zu kleine Wohnung haben, wohnt Hamminger in Untermiete beim ehemaligen Direktor eines bekannten Wiener Gymnasiums. Die Frau seines Vermieters ist Jüdin. »Schon binnen einer Woche nach dem Einmarsch der Nazis«, erzählt Hamminger, »wurde einer Reihe von Personen, die in Mischehen lebten, die Trennung nahegelegt. Die Nazis waren so infam, dass sie ihnen einzureden versuchten, die Trennung müsste nur formal sein, dann könnten sie ihren Posten behalten. Auf diese Weise wollte man sie auf die Rutsche stellen, auf eine moralische Rutsche, auf der man abgleitet. Mein Vermieter hat sich geweigert und wurde daraufhin mit einer sehr unzureichenden Pension von 30 oder 40 Prozent des Endgehalts entlassen. Deshalb hat er das Kabinett an mich vermietet. Er brauchte Geld.«

Am Abend des 9. November 1938 brennen in Wien wie im gesamten Reich die Synagogen. Die Frau des Direktors fürchtet um ihre Verwandten, die in der Leopoldstadt und in der Josefstadt wohnen und kein Telephon haben. Robert erklärt sich bereit, in dieser Nacht als Kurier unterwegs zu sein. Er sei kein Jude, es werde ihm nichts geschehen. Er habe keine Angst.

Der junge Mann bittet die Hausmeisterin, ihm ihr Fahrrad zu leihen. Die Frau ist der Familie des Direktors wohlgesonnen. Doch sie zögert. Draußen grölt der organisierte Nazimob. Ein Fahrrad ist in jener Zeit viel wert. Schließlich lässt sie sich aber doch überreden.

In der Neudeggergasse im achten Bezirk sieht Robert, wie die Synagoge von SA-Leuten geplündert und niedergebrannt wird. Einige Passanten bleiben stehen, schauen zu, geben Bemerkungen von sich, anerkennend, schadenfroh. Ein Hitlerjunge jagt einen alten orthodoxen Juden vor sich her, beschimpft ihn, schlägt ihm den Hut vom Kopf, schlägt ihm ins Gesicht, wirft ihn zu Boden, tritt nach ihm. »Ich habe dann eine blöde Äußerung gemacht, hätte fast Schwierigkeiten bekommen«, erzählt Hamminger. So eine Schande!, habe er geschrien. Dass ein junger Bursch einen alten Mann schlägt. Ein großer Held! Nur Feiglinge gehen auf Schwächere los.

»Ich war damals schon klug genug, die Tatsache, dass das Opfer Jude ist, nicht zu erwähnen, sondern ausschließlich den Altersunterschied hervorzukehren.« Trotzdem wird er von einem SA-Mann vom Rad gezerrt. »Mitkommen!«, brüllt er. »Auf dich, du Judenfreund, haben wir gerade noch gewartet.« Er versetzt ihm einen Schlag, schleift ihn mit. Doch Robert hat Glück. Ein ranghöherer SA-Mann greift ein. »Lass den Trottel laufen, wir haben Wichtigeres zu tun«, sagt er.

Die wichtigere Aufgabe besteht darin, der Feuerwehr Anweisungen zu erteilen. Die Feuerwehr ist routinemäßig ausgerückt. Nun muss sie am Löschen gehindert werden. Die Feuerschutzpolizei ist zwar längst dem Reichsführer SS unterstellt, ist aber immer noch alten Traditionen verpflichtet. Einige Feurwehrleute wollen nicht einsehen, warum sie bei einem Großbrand zwar zusehen, aber nicht eingreifen dürfen. Die Wiener Berufsfeuerwehr war ursprünglich ein Hort der militanten Sozialdemokratie. Während des Dollfuß-Schuschnigg-Regimes und nach dem März 1938 sind die »radikalsten Elemente« entlassen, verhaftet und in Konzentrationslager verbracht worden. Dennoch gibt es zu diesem Zeitpunkt bei der Feuerwehr immer noch latente Unzufriedenheit und passiven Widerstand.

5

Eines Tages trifft Hamminger auf der Josefstädter Straße einen jungen Mann, der einen Installateurshandwagen zieht, und erkennt in ihm einen ehemaligen Schulkollegen, den Klassenprimus aus dem Untergymnasium. Hamminger geht freudig auf ihn zu, sagt: »Servus!« Doch jener schaut sich verstohlen um und flüstert: »Hamminger, sei nicht blöd, verschwind' in das Haus dort!«

Die beiden gehen schnell in eine Hauseinfahrt, wo der ehemalige Schulkollege den Handwagen abstellt und sagt: »Es ist sehr schön dich zu sehen, aber hast du nicht begriffen, in welcher Zeit wir leben? Du rennst da so einfach auf mich zu. Du könntest Schwierigkeiten bekommen. Du weißt, ich bin Jude.«

»Was machst du da? Seit wann bist du Installateur?«, fragt Hamminger.

»Wir wollen sehen, dass wir nach Palästina kommen, meine Eltern und ich, so wie viele andere auch«, antwortet der ehemalige Schulkollege und erklärt, dass er sein Geschichts- und Sprachstudium aufgeben musste. »Ich nehme an«, sagt er, »man wird sich in Palästina sowieso eher durchschlagen können, wenn man Wasserrohre zusammenschrauben, als wenn man aus dem Sanskrit übersetzen kann.«

Robert kann gut verstehen, dass sein Schulkollege das Deutsche Reich verlassen möchte. Was die NS-Machthaber mit den Juden wirklich vorhaben, kann er nicht wissen, doch dass es Krieg geben wird, ahnt er schon.

»Eigentlich wäre es schön, wenn ich auch …«, murmelt Robert nach einigem Nachdenken. »Ich will auch nach Palästina«, sagt er. »Oder noch weiter weg.«

»Im Laufe der Zeit ist es immer unheimlicher geworden«, erinnert er sich heute. »Dieses Friedensgeschrei. Nicht nur auf deutscher, auch auf französischer und englischer Seite. Man hat ununterbrochen den Frieden gerettet gehabt. Alle vierzehn Tage neu. Man hat Papiere geschwenkt. Schon wieder ein Vertrag! Hinterher wundert man sich, wie diese Berufsdiplomaten annehmen konnten, dass man mit Hitler einen Vertrag abschließen kann. Waren die wirklich so dumm? Ich mache mit einem Kriminellen einen Vertrag, dass er meine Wohnung nicht ausrauben wird?! Absurd!«

Hamminger bereitet sich auf das Studium an der Kunstgewerbeschule vor. Wie viele andere, versucht er eine Zeit lang noch, sich selbst zu belügen, die Fiktion der Normalität aufrecht zu erhalten, als der Ausnahmezustand längst zur Gewohnheit geworden ist. Der Selbstbetrug will nicht so recht gelingen. Und dann geht alles sehr schnell. Als der Krieg tatsächlich beginnt, ist das für die meisten Menschen weder eine Überraschung noch ein Grund für patriotische Begeisterung. Kein Vergleich mit der Jubelstimmung bei Ausbruch des Ersten Weltkrieges. Selbst fanatische Nazis wirken in diesen Tagen nachdenklich. Kaum jemand brennt darauf, die »Feuertaufe« an der Front zu empfangen, oder träumt von Heldentaten. Man habe nicht mehr und nicht weniger als seine Pflicht getan, wird man später sagen. Allen wird »ein fester Platz im großen System der Vernichtungs- und Untergangsmaschinerie zugewiesen«, und solange die Befehle ihre Gültigkeit haben, bleiben alle auf ihrem Posten. Hamminger meldet sich zum Arbeitsdienst bei den Flugzeugwerken in Wiener Neustadt. Noch ist er kein Angehöriger der Wehrmacht. Doch sein Entschluss steht fest: Wenn er sein Leben riskiert, dann im Kampf gegen und nicht für diesen Staat.

6

Jugoslawien ist Ende 1939 ein autoritär regierter Staat, der alles unternimmt, um den großen Nachbarn im Norden nicht zu verärgern. Erst ein Militärputsch in Belgrad, bei dem die Deutschland freundliche Regierung Cvetković gestürzt wird, und Mussolinis missglückter Griechenlandfeldzug werden im Frühjahr 1941 den Einmarsch der Hitlertruppen in das Balkanland provozieren.

Karl und Robert wissen, dass sie der jugoslawischen Polizei nicht in die Hände fallen dürfen. Man würde sie ins Deutsche Reich zurückschicken. Nach einem langen Fußmarsch, der sie an ihrem ersten Tag in »Freiheit« an den Dörfern und Höfen vorbeiführt, steigen sie in einen »Zug vierter Klasse« ein – an einer Kurve springen sie in einen Viehwaggon.

Sie reisen an der Save entlang Richtung Süden. Die Stimmung ist gut. Zwar müssen sie vor möglicher Denunziation und den immer wieder stattfindenden Razzien auf der Hut sein, aber mit etwas Geschick kommt man in diesem Land ganz gut zurecht. »Die Regierung Stojadinović und nach deren Rücktritt Ende 1939 auch die unter seinem Nachfolger Cvetković hat versucht, Jugoslawien aus dem Krieg herauszuhalten«, erzählt Robert. »Wenn der Regierungschef zu Besuch bei Hitler war, haben wir das zu spüren bekommen – dann gab es Razzien gegen Illegale, und man musste besonders vorsichtig sein. Wenige Wochen darauf war er in London, mit der Konsequenz, dass die polizeilichen Kontrollen wieder gelockert wurden und die Flüchtlinge sich vergleichsweise sicher fühlen konnten.« In den Monaten, die Hamminger und sein Freund durch Jugoslawien unterwegs sind, scheint das Land seine außenpolitischen Präferenzen jedenfalls mehrfach geändert zu haben.

Bald verstehen Robert und Karl ein wenig Kroatisch, doch viele Bewohner der ehemals zu Österreich-Ungarn gehörenden Teile Jugoslawiens sprechen ohnehin Deutsch. Es gibt Einheimische, die Mitleid mit den Flüchtlingen haben. Besonders die Bauern erweisen sich als hilfsbereit. Meist dürfen die beiden jungen Männer in einer Scheune oder sogar im Haus übernachten. Man schenkt ihnen Lebensmittel, lädt sie zu den Mahlzeiten ein, stellt sie für kurze Zeit für ein kleines Entgelt als Taglöhner ein. Sie helfen bei der Ernte, bei Hausbau- oder Straßenarbeiten mit, misten Ställe aus. »Es hat den Bauern immer eingeleuchtet, wenn man gesagt hat, man wolle nicht zum Militär«, erinnert sich Hamminger, »alles andere, politische Motivation oder gar eine humanistische Weltanschauung, war viel zu hoch gegriffen.« Ein Bauer erklärt ihnen das so: »Die Oberen kommen und gehen«, sagt er, »aber der Tod im Krieg bleibt derselbe. Ich habe für den österreichischen Kaiser gegen Serbien gekämpft, und die Deutschen waren unsere

Verbündeten. Mein Großvater hat gegen die Deutschen bei Königgrätz gekämpft und ist gefallen. Mein Bruder ist 1914 über die Grenze rüber und hat gegen uns gekämpft, und mein Sohn dient in der jugoslawischen Armee und gehorcht den serbischen Offizieren, die vor etwas mehr als zwanzig Jahren auf mich geschossen haben, und wenn es bei uns losgeht, wird mein Sohn auf meine ehemaligen Kameraden oder deren Söhne schießen. So ist das Leben. Es war immer so, und es wird immer so bleiben ... Ihr wollt in den Süden? Wenn ihr nach Sisak kommt, geht in die Bäckerei am Fluss, auf der rechten Seite, gleich neben der Brücke. Fragt nach Sladko Petrović, dem Bäcker. Wenn er nicht dort ist, dann in der Schenke nebenan. Er ist ein Cousin von mir. Richtet ihm Grüße von mir aus. Er wird euch weiterhelfen.«

Hilfe kommt auch von jüdischen Einrichtungen. Antifaschistische oder gar linke Organisationen, die sich der Flüchtlinge aus dem Deutschen Reich annehmen könnten, sind in Jugoslawien verboten. In allen Teilen des Landes treffen die beiden Flüchtlinge auf verständnisvolle Menschen. Trotzdem bleibt die Angst groß, denunziert zu werden. Schon wenn man den Mund aufmache und ein Wort sage, sei man als Ausländer erkennbar, erinnert sich Robert. Man wisse nie, wie der Mensch reagiert, den man nach dem Weg fragt oder um eine Scheibe Brot bittet. Ob er einem helfen oder die Polizei rufen werde. Jede Entscheidung ein Roulettespiel. Jedes Gesicht ein Forschungsobjekt. Doch das Schicksal meint es vorläufig gut mit den beiden Flüchtlingen.

»Da war eine kleine serbisch-orthodoxe Kirche, in der ein Abendgottesdienst abgehalten wurde«, erzählt Robert. »Es war ein relativ guter Chor, und es war schön, ihm zuzuhören, aber wenn man auf die andere Seite der Save geschaut hat, über diesen breiten, träge fließenden Fluss, sah man die Stadt Bosanska Brod und in deren Zentrum eine Moschee mit einem Minarett. Da hatte ich das Gefühl, am Schnittpunkt von zwei Welten zu sein. Im Verhalten oder in der Sprache habe ich den kulturellen Unterschied nicht gespürt. Wir haben von den Pluderhosen tragenden Moslems dieselbe oder für uns zumindest absolut gleich klingende slawische Sprache gehört. Erst mit der Zeit erkannten wir, als wir nach Brot gefragt haben, dass es dafür zwei verschiedene Ausdrücke gibt: kruh in Kroatien, hleb in Bosnien und Serbien.«

In Sarajevo klopfen Robert und Karl an die Tür der Israelitischen Kultusgemeinde, erzählen in knappen Worten ihre Geschichte, werden in ein Hinterzimmer geführt, wo einige ältere Herren Pfeife rauchen und sich halblaut in Ladino, dem altertümlichen spanischen Dialekt der sephardischen Juden, unterhalten.

Es gehört offenbar zum Ritual, dass die beiden jungen Männer eine Zeit lang warten müssen, bevor die Honoratioren der Gemeinde ihnen ihre Aufmerksamkeit schenken. Einer der Alten steht langsam auf, schüttelt Robert die Hand. »Schalom!«, sagt er. »Man hat mir Ihre Geschichte erzählt. Vielleicht können wir Ihnen helfen, Ihnen und Ihrem nichtjüdischen Freund. Wir werden sehen.«

»Sie irren sich«, murmelt Robert und wird rot. »Ich bin von uns beiden der Nichtjude.«

Nun schauen alle Anwesenden in ihre Richtung. Karl steigt nervös von einem Fuß auf den anderen, aber so sehr er den Rücken bückt und vor Verlegenheit den Kopf schief hält – er kann das Image des desertierten SS-Mannes nicht loswerden.

»Na sehen Sie«, sagt einer der Männer und lacht. »Da

maßt sich ein dahergelaufener Österreicher an zu entscheiden, wer Jude ist und wer nicht, und dabei können das nicht einmal wir Alten, die ihr Leben lang über dieses Thema diskutiert haben.«

Die Kultusgemeinde vermittelt Robert und Karl an einen Kaufmann im Zentrum der Stadt, der Stoffe verkauft. Sie arbeiten im Lager seines Geschäftes und werden den Umständen entsprechend gut bezahlt. Im Kontor des Kaufmanns befindet sich ein Raum, in dem die beiden in der ersten Zeit übernachten dürften. Später stellt ihnen die Gemeinde ein kleines Zimmer zur Verfügung.

Robert fühlt sich wohl. Wenn nicht die ständige Gefahr der Verhaftung drohte, würde er noch länger bleiben. Sarajevo. Für Robert damals eine Modellstadt. Eine Insel des Friedens in einer Welt, die in Scherben fällt.

»Für einen angehenden Künstler waren die Moscheen mit ihrer Ornamentik, der Basar, die Kleidung der Leute, überhaupt das Treiben auf der Straße in einer größeren Stadt an der Schnittstelle von Orient und Okzident ein wichtiger Anschauungsunterricht. Die Mischung aus österreichischen, balkanischen und türkischen Elementen war faszinierend. Aber das Wichtigste: Im Vergleich zum Deutschen Reich gingen die Menschen zivilisiert, also friedlich miteinander um. Außerdem habe ich mich in jener Zeit verliebt. Es war mehr eine Sehnsucht als eine richtige Verliebtheit, aber ich war noch sehr jung und erlebte das Gefühl dementsprechend heftig. Ich habe durch das Fenster der Lagerhalle, in der wir gearbeitet haben, das Mädchen beobachtet. Wie sie jeden Morgen zur Arbeit in einen Laden ging und wie sie ihn am Abend wieder verließ. Selten habe ich eine so schöne junge Frau gesehen. Ich habe sie nie angesprochen. Nicht aus Schüchternheit, sondern weil eine solche Bekanntschaft keine Zukunft gehabt hätte. Höchstwahrscheinlich hätte ich Karl und mich immens gefährdet, wenn ich es tatsächlich gewagt hätte, mich ihr zu nähern. Ich kenne bis heute nicht einmal ihren Namen.«

Sonst berichtet Robert wenig darüber, was er in diesen Monaten empfindet. Er erzählt nicht, ob er viel an seine Eltern denkt, denen er keine Nachricht zukommen lassen kann. Er weiß, dass er durch einen Brief sich und seine Angehörigen in Gefahr bringen könnte, weil die Post, wie alles andere in diesen Zeiten, kontrolliert wird, obwohl noch ein paar Jahre vergehen werden, bis das Regime sein Volk mit Sippenhaft und Volksgerichtshöfen terrorisieren wird. Vielleicht tut es Robert Leid, dass er die Eltern über sein Schicksal im Ungewissen gelassen hat. Wenige Tage vor seiner Flucht hatte er die Eltern besucht und bei ihnen zu Abend gegessen. Man hatte über Alltagsprobleme gesprochen und darüber, dass der Krieg ohne Zweifel bald wieder in seine heiße Phase treten werde und dass es Robert in der Rüstungsfabrik noch vergleichsweise gut gehe. Man sprach über die Lebensmittelversorgung, die Nachbarn, denen man nicht mehr trauen könne, und einen Vorfall auf der Straße, der mit einer Verhaftung geendet hatte. Dann ließ Robert ein paar vage Andeutungen fallen. Die Eltern sollten sich keine Sorgen machen, auch wenn sie einige Zeit nichts von ihm hören – wenn es so aussehe, als sei er verschwunden. Er habe einen Weg gefunden, um seinem Gewissen entsprechend zu handeln, aber er wolle nicht mehr sagen als nötig. Die Mutter fragte einige Male nach. Der Vater schwieg.

Jedenfalls kann Robert sicher sein, dass die Eltern seine Pflichtverweigerung gegenüber Führer und Vaterland nicht verurteilen. Mag das Verhältnis zu den Eltern in den Tagen und Wochen vor der Flucht innig, abgekühlt oder von Krisen überschattet gewesen sein, doch über die Gegnerschaft zum Nationalsozialismus herrscht in der Familie Hamminger Einigkeit.

7

Bis März bleiben Robert und Karl in Bosnien, werden von Sarajevo auf ein Landgut vermittelt, kehren in die Stadt zurück, halten sich mit weiteren Gelegenheitsarbeiten über Wasser. Dann, als es endlich wärmer wird und man zur Not auch im Freien übernachten kann, setzten sie ihren Weg Richtung Süden fort.

Je weiter sie kommen, um so schwieriger wird es. Andere Emigranten haben denselben Weg gewählt, wollen nach Griechenland oder in die Türkei, so dass man manchmal »den Eindruck hatte, um ein Dorf herum lagerten mehr Flüchtlinge, als das Dorf Einwohner hatte.« Militär und Polizei machen Jagd auf die unerwünschten Ausländer, und die griechische Grenze ist so gut bewacht, dass es kein Durchkommen gibt.

Die Flüchtlinge erkennen einander meist auf den ersten Blick. Der verwahrloste Mann an einer staubigen Wegkreuzung, der gerade alte Lappen in seine löchrigen Schuhe stopft, steht auf, verbeugt sich, lüftet den Hut. »Darf ich mich vorstellen«, sagt er. »Doktor Ephraim Katzler aus Berlin. Derzeitige Anschrift: irgendwo auf dem Balkan. Vermeintlich auf dem Weg nach Palästina. Wenn ich die jungen Herren fragen dürfte, woher sie kommen?«

An diesem und dem folgenden Tag bleiben die drei zusammen.

»Ihr Österreicher habt es gut«, erklärt Doktor Katzler. »Ihr habt eine Exilregierung. Die wird sich bestimmt für euch einsetzen. Vielleicht könnt ihr sogar nach England einreisen.« Das stimmt nicht. Die letzte österreichische Regierung unter dem Nationalsozialisten Seyss-Inquart, die Schuschnigg nach dessen Rücktritt gefolgt und nur einen Tag im Amt war, ist nicht ins Exil gegangen, sondern hat sich und den Staat selbst aufgelöst. Eine ihrer letzten Amtshandlungen bestand darin, Hitler um den Einmarsch der deutschen Truppen zu bitten, obwohl diese ohnehin schon die Grenzen überschritten hatten. In ihrer Verzweiflung möchten Karl und Robert aber nur allzu gerne glauben, sie seien als Österreicher privilegiert. Doch fast jeder Flüchtling, den sie treffen, hat eine eigene, vielversprechende Geschichte. Dass die Wehrmacht überall auf dem Rückzug sei, heißt es. Dass Hitler, wie »aus sicherer Quelle soeben erfahren«, ermordet worden sei. Dass eine britische Fallschirmarmee in Deutschland gelandet sei und auf Berlin marschiere. Mit jedem Tag schwindet die Hoffnung, dass etwas davon wahr sein könnte.

Griechenland ist so nah, das Schiff nach Palästina wartet vielleicht schon im Hafen von Piräus, der Traum von einem neuen Leben in der Fremde ist in den vorangegangenen Monaten immer spannender, immer plastischer, immer fantastischer geworden. Umso bitterer ist der Entschluss, umkehren zu müssen. »Wir wurden gewarnt, wir haben selbst gesehen, wie es ist, und wir haben es nicht gewagt, das Überqueren dieser Grenze zu riskieren«, erinnert sich Robert, »dagegen waren die Karawanken ein Kinderspiel.«

Schließlich macht Karl den Vorschlag, sich zur Küste durchzuschlagen. »Vielleicht kann man übers Meer noch irgendwie rauskommen«, meint er. So geht es auf demselben Weg zurück – über Skopje, Nisch und Belgrad nach Sarajevo und schließlich nach Dubrovnik.

8

Seit einer Stunde schon sitzen Robert und Karl in einer billigen Schenke und flüstern. Sie bemühen sich, nicht aufzufallen. Sogar jemandem ins Gesicht zu schauen, kann gefährlich sein. Er könnte auf die Idee kommen, mit ihnen ein Gespräch zu beginnen und Fragen zu stellen.

Durch das Fenster sieht man die berühmten Befestigungsanlagen der Stadt, die Kirchtürme, den Hafen, die Masten der Segelboote, die untergehende Sonne nach einem wolkenlosen Frühlingstag. Ein Postkartenbild. Ein Hohn!

»Wir haben keine andere Wahl«, sagt Robert trocken, klopft mit der Zigarette einige Male auf die Tischplatte, nimmt ein Streichholz aus der Schachtel und legt es nach einigem Zögern wieder zurück. Jedes Gramm Tabak ist wertvoll, wenn man wenig Geld hat. Ein Stück Brot wäre Robert ohnehin lieber. Er ist so schwach, dass er kaum noch aufrecht sitzen kann.

»Und wenn ich mit einer Schaluppe selbst nach Albanien, Griechenland oder sogar bis nach Palästina rudern muss. Selbstmord? Na und.« Karl betrachtet konzentriert den Suppenteller, den er und Robert vor mehr als einer halben Stunde leer gegessen haben. Für zwei Portionen hat das Geld nicht gereicht. »Außerdem besteht bei der Variante über Bulgarien zum Schwarzen Meer …«

»Darüber haben wir Dutzende Male gesprochen und sind immer zum selben Ergebnis gelangt«, unterbricht ihn Robert. »Nein! Keine Luftschlösser mehr. Wir werden nach Sarajevo zurückfahren und warten.«

»Worauf?«, zischt Karl. »Erklär mir, worauf du warten willst, verdammt noch einmal. Bis man uns aufgreift und ins Gefängnis sperrt? Bis Hitler ganz Europa erobert hat?«

Robert gibt keine Antwort. Er hört nicht mehr zu, während Karl neue Pläne schmiedet. Bis zu diesem Zeitpunkt hat ihre Freundschaft gehalten. Sie haben sich gut ergänzt – er, der ruhige, etwas zögernde Analytiker, der manchmal ein wenig altklug wirkt, Karl, der spontanere, leicht zu begeisternde, der schnell einen Entschluss fasst und diesen genauso schnell verwirft. Nun aber wissen beide nicht weiter, und was sie am anderen geschätzt oder hingenommen haben, ist plötzlich schwer zu ertragen, steigert die Gereiztheit. »Ich habe mir gedacht, ich stehe auf und gehe einfach hinaus, und er bleibt dort sitzen«, erzählt Robert. »Danach kann er sich meinetwegen einen Ballon bauen und damit nach Argentinien fliegen.«

Aber es kommt anders.

Robert kann heute nicht sagen, ob er damals tatsächlich gegangen wäre. Wahrscheinlich hätte er nicht den Mut zu einem solchen Schritt aufgebracht. Wer möchte schon in einer Extremsituation auf sich allein gestellt sein? Auch seinem Freund hätte er, trotz aller Meinungsverschiedenheiten, ein solches Schicksal nicht zumuten wollen.

»Ihr könnts noch so flüstern, Burschen, ich hör' ja eh alles.« Die Wirtin stellt eine Flasche und drei Gläser auf den Tisch. Der Wein gehe auf Kosten des Hauses, sagt sie.

Die Wirtin ist ist gebürtige Wienerin. »Ich komm aus Favoriten«, erklärt sie, »bin am Reumannplatz aufgewachsen.« Während des Ersten Weltkrieges war sie Krankenschwester, hat in Dalmatien einen Serben kennen gelernt und geheiratet. Nach Kriegsende lässt sich das Ehepaar in Dubrovnik nieder, pachtet und kauft später die Schenke in der Nähe des Hafens. Ihre Heimat hat die Frau seit mehr als zehn Jahren nicht wiedergesehen. Von Hitler und seinen Kumpanen hat sie keine gute Meinung. »Ich habe den Krieg erlebt«, sagt sie. »Wenn man jahrelang zuschaut, wie die Menschen elendiglich verrecken, wenn man Arme und Beine amputiert, als würde man Brennholz schneiden, hat man keinen Respekt mehr für jene, die Kriege beginnen, Orden verteilen und andere zu Helden machen.«

Robert und Karl erhalten ein Abendessen und dürfen auf dem Dachboden übernachten. Der Hausherr gibt ihnen etwas Geld und Zigaretten. »Morgen, spätestens übermorgen müsst ihr weg«, erklärt er. »Mit der Polizei will ich nichts zu tun haben. Wenn meine Frau nicht wäre, hätte ich euch schon heute vor die Tür gesetzt.«

Am nächsten Tag macht die Wirtin die beiden jungen Männer mit einem Fischer bekannt, der sie in der Nacht nach Albanien bringen soll – damals noch ein Zielland für Flüchtlinge. Von dort, heißt es, sei es leichter nach Griechenland zu gelangen. Man könne sich auf ihn verlassen, meint der Fischer. Keiner kenne die Gewässer so gut wie er. Er mache diese Reise aus Freundschaft, die ihn mit der Familie der Wirtin verbinde, doch diese deutet an, dass der Fischer ihr noch eine Gefälligkeit schuldig sei.

Es ist Abend. Karl und Robert sitzen in der Schenke und warten. Zwei Stunden noch, vielleicht drei. Sie haben gut gegessen. Sie brauchen Kraft für diese Nacht. Die Rucksäcke sind wieder voll mit Proviant, die Wasserflaschen gefüllt. »Siehst du«, meint Robert, »du brauchst das Glück nicht zu erzwingen. Es findet dich selbst.« Karl lacht, klopft ihm auf die Schulter, sagt: »Wir werden zu einem späteren Zeitpunkt klären, wer von uns beiden der Klügere ist.«

Wenige Minuten später werden beide verhaftet.

»Ein Polizeispitzel muss uns angezeigt haben«, erzählt Robert. »Wir sind dem Mann schon ein paarmal in der Stadt begegnet, wir haben ihn gesehen, ohne uns viel zu denken, obwohl wir damals schon gescheiter hätten sein müssen. Wenn jemand mehrmals deinen Weg kreuzt, so betont unauffällig, dass es fast plump wirkt, brauchst du nur zwei und zwei zusammenzuzählen. Und dieser Mann steckt auf einmal den Kopf zur Tür rein, zeigt mit dem Finger auf uns und verschwindet wieder. Ein paar Sekunden später kommen drei Polizisten herein und gehen auf uns zu, ganz gezielt, ohne die anderen Leute zu beachten.«

9

Im Polizeigefängnis von Dubrovnik werden sie zu zweit in eine kleine Zelle gesperrt. Elektrisches Licht gibt es keines, und auch während des Tages bleibt die Kammer im Halbdunkel. Auf der Strohmatratze ist kaum Platz für eine Person. Das Essen besteht aus Grütze und Brot, aber es reicht, um die Mägen zu füllen.

Das Verhör findet erst zwei Tage später statt. Der jugoslawische Polizeioffizier spricht ein wenig Deutsch. Er gibt den beiden Häftlingen Zeit, ihre Geschichte zu erzählen, unterbricht selten, tunkt hin und wieder die Feder ins Tintenfass, macht Notizen. In der Zelle haben sich die Freunde darauf geeinigt, dass Angriff die beste Verteidigung sei. Sie werden die Wahrheit erzählen. Wer weiß, wie die politische Lage gerade ist. Je nachdem kann die Wahrheit schaden oder das Leben retten. Das Risiko ist in jedem Fall groß, nur dass man sich bei der Wahrheit nicht so leicht in Widersprüche verwickeln kann. Nun bemühen sie sich, ihre Lage besonders dramatisch erscheinen zu lassen. Im Deutschen Reich drohen ihnen Kriegsgericht, Konzentrationslager, Tod, beteuern sie. Man möge alles mit ihnen machen, nur nicht dorthin zurückschicken! Am Ende hört der Beamte schweigend zu, während er mit einem Stofftaschentuch die Knöpfe an den Ärmeln seiner Uniform reinigt. Als Karl und Robert nichts mehr zu sagen wissen, fällt er in einem knappen Satz sein Urteil: »Wir in Dalmatien sind für euch nicht zuständig!« Danach füllt er vier Formulare aus – »oder waren es fünf?« –, stempelt sie ab, ruft Untergebene ins Zimmer, erteilt Befehle. »Ihr wart vorher in Sarajevo«, sagt er. »Also schicken wir euch dorthin zurück.« Am nächsten Tag werden die beiden Flüchtlinge einem Häftlingstransport zugeteilt.

Die nun folgende Odyssee durch Jugoslawien dauert vier Wochen. »Dies«, meint Robert, »hing mit der innenpolitischen Situation des Landes zusammen. Jeder wollte uns jemandem anderen in die Schuhe schieben.«

»Warum bringt man euch zu mir?«, schreit der Polizeibeamte in Sarajevo. »Was denken sich die in Dubrovnik dabei?« Nachdem er sich beruhigt hat, füllt er vier Formulare aus. Oder fünf.

In Belgrad heißt es: »Typisch! Nur weil die in der Provinz nicht fähig sind, ihre Kompetenzen zu klären, schicken sie alles in die Hauptstadt, bürden uns zusätzliche Arbeit auf. Aber wir sind hier nicht zuständig. Das müssten die Kollegen in Zagreb genauso wissen wie die in Skopje. Wo habt ihr die Grenze überschritten?«

»In Dravograd.«

»Das ist in Slowenien. Na also.« Die bekannten Formulare. Stempel. Unterschriften.

Der Transport nach Ljubljana dauert wieder mehrere Tage. Manchmal bleibt der Viehwaggon mit den Häftlingen über Nacht auf einem Nebengleis stehen, wird danach an einen Güterzug angehängt, dann wieder abgekoppelt. Im

Waggon sitzen andere Emigranten, aber auch Einheimische, die wegen Vagabundierens, Diebstahl oder sonstiger Delikte verhaftet worden sind.

In Ljubljana werden die beiden einem Polizeijuristen im Majorsrang vorgeführt, der einigermaßen gut Deutsch spricht. An anderen Orten haben Robert und Karl schon mit Dolmetschern zu tun gehabt, deren Sprachkenntnisse sich auf »Gut« und »Ja« beschränkt haben. Diesmal haben sie es mit einem Beamten zu tun, der ihnen wirklich zuhört.

»Ich kann verstehen, dass Sie aus diesem Reich flüchten mussten«, sagt der Major schließlich zu Karl. »Aber«, fragt er Robert, »was hat Sie eigentlich zur Flucht bewogen? Sie haben doch keinen Grund. Als reinrassiger Deutscher.«

Robert verschweigt, was er darauf geantwortet hat. Es wird keine Rolle gespielt haben, denn der slowenische Offizier zeigt sich einsichtig. Er möchte den beiden Männern helfen. »Ich sehe ein, dass ihr nicht nach Deutschland zurückwollt«, sagt er. »Aber hier in Jugoslawien dürft ihr nicht bleiben. Wenn ich euch laufen lasse, mache ich mich strafbar. Ich kann es aber verantworten, euch nach Italien abzuschieben. Die italienische Grenze ist nah. Wollt ihr das?« Die beiden erklären sich einverstanden. Was bleibt ihnen anderes übrig.

Man bringt sie in einen Grenzort. Steinhäuser in einer gebirgigen Landschaft. Der Leiter der lokalen Polizeistation tut so, als wären die Häftlinge nicht anwesend. Er füllt keine Formulare mehr aus. Man müsse bis zur Dämmerung warten, erklärt er seinem Kollegen aus Ljubljana.

»Man hat uns die Augen verbunden und an den Grenzbefestigungen vorbeigeführt«, erzählt Hamminger. »Ich habe unter der Binde durchgeschaut, und habe gesehen, wie kümmerlich das alles war. Pfähle waren in den Boden geschlagen. Dazwischen waren Weidenruten, und an manchen Stellen war Sand aufgeschüttet. Für Panzer also eine Spielerei. Aber das durften wir nicht sehen, das war ein großes Staatsgeheimnis. Eine Zeit lang sind wir in einem Wald gelegen. Dann hat man uns den Hügel hinaufgeführt, und der jugoslawische Grenzbeamte hat uns radebrechend erklärt: ›Graniza (Grenze) da! Italiana da!‹ Und da haben wir ihn schon gehört, den italienischen Grenzsoldaten. Er hat in einer ohrenbetäubenden Lautstärke »O sole mio« gesungen. Es hat furchtbar geklungen. Der jugoslawische Beamte hat auf seine Uhr gedeutet, hat uns zu verstehen gegeben, dass es jetzt eine halbe Stunde dauern wird, bis der Italiener von der anderen Seite wiederkommt. In dieser Zeit müssten wir hinüber. Dann hat er sein Gewehr abgenommen und aufgepasst, dass wir nicht zurückkommen.«

10

In Triest hoffen Karl und Robert, über den Seeweg doch noch nach Palästina zu kommen. Italien ist damals – im April 1940 – noch nicht auf Seiten Deutschlands in den Krieg eingetreten. Doch ein Schiff, auf dem sie anheuern könnten, steht nicht zur Verfügung. Im Hafen ist wenig los. Die Weltmeere gehören den Unterseebooten, Zerstörern und Wasserminen. Ein britischer Frachter, der Bauxit geladen hat, liegt auf Reede und muss generalüberholt werden. Auslauftermin ungewiss.

»Trotzdem«, meint Hamminger, »erschien uns damals sogar Italien von zwei Übeln das Geringere zu sein. Wir gingen davon aus, dass der italienische Faschismus zwar nicht harmlos, aber immer noch besser als der deutsche sei. Man redet sich, wenn man als Flüchtling in der Klemme sitzt, wie gesagt, immer alles mögliche ein.«

In ihrer Verzweiflung erinnern sich die beiden an die Behauptung Doktor Katzlers aus Berlin, Österreich habe eine Exilregierung. Sie finden die Adresse des britischen Konsulats im Telephonbuch, gehen hin und werden zu ihrem eigenen Erstaunen vom Konsul persönlich in sein Büro gebeten. Der Konsul ist ein freundlicher älterer Herr, der ihnen lächelnd zuhört, während sie in ihrem mangelhaften Schulenglisch ihre Situation erklären. »Es tut mir sehr Leid, Gentlemen«, sagt er schließlich, »aber Sie sind einem Gerücht aufgesessen. Österreich hat keine Exilregierung in London. Ich wünschte mir für Sie, die Abfolge der Ereignisse in jenen verhängnisvollen Märztagen vor zwei Jahren, als Ihr Land sich selbst aufgegeben hat, wäre eine andere gewesen.«

»Es gab also keine Regierung, die sich für uns hätte einsetzten können, und jene Version, die bei den Konferenzen in Moskau und Jalta aufgetaucht ist, dass Österreich das erste von Hitler überfallene Land gewesen sei, war eher eine politische Spekulation als eine Tatsache«, meint Hamminger. »Stalin wollte, dass die Sowjetunion zur Schutzmacht Österreichs wird. Dies hat den österreichischen Politikern später die Möglichkeit gegeben, jahrzehntelang die Fiktion von Österreichs Unschuld aufrecht zu erhalten.«

Robert und Karl erwarten, dass der Konsul sie nun bitten werde, das Gebäude zu verlassen. Es grenzt ohnehin an ein Wunder, dass sie – zwei Obdachlose – in diesen Raum mit Mahagonischreibtisch und getäfelten Wänden vorgelassen worden sind. Doch der Konsul fragt, ob er die »beiden Gentlemen« auf einen Tee oder vielleicht auf einen Whiskey-Soda einladen dürfe. Er habe »unter den gegebenen Umständen« möglicherweise eine Lösung für ihr Problem.

Während Karl und Robert Tee trinken und Sandwiches essen, sieht sich der Konsul ihre Papiere an. Karl hat einen deutschen Pass mit einem »J«-Stempel auf jeder Seite. Robert musste seinen zivilen Pass nach der Musterung abgeben. Den Wehrpass hat er in Wiener Neustadt zurückgelassen. Um sich auszuweisen, hat er seinen abgelaufenen österreichischen Reisepass mitgenommen, obwohl er weiß, »dass es dieses Land völkerrechtlich im Augenblick nicht gibt und auch fraglich ist, ob es das je wieder geben wird.«

Es werde bestimmt wieder ein Österreich geben, versichert ihm der Konsul, und dazu könne er, Robert Hamminger, wesentlich beitragen. Er mustert die beiden Freunde, und plötzlich schwindet das Lächeln aus seinem Gesicht. »Ich nehme an, Sie wollen Ihren Beitrag im Kampf gegen den deutschen Faschismus leisten«, sagt er. In seiner Stimme schwingt sogar ein wenig Pathos mit. Die beiden beteuern, dass es nichts gebe, was sie sich sehnlicher wünschen. Außer ein ordentliches Abendessen und ein Bad, denkt Robert.

»Dann wenden Sie sich an meinen französischen Kollegen«, meint der Konsul. »Ich gebe Ihnen die Adresse.«

Sowohl Robert als auch Karl ist sofort klar, was dies bedeutet: die französische Fremdenlegion.

Die beiden Freunde verlassen das britische Konsulat mit gemischten Gefühlen. Bevor sie den Ihnen angebotenen »Ausweg« ernsthaft in Erwägung ziehen, suchen sie eine Reihe weiterer Konsulate auf. Doch keines der neutralen oder alliierten Staaten nimmt Flüchtlinge auf. Auch das Gerücht, es gebe einen so genannten »Nansen-Pass«, den Norwegen für Flüchtlinge ausstellt und der international als

Ausweispapier anerkannt werde, erweist sich als falsch. »Ja, den hat es einmal gegeben«, erklärt ein Mitarbeiter des Norwegischen Konsulats. »Aber er wurde schon vor mehr als zehn Jahren abgeschafft.« Nach dem Ersten Weltkrieg hatte Norwegen staatenlosen Flüchtlingen solche Papiere ausgestellt und sie damit unter den Schutz ihres Landes gestellt. Doch in Zeiten, da kaum ein anderer Staat humanitäre Hilfe leistete, war ein kleines Land wie Norwegen mit einer solchen Aufgabe überfordert.

11

»Dann sind wir in dieser spärlichen Frühlingssonne an der Mole von Triest gesessen, sind an dieser langen Mole bis zum Ende hinausspaziert und haben uns überlegt: Mensch, los, es bleibt uns ja sowieso nichts anderes übrig. Wir haben ja schon gemerkt, dass uns Polizisten auf der Straße misstrauisch beobachten, dass es auf die Dauer nicht so weitergehen kann. Wir mussten irgendwie aus diesem Land rauskommen. Am Abend haben wir uns einen billigen Rotwein gekauft, haben uns ein bisschen angetrunken und beschlossen: So, am nächsten Morgen gehen wir ins französische Konsulat.«

Die Sekretärin des Konsuls ist Österreicherin, die mit einem Franzosen verheiratet ist. Deshalb gibt es keine Sprachschwierigkeiten.

»Vergessen Sie alles, was Sie über die légion étrangère gehört haben«, erklärt der französische Konsul. »Alle Gräuelmärchen über diese Eliteeinheit der französischen Armee stammen aus der Propagandaabteilung der Nazis. Als Angehörige der Fremdenlegion sind Sie Soldaten wie alle anderen, Sie gehören zu jenen, die gegen den Hitlerfaschismus kämpfen. Die Geschichte wird Ihren Einsatz nicht vergessen, und alle nachkommenden Generationen werden Ihnen zu Dank verpflichtet sein. Nützen Sie die Chance, in diesem welthistorischen Konflikt auf der richtigen Seite zu stehen!«

Robert hat ein anderes Bild von der französischen Fremdenlegion. Er weiß, dass sie hauptsächlich in den Kolonien, insbesondere in den von Berbern bewohnten Regionen Marokkos und Algeriens, zur Bekämpfung von Aufständischen und Schmugglern oder im Dschungel Indochinas eingesetzt wird. Das war bekannt, schon bevor die Nazis irgendwelche Propagandabroschüren verfassten. Aber vielleicht ist das jetzt anders, denkt er. Immerhin ist Krieg in Europa.

Der Konsul händigt den beiden »Rekruten« einen Geldbetrag in Lire aus. »Kaufen Sie sich etwas Ordentliches zum Anziehen«, sagt er. »Sonst kassiert Sie die italienische Polizei noch wegen Vagabundierens.«

Dann stellt er sie einem dürren Mann mit Hakennase vor. Sein Name ist Monsieur Alberti. Er soll sie nach Frankreich bringen.

Alberti mustert seine Rekruten mit dem Kennerblick des Sklavenhändlers. Besonders mit Karl scheint er zufrieden zu sein.

»Waren Sie schon einmal beim Militär?«, fragt er ihn.

»Nein.«

»In Ihrer Haltung, in Ihrer ganzen Art ist etwas Soldatisches.«

»Mein Vater war in der Monarchie Berufsoffizier. Er hat Wert auf Haltung gelegt.«

»Oh, ich verstehe!«, sagt der Franzose und macht eine leichte, fast nur angedeutete Verbeugung. »Ich schätze die österreichischen Offiziere sehr. Im letzten Krieg habe ich gegen sie gekämpft.«

Die beiden frisch gebackenen Fremdenlegionäre unterschreiben alle Papiere, die man ihnen vorlegt. Am nächsten Tag werde sie Monsieur Alberti um zehn Uhr morgens auf dem Bahnhof erwarten. Sie würden mit dem Zug bis zur französischen Grenze fahren. Es sei wichtig, sich so unauffällig wie möglich zu verhalten, solange sie in Italien seien. Dies sei nicht Jugoslawien. Die Behörden greifen viel strenger durch. Danach wisse Monsieur Alberti schon, wie er seine Schutzbefohlenen »auf die sichere Seite« bringe.

»Wir waren fürs Erste erleichtert«, erinnert sich Robert. »In einer Notsituation geht es ja immer ums Nahziel. Was mache ich in den nächsten vierundzwanzig Stunden? Oder wo bekomme ich eine ordentliche Mahlzeit her, nachdem ich zwei Tagen keine mehr gehabt habe.«

12

In Triest gibt es damals noch eine kleine, aber sehr verarmte jüdische Gemeinde. Die italienischen Juden haben seit zwei Jahren auch in Italien unter diskriminierenden Rassengesetzen zu leiden. Viele sind ausgewandert. Unter dem Druck Hitlers hat Mussolini, dessen Politik bis dahin nie judenfeindlich gewesen ist, den Antisemitismus zur Ideologie erhoben. Um ihr Leben müssen Italiens Juden aber vorerst noch nicht fürchten. Die Deportationen werden erst nach dem Einmarsch der Deutschen im Jahre 1943 beginnen.

Die Gemeinde hat die beiden Österreicher an eine alte Frau, die eine kleine Dachkammer bewohnt, vermittelt. Darin ist gerade Platz für ein Bett, eine Truhe und einen

Hocker, auf dem man sitzen kann, wenn man den Kopf einzieht. Die Dachschräge verläuft vom Kopfende des Bettes bis zum Rohr des Ofens, der gleichzeitig als Herd dient. Auf der Truhe steht eine Petroleumlampe und eine Menora, der siebenarmige Leuchter. Neben das Bett legt die alte Frau eine Matratze, auf der Karl übernachten kann. »Ich freue mich über jeden Besuch«, sagt sie in fehlerfreiem Deutsch. »Ich bin so allein.« Für einen Zweiten ist kein Platz. Robert muss sich nach einem anderen Quartier umsehen. Bis dahin haben sich die beiden selten getrennt. Nun bleibt ihnen nichts anderes übrig. Kein gutes Gefühl.

Robert bittet in einem christlichen Hospiz, das von deutschen Patres geführt wird, um ein Quartier. Man weist ihm ein Bett zu, ohne viele Fragen zu stellen. Das Hospiz ist ein finsterer Spätrenaissancebau in der Altstadt von Triest, der sich in einer engen Straße befindet. Das Gegenüber besteht aus windschiefen Steinhäusern. Zwischen den Balkonen sind Wäscheleinen gespannt.

An ihrem letzten Abend in Triest gehen Robert und Karl in ein Restaurant. Sie haben nun Geld genug, um sich ein dreigängiges Menü zu leisten. Karl redet unentwegt vom Kampf gegen den Faschismus, während Robert an die Gefahren des vietnamesischen Dschungels, an Sumpffieber oder den Dienst in einem Militärstützpunkt in Französisch Äquatorialafrika denkt. Wenn sie mich an die Front gegen die Deutschen schicken und wenn ich im Kampf sterbe, hat sich mein Leben trotzdem gelohnt, denkt Robert. Wenn nicht, muss ich ein zweites Mal desertieren. Schwarzafrikanische oder vietnamesische Banditen werden mich immer noch besser behandeln als die Nazis.

Die beiden Freunde verabreden sich für den nächsten Morgen. Um neun Uhr würden sie sich in dem kleinen

Kaffeehaus vis-à-vis vom Bahnhof treffen. Dann geht jeder in sein Quartier.

Im Hospiz gibt Robert seine Abreise bekannt und zahlt die Rechnung. Vor zwei Tagen wusste er noch nicht, ob er den kleinen Betrag für die Nächtigungsgebühr aufbringen können würde. Zumindest darüber muss er sich keine Sorgen mehr machen. Im Vergleich zu früher ist sein Status nun privilegiert. Er ist kein Vagabund mehr.

Der Herbergsvater macht einen betrübten Eindruck. »Gott segne dich!«, sagt er. »Du wirst in nächster Zeit seine Hilfe nötig haben.« Er lässt Tee bringen, sitzt mit dem jungen Mann noch einige Zeit beisammen. In den letzten Monaten hat Robert gelernt zu schweigen oder insistierenden Fragestellern ausweichende Antworten zu geben. Aber der Herbergsvater fragt nichts.

Am nächsten Morgen schultert Robert seinen Rucksack und verlässt das Gebäude. Einer der Mönche nickt ihm noch zu, senkt den Blick, wendet sich schnell ab. Robert wundert sich über dieses verschämte Verhalten. Andererseits sind sie Mönche, denkt er, anders als normale Menschen. Bevor er die Straße überqueren kann, versperrt ihm ein von Pferden gezogener und mit Kisten belandener Wagen den Weg. Dem Geruch nach muss es sich um Obst handeln. Kisten, Pferde, die Wäsche auf den Balkonen – alles scheint an diesem Morgen zu glänzen. Ein schöner Tag, um sich auf den Weg zu machen.

Der Wagen gibt die Fahrbahn wieder frei. Am gegenüber liegenden Gehsteig stehen zwei Herren, ihrem Aussehen nach ganz offensichtlich Nichtitaliener. Sie gehen auf Robert zu. Der eine packt ihn am Ärmel seiner Jacke. Der andere sagt: »Kommen Sie mit!« Schwäbischer Tonfall. In seiner Verzweiflung versucht Robert mit den wenigen Brocken

Italienisch, die er in den vergangenen Tagen gelernt hat, sich für einen Einheimischen auszugeben. Der Schwabe lacht und sagt: »Mach mal keine Faxen! Es ist dir überlassen, du kannst mit den Herren dort drüben mitgehen, doch da landest du auch wieder bei uns.« Einige Meter entfernt stehen ein paar Carabinieri und schauen zu. Am anderen Ende der Straße ist ebenfalls ein Uniformierter postiert.

Robert denkt nicht an Flucht. Er hätte ohnehin nicht die Geistesgegenwart, um sich loszureißen und in einem Hauseingang oder Hinterhof zu verschwinden. Sein Schockzustand hält an, als er durch die engen Gassen geführt und in ein Auto gestoßen wird. Widerstandslos lässt er sich ins Gebäude des deutschen Konsulats führen und in ein Kellerabteil sperren.

»Ich habe keine Ahnung gehabt, dass diese Mönche einen direkten Kontakt zu den deutschen Behörden gehabt haben«, berichtet Robert. »Das habe ich erst später erfahren und verstanden, warum der Herbergsvater mich am Vorabend so mitleidig angeschaut hat. Offenbar musste er dem Konsulat Zugänge und Abgänge melden, was er vielleicht weder freiwillig noch mit Enthusiamus gemacht hat. Ich weiß es nicht. Jedenfalls hat er für mich gebetet und mich dann ins offene Messer laufen lassen.«

Den ganzen Tag und die folgende Nacht muss Robert im Keller verbringen. Danach begleiten ihn zwei italienische Polizisten und der Gestapobeamte mit dem schwäbischen Akzent zum Bahnhof. Mit dem Personenzug geht es Richtung Norden. »Heim ins Reich«, scherzt Roberts Begleiter. Ansonsten gibt er sich wortkarg. »In ein Sanatorium schickt man dich sicher nicht«, brummt er. »Halt den Mund und löchre mich nicht mit Fragen.«

Heute sinniert Robert über die Fluchtmöglichkeiten, die

er sich damals entgehen ließ. Ein Toilettenfenster, das man aufbrechen hätte können. Ein Sprint in die Freiheit während eines Aufenthaltes in einem der Bahnhöfe vor der Kärntner Grenze. Ob er Handschellen tragen musste? Er weiß es nicht mehr. Es spielt keine Rolle. Er ist nicht geflohen. Seine Chancen zu entkommen, waren ohnehin sehr gering. Was ihm damals durch den Kopf gegangen ist? Das könne ich mir doch denken! Man müsse sich nur die normale Angst, die jeder kennt, um ein Tausendfaches multipliziert vorstellen.

Manchmal wird diese Angst unerträglich. Dann versucht Robert, sich auf Details zu konzentrieren, schaut aus dem Fenster, zählt Telegraphenmasten und Brücken, sieht, wie die Bauern auf den Feldern sich umdrehen und dem vorbeifahrenden Zug nachschauen, wie ein junges Paar sich auf einem Bahnsteig umarmt, wie Tauben in einer Bahnhofshalle hin und her fliegen. In Görz denkt er, dass Jugoslawien nur wenige Kilometer entfernt ist.

An der Grenze wird Robert schon erwartet: »Sie hatten eine Raute am Uniformärmel, und ich wusste sofort, dass es sich um Männer vom SD, dem SS-Sicherheitsdienst, der Polizei innerhalb der SS, handelte. Ich habe zwar damals nicht viel über die innere Struktur der SS gewusst, aber soviel war mir klar: Mich erwartet das Schlimmste. Dieses scheinbar so harmlose kleine Ding am Ärmel, wo schlicht und einfach SD draufstand, mit einer Raute, die weitaus weniger schreckenerregend wirkte als der Totenkopf, war das Zeichen für das Schrecklichste, was es damals gab. Den Totenkopf, den war man schon gewohnt, den hat man ja ununterbrochen gesehen. Der Normalbürger wusste oft nicht, dass es innerhalb dieser Organisation noch etwas viel Bösartigeres gibt.«

13

Man geht grob mit ihm um, aber man schlägt ihn nicht. Noch nicht. Verglichen mit dem SS-Transport, ist die Fahrt im jugoslawischen Häftlingszug eine Vergnügungsreise gewesen. Die Zellen im Güterwaggon sind nicht größer als Klokabinen. Man kann nicht liegen, nicht aufrecht stehen, nicht einmal die Beine ausstrecken. Eine Sitzfläche, die sich hinunter klappen lässt – das ist alles. Meistens sitzt nur eine Person in jeder Zelle. Gelegentlich sind es auch zwei. Es geht nach Westen, durch Tirol und Vorarlberg zum Bodensee und dann in den Norden, durch ganz Süddeutschland über Stuttgart, Mannheim, Würzburg, Nürnberg, Augsburg und München nach Salzburg, Linz und später nach Wien. Überall werden Gefangene »eingesammelt«. Aus kleineren Transporten wird ein größerer zusammengestellt, weitere Waggons angekoppelt. Manchmal bleibt der Zug auf einem Abstellgleis für Stunden oder sogar Tage stehen. An den großen Bahnhöfen wird er vorbeigeführt, »um der Bevölkerung den Anblick der Gefangenen zu ersparen.« In den Fünfzigerjahren konnte Robert die einzelnen Stationen dieses Häftlingstransportes noch genau rekonstruieren. Heute vermischen sich Tageszeiten und Orte.

Die Häftlinge sind überwiegend Gegner des Regimes und rassisch Verfolgte. Die »Kriminellen« bleiben für die Dauer des Transportes in der Minderheit.

»Irgendwo in Vorarlberg ist ein junger Zigeuner zu mir in die Zelle gekommen. Er war ganz verschreckt und hat mich so entsetzt angeschaut, als ob ich ein Nazispitzel wäre. Doch bald hatte er Vertrauen zu mir gefasst. Dieser Zigeuner hat in Vorarlberg in einer Textilfabrik gearbeitet und mit einer Vorarlbergerin zusammengelebt. Nun war er wegen Rassenschande festgenommen worden. Er konnte das gar nicht begreifen, erzählte, dass schon sein Vater in Vorarlberg gearbeitet hatte. Auf einer kleinen Mundharmonika hat er immer furchtbar traurige Weisen gespielt. In Augsburg ist er rausgeholt worden. Wir hatten gerade noch Zeit, uns zu umarmen. Ich habe keine Ahnung, was aus ihm geworden ist.«

Was den Umgang mit den Roma und Sinti betrifft, habe es Streitigkeiten zwischen den Behörden der verschiedenen Gaue gegeben, erzählt Hamminger. Ein großer Scharfmacher sei der Gauleiter von Niederdonau – dieser Gau umfasste das heutige Niederösterreich und das nördliche Burgenland – gewesen, wo die meisten Zigeuner gewohnt hätten. Ansonsten seien die Verantwortlichen des NS-Regimes zu jenem Zeitpunkt noch nicht einig darüber gewesen, ob sie alle Roma und Sinti umbringen, ausgrenzen oder in der einen oder anderen Form integrieren sollten.

Robert ist einer der Jüngsten unter den Häftlingen und wird von der Wachmannschaft als »relativ ungefährlich« eingestuft. Auf einer der längeren Transportpausen auf einem Abstellgleis wird er aus seiner Zelle gelassen. Er soll eine Kanne Wasser für die Wachmannschaft holen. Nach der Dunkelheit der Zelle blendet ihn das Tageslicht. Erst nach einiger Zeit erkennt er ein barackenähnliches Holzgebäude, ein Bahnwärterhäuschen und eine Zisterne, dahinter eine Böschung und einen Nadelwald. Man drückt ihm eine Kanne in die Hand. Der Wachmann sitzt auf dem Trittbrett des Waggons und raucht. Das Gewehr liegt auf seinen Knien. Zwei, drei schnelle Schritte von der Zisterne weg und sich fallen lassen, die Böschung hinunter rollen, im Wald verschwinden. Aber Robert zögert, lässt die Chance verstreichen. Was soll er auch als junger Österreicher, den die Gestapo sucht, hier mitten in Bayern, im Herzen des Dritten Reiches, ohne Geld und ohne Kontakte anfangen? Jeder Bauer – ein potenzieller Denunziant. Jede Frau – insgeheim verliebt in den Führer. Es ist Krieg, und Hitlers Armeen eilen von Sieg zu Sieg. Wer hätte schon Mitleid mit einem Deserteur, wenn der nationale Traum von eineinhalb Jahrhunderten sich gerade zu erfüllen scheint?

Der »Oberste Dienstgrad« gibt sich jovial, lädt Robert ins Abteil der Wachmannschaft ein. Hier ist es geräumig, fast gemütlich.

»Magst einen Kaffee haben?«

»Ja, danke.«

»Da hast eine Zigarette.«

»Danke.«

Einer der Aufseher steht auf, der andere schaut aus dem Fenster. Auf dem Tisch liegt ein Heft etwa von der Dicke eines Daumens. Robert macht es auf, blättert es schnell durch. Ein Kursbuch für Schubtransporte. »Da konnte ich ahnen, welche Dimensionen die Repressionen schon angenommen hatten. Nur wenige Jahre später rollten die Züge mit den europäischen Juden in die Vernichtungslager. Es gibt genug Dokumente des Schriftwechsels mit der Reichsbahn, mit den verschiedenen Reichsbahndirektionen, vor allem Abrechnungen – das ist ja besonders makaber bei den Deutschen. Pro Person, pro Transport, 1 Reichsmark 60 Pfennig für jeden ins Vernichtungslager transportierten Menschen. Die Deutschen haben korrekt und gewissenhaft die in Kilo und Gramm gewogenen Goldzähne fein säuberlich notiert, sogar noch zu einem Zeitpunkt, als keiner mehr an den Endsieg glaubte, und sich damit selbst Belastungsmaterial geschaffen. Aber ordnungsliebend, wie sie waren, hätten sie keine Schlamperei ertragen. So etwas sei nur möglich, wenn eine hohe Arbeitsethik mit destruktiven – auch selbstdestruktiven – Gefühlen eine Verbindung eingehe, hat einmal ein Bekannter von mir behauptet. Man möge darüber spekulieren, warum das gerade oder eben nur in Deutschland in dieser Form möglich war. Vielleicht weil in allen Extremen immer das Gegenteil enthalten sei. Jemand, der seine Friedfertigkeit betone, habe den geheimen Wunsch, einmal ordentlich dreinzuschlagen, und der vermeintlich Rechtschaffene könne, wenn die Umstände sich ändern, viel leichter zum Dieb und Mörder werden als jener, der nie von seiner moralischen Überlegenheit überzeugt gewesen sei. Das nur als kleine Abschweifung an dieser Stelle, die einem alten Mann erlaubt sein soll.«

14

Durch die Schlitze in der Waggonwand erkennt Robert, dass er wieder in seiner Heimat ist. Salzburg. Linz. St.Pölten. Es geht Richtung Osten. Nach Wien. Zum Ausgangspunkt seiner Flucht zurück.

»Wir sind in Wien ausgeladen worden, weit draußen, außerhalb des Westbahnhofes. Man hat uns in diese grünen Häftlingswägen verfrachtet. Da konnte man auch beim Schlitz rausschauen, und dann sehe ich: Es geht Richtung neunten Bezirk zur Rossauerlände, in das Polizeigefängnis. Die oberen Geschoße eines Traktes waren freigemacht – als zusätzliche Zellenräume für die Gestapo. Ein Stück weiter stadteinwärts, am Morzinplatz, war in einem früheren Hotelgebäude das Hauptquartier der Gestapo, dort wo heute das Denkmal steht.«

Die Zustände in der Zelle, einem ehemaligen Büroraum,

dessen Fenster nachträglich vergittert wurden, sind kaum zu ertragen. Die große Anzahl von Häftlingen macht es unmöglich, dass sich abends alle gleichzeitig hinlegen können. Man wechselt sich beim Liegen ab. Aber mehr als zwei, drei Stunden Schlaf sind für den einzelnen nicht möglich. Immer wieder werden Menschen abgeholt, die nicht wiederkommen. Es kommen immer Neue nach.

Glücklicherweise freundet sich Robert mit einem um einiges älteren Mann an; er dürfte Anfang oder Mitte vierzig sein, ist Sozialdemokrat und ein »Erfahrener«, der schon unter dem Dollfuß-Schuschnigg-Regime eingesperrt gewesen war. Er bringt dem jungen Mann die nötigen »Verhaltensregeln« bei. »Red' ja nicht zu viel!«, sagt er. »Mach' nicht den Versuch, Geschichten zu erzählen, die dir den Kopf aus der Schlinge halten, vermeintlich, sondern riskier' lieber eine Ohrfeige und hör' genau hin, was sie überhaupt von dir wollen, wie sie dich einschätzen und einteilen. Es kann sein, dass sie dich in einer viel besseren Rolle sehen, als deine augenblickliche Lage ist, einfach aus Unwissen.«

Mehrere Male wird Robert zum Verhör in die berüchtigte Gestapozentrale am Morzinplatz gebracht. Der für Minderjährige zuständige Beamte im »Referat für Jugendliche« ist ein »urgemütlicher Wiener Zyniker«, der Dialekt, »ein breites Ottakringerisch«, spricht. In legerer Haltung sitzt er im Sessel hinter dem Schreibtisch, raucht, grinst, begrüßt den Häftling wie einen alten Freund.

»Also, Burscherl, wie is' es?«, fragt er den fast Zwanzigjährigen. »Wir können ja reden. Bist eh g'scheit, gell? Mach keinen Blödsinn!«

Robert muss sich setzen. Ein anderer Gestapobeamter steht hinter seinem Rücken, drückt ihn in den Stuhl zurück, wenn er aufzustehen versucht. Wenn Robert nicht schnell genug antwortet oder die Antwort nicht in die gewünschte Richtung geht, klopft der Herr Jugendreferent mit dem Finger auf den Tisch, woraufhin sein Kollege, ein kräftiger Mann, ein »Riesenlackel«, den Fauxpas mit einer Ohrfeige bestraft. Abwechselnd von links oder von rechts kommen die Schläge, und sie werden immer kräftiger. »Wie g'fallt dir sowas?«, erkundigt sich der Peiniger daraufhin bei seinem Opfer belustigt. »Hast ein bisserl Schmerzen? Das tut mir aber Leid.«

Robert Hamminger möchte erfahren, was man ihm vorwirft. »Willst du das wirklich wissen, Burscherl?«, fragt der Gestapobeamte, grinst und klopft wieder auf den Tisch. Hamminger beschließt, keine Fragen mehr zu stellen, hat das Gefühl, man reiße ihm den Kopf ab, fürchtet, dass ihm das Trommelfell platzt.

Im nächsten Augenblick gibt sich der »Jugendreferent« wieder jovial und gönnerhaft. »Geh, jetzt hör doch auf!«, wendet er sich an seinen Kollegen. »Du machst ihn ja hin, den kleinen Buam.« Er fragt sein Opfer, ob es schon raucht, schenkt ihm Zigaretten.

»Ich habe mich wieder so zu Hause gefühlt«, erinnert sich Robert. »Die Wiener haben so eine eigene Art von Spaßmachen. Sie haben eben einen gepflegteren Zynismus als andere, sind eben einfallsreicher.«

»Ich habe dann später noch einmal einen echten Wiener erlebt«, fügt Hamminger nach kurzem Schweigen hinzu, »einen Wirt aus Ottakring, der in Neapel Aufseher im Militärgefängnis gewesen ist, und der hat die Leute grundsätzlich nur in der Neapolitanischen Sommerhitze schikaniert, weil er gefunden hat, das sei viel lustiger, als wenn die Sonne sich schon gesenkt hat. Gegen Mittag brechen die viel rascher zusammen, hat er gemeint. Da muss man nicht so lange warten, bis sie umfallen. Und dieser ehemalige Wirt ist unter einem Vordach gestanden, wo es schattig war, hat Wasser getrunken und hat gelacht. Er war ein gemütlicher Wiener. Die Brutalität ist bei uns hintergründiger. Hinterfotziger, wie man in Wien sagt.«

Trotz der Schläge gelingt es Robert, wichtige Informationen zu verschweigen. »Ich habe zum Beispiel meinen Freund Karl nie erwähnt. Bei der Verhaftung bin ich ja allein gewesen. In diesem christlichen Hospiz hat man uns ja nie zusammen gesehen. Karl hat mich dort nie besucht. Wir haben uns immer auf der Straße getroffen. Das war schon wesentlich, so etwas nicht zu erzählen. Wenn ich das Ganze allein gemacht habe, konnte man mir nicht so leicht vorwerfen, irgendeiner Organisation anzugehören.«

Sobald Robert wieder in seiner Zelle ist, zieht er sich in seine Ecke zurück. Sein neuer Freund fragt ihn aus, gibt ihm Ratschläge. Aber Robert hat von ihm gelernt, versucht auch jetzt, nur das Notwendigste preiszugeben. Jeder Mensch kann in dieser Zeit ein Spitzel sein.

15

»Ihr Vater war Sozialist?«, fragt der Jugendreferent.

»Ja.«

»Er ist es immer noch, nicht wahr?«

»Ich weiß nicht.«

Klopfen auf den Tisch. Ohrfeige.

»Er ist seit langer Zeit nicht mehr politisch aktiv.«

Klopfen auf den Tisch. Ohrfeige.

»Ich schwöre es!«

»Geschworen haben hier schon viele. Und auch gelogen.«

»Ich lüge nicht.«

Klopfen auf den Tisch. Ohrfeige.

»Und nun, Burscherl, werden wir uns ein bisserl mit deiner Mutter beschäftigen. Über den Vater sprechen wir noch.«

»Meine Mutter hat nichts von meiner Flucht gewusst.«

Klopfen auf den Tisch …

»Mein Gott, du schaust ja aus, wie ein gerupftes Hendl … Willst ein Glas Wasser? Da hast eine Zigarette. Bist ja eigentlich ein sympathisches Burscherl. Wär' wirklich schad', wenn wir einen wie dich hinrichten müssten.«

Robert schweigt. Er ist erschöpft, er zittert. Der Gestapomann, der ihn geschlagen hat, gibt ihm Feuer.

»Hast einen schönen Körper, Burscherl, wie bei einer Frau«, sagt der Jugendreferent. »Ist doch eine Verschwendung, dich zum Krüppel zu schlagen. Weißt eh, die Watschen, das ist nur so eine kleine Spielerei, bevor es richtig losgeht. Sozusagen zum Aufwärmen. Wie beim Sport.«

Hinter seinem Stuhl hört Robert ein Lachen.

»Geh, sei still, du Unmensch!«, schreit der Jugendreferent. »Der Arme fürchtet sich ja, wenn du so bedrohlich wieherst. Gleich macht er sich in die Hose.«

Der junge Mann wird über seinen familiären Hintergrund ausgefragt. Man konfrontiert ihn mit Namen, die er nicht kennt. Erst nach dem Krieg wird ihm klar, was die Gestapo von ihm will. Sie versucht herauszufinden, ob er zu bestimmten katholischen, dem NS-Regime kritisch eingestellten Jugendkreisen in Wien Verbindung gehabt und ob es da vielleicht einen Zusammenhang mit seiner Flucht gegeben habe. Im Herbst 1938 hat es in Wien eine Demonstration von Katholiken am Stephansplatz gegeben. »Wir wollen unseren Bischof sehen!«, hatten katholische Jugendliche geschrien und außerdem: »Ein Volk, ein Reich, ein Bischof!« skandiert. Es kam zu Zusammenstößen mit der HJ, die danach das erzbischöfliche Palais stürmte. Kardinal Innitzer, der kurze Zeit zuvor noch die österreichischen Katholiken aufgefordert hatte, bei der von den Nazis inszenierten Volksabstimmung über den »Anschluss« mit »Ja für Hitler« zu stimmen und sogar seine Briefe mit »Heil Hitler« unterzeichnet hatte, musste sich nun vor den jugendlichen Randalierern verstecken. Ein Kaplan wurde aus dem Fenster geworfen und erlitt schwere Verletzungen. Die Hitlerjugend wurde schließlich von SA-Leuten vertrieben. Ein erzbischöfliches Palais wie eine Synagoge zu verwüsten, erschien der Naziführung nicht als opportun. So radikal wollte man zu diesem Zeitpunkt noch nicht gegen die Kirche vorgehen.

»Später«, erzählt Robert, »als ich aus historischen Dokumentationen das Ganze erfahren habe, verstand ich: Genau das war es, das wollten sie wissen, das war ihre Spur. Sie haben mich über meine katholisch praktizierende Mutter ausgefragt. In der Wohnung meiner Eltern fanden Hausdurchsuchungen statt. Aber sie haben nichts Belastendes gefunden.«

Robert wundert sich bis heute, warum er damals nicht die Nerven verloren hat. Er spricht von Überlebensinstinkt und von altersbedingter Naivität. Natürlich weiß er, dass man ihn zu Tode prügeln oder sogar hinrichten hätte können. Aber das Wissen bedingt noch nicht die Gewissheit, dass etwas tatsächlich geschehen kann. »Ich hab's erfolgreich verdrängt«, sagt er. »Irgendwie werde ich mich schon rauswinden, habe ich mir gedacht. Der Verstand sagt das Eine, das Gefühl etwas Anderes. Der Verstand war immer der pessimistischere Teil von mir.«

16

Robert erzählt der Gestapo weder von seinen Erlebnissen in Jugoslawien oder Italien noch erwähnt er die wahren Beweggründe für seine Flucht, so dass ihm keine politisch motivierte Aktion nachgewiesen werden kann. »Ich hatte, wie gesagt, die ganze Zeit keine Ahnung, was die von mir wollen. Das gehörte zu den Verhörmethoden«, erzählt mir Hamminger und erklärt, dass er monatelang nicht gewusst habe, was ihn am nächsten Tag erwarte, ob seine Eltern, zu denen er keinen Kontakt aufnehmen durfte, noch in Freiheit oder ebenfalls schon verhaftet seien. Das sei das Schlimmste gewesen.

Nach dem dritten Verhör herrscht plötzlich absolute Funkstille. Robert wird nicht mehr in die Gestapozentrale gebracht. Nach einiger Zeit hat er den Eindruck, man habe ihn vergessen. Es geht in den Sommer hinein. In der Zelle ist es heiß und stickig. Robert muss miterleben, wie seine Mithäftlinge das Bewusstsein verlieren oder wie sie nach Wasser betteln und keines bekommen. Man hört unglaubliche Gerüchte. Die deutsche Wehrmacht habe an allen Fronten gesiegt, heißt es. Hitler sei in Paris. Großbritannien kämpfe ums Überleben. Italien habe Frankreich den Krieg erklärt, um sich an der Kriegsbeute zu beteiligen. In wenigen Wochen müsse alles vorbei sein. Manche von Roberts Mitgefangenen hoffen deshalb auf die Milde der NS-Machthaber. Robert selbst gibt sich keinen Illusionen hin.

Einer der Gefangenen ist ein Geistlicher. Sein Name ist Pater Martin. Robert weiß nicht mehr, welchem Orden er angehört hat, und er kann sich nicht erinnern, aus welchem Grund ihn die Nazis eingesperrt haben. Bei den Verhören jedenfalls wird Pater Martin noch schwerer und brutaler gefoltert als die anderen. Wenn er vom Morzinplatz zurückgebracht wird, ist sein Gesicht geschwollen, so dass er kaum die Augen öffnen kann. Der Körper ist von Blutergüssen und Brandwunden übersät. Eine beliebte Foltermethode der Gestapo ist es, am Oberkörper und am Hals der Opfer Zigaretten auszudrücken.

Die Mithäftlinge kümmern sich um den Pater, bringen ihm Wasser, sorgen dafür, dass er auch dann seine Essensration bekommt, wenn er halb ohnmächtig auf dem Boden liegt. Früher sei er eine imposante Erscheinung gewesen, beteuert Pater Martin, eine wahrlich mittelalterliche Mönchsgestalt, dessen Schmerbauch den Eindruck vermittelt habe, der Herrgott habe ihm in seiner unermesslichen Gnade die wundersame Gabe des Empfangens und Gebärens verliehen. Es fällt Robert schwer, das zu glauben. Der Pater ist hager wie ein spätantiker Asket aus der ägyptischen Wüste. Offenbar hat er schon eine längere »Gefängniskarriere« hinter sich.

»Trotzdem war er einer der wenigen in dieser Zelle, die große Zuversicht ausstrahlten«, erinnert sich Robert. »Er hat den anderen gut zugeredet, ist dabei aber nie konkret geworden, sprach weder über unsere Situation im Speziellen, die politischen Verhältnisse oder die Nazis, nicht einmal über Gott, sondern hat immer nur Geschichten erzählt. Eine davon ist mir besonders in Erinnerung geblieben …«

Vor seiner Verhaftung war Pater Martin Erzieher in einem von katholischen Ordensbrüdern geführten Knabeninternat gewesen. Zu seinen Aufgaben gehörte unter anderem die Betreuung einer Fußballmannschaft, die regelmäßig an den warmen Nachmittagen im Frühjahr und Herbst gegen andere Schülermannschaften antrat. In seiner Kindheit und Jugend hatte der Mönch selbst leidenschaftlich gerne Fußball gespielt.

Einmal fand ein Turnier statt, an dem sechs Mannschaften beteiligt waren. Den Siegern winkte ein Pokal aus Aluminium mit einer Gravur des Riesenrads. Schon im ersten Spiel mussten die Zöglinge von Pater Martin gegen einen viel stärkeren Gegner antreten – richtig starke Kerle seien sie gewesen, erzählte der Pater, mit einem Selbstwertgefühl so groß und stabil wie der Stephansdom. Zur Pause lag die Internatsmannschaft mit zwei zu fünf zurück. Wie lahme Enten seien seine Burschen gegen Ende der ersten Spielhälfte herumgelaufen, hätten den Ball hin und her geschoben und auf den Abpfiff gewartet. Danach hätten sie niedergeschlagen gewinselt, dass sie am liebsten gleich aufhören würden, um sich die Blamage der zweiten Hälfte zu ersparen. Dennoch sei es ihm gelungen, sie wieder zu motivieren, erklärte der Pater. Wie er das geschafft habe? Indem er ihnen gesagt habe, dass es nicht auf die Tore ankomme, die sie erhalten und nicht einmal darauf, ob sie gewinnen oder verlieren, sondern auf die Entscheidung, ob man zu einem Spiel antritt oder nicht. Die zwei schönen Tore, die sie geschossen haben, könne ihnen niemand mehr nehmen, und wenn sie später daran zurückdenken, würden sie verstehen, dass allein deshalb schon dieser Tag einen besonderen Wert gehabt habe. Die Internatsmannschaft verlor schließlich mit vier zu fünf.

»Es mag überraschend klingen, aber damals hat mich diese etwas simple Geschichte sehr beeindruckt und mir mehr Kraft gegeben als so mancher tiefsinnige Kommentar«, erinnert sich Robert, »und heute muss ich jedes Mal an Pater Martin denken, wenn ich der österreichischen Fußballnationalmannschaft zuschaue. Sie spielt sehr österreichisch. Hierzulande gilt ja die Depression als ein Zeichen von Charakter und Intelligenz.«

17

Erst nach einem halben Jahr Gestapohaft kann Robert Hamminger seine Zelle verlassen und sieht nach Monaten wieder Tageslicht.

»Eines Tages«, erzählt er, »genauer gesagt Mitte Oktober 1940, werde ich wieder zu einem Verhör geholt, diesmal nicht am Morzinplatz, sondern im Haus selbst, im zweiten Stock. Neben einem Beamten in Zivil sehe ich zu meiner Überraschung zwei Kettenhunde – einen Feldwebel und einen Gefreiten – stehen. Als Kettenhunde bezeichnete man im Soldatenjargon damals die Feldgendarmerie. Diese Gendarmen trugen über der Uniform eine Blechmarke an einer Kette. Der Beamte gibt mir meine Papiere. Alle meine Papiere! Einer der beiden Kettenhunde nimmt sie gleich an sich, und der Beamte sagt zu mir: ›Beim Militär werden sie dich schon zurechtstutzen!‹ Das war ein Wiener Beamter. Ich weiß nicht, ob es ein Polizei- oder ein Gestapobeamter gewesen ist. Das war dort zu dieser Zeit nicht mehr erkennbar auf der Rossauerlände.

Man hat mich die Treppe runtergeführt, und auch heute noch betrachte ich, wenn ich auf der Rossauerlände unterwegs bin, immer diesen Nebenausgang, durch den ich hinausgeführt wurde. An dem Tag habe ich noch meine Brotration ausgefasst. Die hatte ich unter dem Arm. Die Kettenhunde hatten unten ihren Kübelwagen stehen, auch so einen, für den die Volkswagensparer angezahlt hatten. Der Fahrer saß schon am Steuer. Der eine meiner beiden Begleiter hat sich nach vorne gesetzt, der Gefreite zu mir nach hinten. Das war ein Erlebnis. Nach Monaten im Gefängnis. Von Mai bis Oktober war ich eingesperrt gewesen, und jetzt saß ich in einem offenen Wagen. Früher bin ich immer in den grünen, geschlossenen Wagen transportiert worden. Es war ein unbeschreibliches Gefühl, durch die Stadt gefahren zu werden, durch *meine* Stadt, in der ich meine Kindheit und Jugend verbracht hatte. Zwar erinnerten mich die zahlreichen Hakenkreuzfahnen, wer jetzt der Herr war, aber es war immer noch meine Heimatstadt.«

Es geht durch die Stadt zum Ring, dann zum Gürtel und schließlich hinaus Richtung Süden in den zehnten Bezirk, nach Favoriten. Robert nimmt all seinen Mut zusammen und fragt den Gefreiten: »Sagen Sie, wohin fahren wir?« Er ist angenehm überrascht, als dieser ihn weder anschnauzt noch schlägt, sondern auf Wienerisch antwortet: »Nach Favoriten, ins Gefängnis.« Im ehemaligen Bezirksgericht Favoriten in der Harthmudtgasse befindet sich die Haftanstalt der Wehrmacht.

»Es ist makaber: Wenn ich mit dem Auto auf der Favoritenstraße unterwegs bin, fahre ich oft, ohne es zu wollen, in die Harthmudtgasse hinein und die nächste Gasse wieder raus. Das alte Amtsgebäude steht noch. Es ist das, was es ursprünglich schon gewesen ist, das Bezirksgericht Favoriten. Wahrscheinlich sitzen dort heute viele Schubhäftlinge, eingepfercht in ihre Zellen, und schauen einem ungewissen Schicksal entgegen. Also nach wie vor kein schöner Ort.«

18

»Damals«, meint Robert, »war das natürlich alles noch stärker entzivilisiert als heute. Ganz Wehrmacht.« Dennoch sind die Zustände erträglicher als im Gestapogefängnis. Die Verpflegung ist besser, und – welch Luxus – in jeder Zelle sitzen nur zwei Häftlinge.

Roberts Zellengenosse ist redselig. »Ich habe gemerkt, der muss einmal was gewesen sein, der hat alle möglichen hellen Stellen auf seiner Uniformjacke, wo man irgendwelche Rangabzeichen abmontiert hat.« Der Soldat erzählt, er sei eigentlich Feldwebel, aber man habe ihn degradiert, weil er in betrunkenem Zustand einem Kameraden mit dem Bajonett den Oberarm durchstochen habe. »Gestern bin ich verurteilt worden«, sagt er. »Morgen werde ich abtransportiert.« Diese Worte sind für Robert wie Balsam. Welch ein Unterschied zur Gestapohaft! Hier wissen die Menschen zumindest, wessen man sie anklagt. Es finden Prozesse und Verurteilungen statt. Man könnte direkt meinen, die Welt habe sich einen kleinen Rest ihrer einstigen Zivilisation behalten.

Schon am nächsten Tag bekommt Robert Besuch von einem Wehrmachtsbeamten. Neben Offizieren sind auch zivile Beamte in der Verwaltung und Justiz der Wehrmacht eingesetzt. Der Mann stellt sich als »Kurator«, eine Art Pflichtverteidiger, vor. Er hat einen leichten tschechischen Akzent, etwas, das heute, wie mir Robert versichert, in Wien schon sehr selten sei. Er macht einen sympathischen Eindruck. Kein Zynismus, kein Schlägertyp als Begleiter, der die richtigen Antworten herbeiprügeln soll.

»Wie alt sind Sie?«, fragt der Beamte.

»Zwanzig Jahre und ein Monat.«

»Oh! Ich hab' einen Sohn mit neunzehn im Polenfeldzug verloren.«

Ein gutes Omen, denkt Robert. Der kann dieses Regime nicht lieben.

Der Kurator blättert in seinen Unterlagen, beginnt etwas vorzulesen.

»Was wirft man mir denn eigentlich vor?«, will Hamminger endlich wissen. »Und überhaupt: Wie soll ich Sie nennen?«

»Das ist doch Nebensache. Aber wenn das schon wichtig ist für Sie – Adjutor.«

»Wie lautet die Anklage, Herr Adjutor?«, fragt Robert noch einmal nach.

»Ja, hat man Ihnen das nicht gesagt?«

»Nein, bei der Gestapo man hat mir gar nichts gesagt. Da hat man mich die wirrsten Sachen gefragt. Die wollten wissen, ob mein Großvater schon gewerkschaftlich organisiert war.«

»Entziehung von der Wehrdienstplicht«, erklärt der Beamte. Das klingt für Hamminger immerhin schon »zivilisierter« als die Phrasen des »gutmütigen Jugendreferenten«.

»Wie schaut das aus? Was steht darauf? Die Todesstrafe?«

»Ach was. So schlimm ist es nicht. Ich nehme an, zweieinhalb Jahre Zuchthaus. Ich trau mir aber zu, es so hinzukriegen – ich habe zehn Minuten Zeit, für Sie ein Plädoyer zu halten – dass die Strafe bedingt auf Bewährung ausgesetzt wird.«

Das ist immerhin ein Hoffnungsschimmer. Welch Glück, dass dies alles im Jahre 1940 und nicht später stattfindet. Aber noch siegen die deutschen Armeen. Bis zum Beginn des »totalen Krieges« werden noch zweieinhalb Jahre vergehen.

»Und was ist dann?«, fragt Robert.

»Na, dann werden Sie unmittelbar der zuständigen Schiffsstammabteilung überstellt. Sie haben Glück, die Marine hat keine besonderen Bewährungseinheiten.« In der Wehrmacht hingegen gebe es das so genannte Strafbataillon 500 – ein Himmelfahrtskommando.

Die Verhandlung findet zwei Wochen später statt. »Das war in der Universitätsstraße«, erinnert sich Robert. »Wo heute das Neue Institutsgebäude der Universität Wien steht. Schon in den Zeiten der Monarchie befand sich dort die Stadtkommandantur der Wiener Garnison. Ich empfand eine gewisse Genugtuung, dass dieses Gebäude ein paar Jahre später zerbombt wurde. Auch das Gestapo-Hauptquartier am Morzinplatz steht nicht mehr. Eine noch viel größere Genugtuung!«

Im ersten Stock ist ein großer Saal, in dem das Militärgericht tagt. Es geht alles schnell. Ein Gefreiter fragt Robert, ob er gedient habe. »Nein, ich bin ungedient«, sagt dieser.

Der Gefreite zeigt ihm, wie man stehen muss, Hände an die Hosennaht, Kopf gerade. »Und dann marschierst bis da vorn an die Barriere, legst die Hacken zusammen, bleibst stehen und bewegst dich nicht, und das heißt nicht Ja, sondern Jawohl! Zu sagen hast du nur etwas, wenn du gefragt wirst.« Eine Einführung in die kommenden fünf Jahre.

Der Senat betritt den Raum, Offiziere, Beisitzer, insgesamt sechs oder sieben Personen. Der Vorsitzende liest die Anklagepunkte vor.

»Haben Sie etwas dazu zu sagen?«

»Nein.«

Es habe alles gestimmt, erklärt Robert.

Die Herren setzen ihre Mützen auf, erheben sich.

»Im Namen des Führers! Das Gericht des Wehrkreiskommandos 17 verurteilt den Wehrmann Robert Hamminger wegen des Versuchs der Entziehung von der Wehrdienstpflicht zu zweieinhalb Jahren Zuchthaus. Die Strafe wird auf Bewährung ausgesetzt. Bei Nichtbewährung ist die Strafe nach dem Endsieg zu verbüßen.«

19

Nun muss Robert Hamminger an Hitlers Krieg doch noch teilnehmen. Umgehend nach dem Gerichtsurteil kommt er als Matrose zu seiner Schiffsstammabteilung nach Wesermünde. 1943 überlebt er einen Schiffsuntergang nach Torpedierung.

»Später konnte ich alles rekonstruieren«, erzählt Robert. »Ich war für die Marine gemustert und unterstand nach der damaligen Militärjustiz der Wehrmachtsgerichtsbarkeit. Die Wehrmacht hat sehr oft nachgegeben, wenn die Gestapo involviert war. Dass ich zur Marine musste, war ein Glück für mich. Die Marine war der konservativste Teil im ganzen Militärapparat des Deutschen Reiches. Ich habe sogar Offiziere erlebt, die ihre Kaisertreue herausgestrichen haben und von der Hitlerei als von einer unglücklichen Episode gesprochen haben. Natürlich hat es auch bei der Marine Kriegsverbrecher und Nazis gegeben, und letztlich sind jene Offiziere, die Hitler verachtet haben, durch ihren Dienst für dieses Regime auf indirekte Weise genauso mitschuldig geworden.«

Sechs Wochen vor Kriegsende bekommt Robert seinen letzten Marschbefehl. Nach Triest. Auf dem Weg von Norddeutschland nach Italien macht er in Wien Station und nützt einen kurzen Urlaub, um schließlich das erfolgreich in die Tat umzusetzen, was er von Anfang an schon tun wollte: sich dem Wehrdienst für den Unrechtsstaat zu entziehen. Bis die Rote Armee Mitte April 1945 Wien von der Herrschaft des Nationalsozialismus befreit, kann er sich in einer Badehütte unweit der Stadt verstecken.

Nichts, was Robert Hamminger während seiner Militärdienstzeit erlebt, kommt an die Schrecken der Gestapohaft und der Verhöre am Morzinplatz heran. Ist es deshalb verwunderlich, dass ihm die Schikanen, denen er bei der Marine ausgesetzt ist, vergleichsweise milde erscheinen? »Es ist mir bei der Marine nichts Negatives aus meiner Vergangenheit erwachsen«, erzählt er. »Ich bin am Tag nach der Verurteilung von der Feldgendarmerie nach Norddeutschland gebracht worden. Es musste sehr schnell gehen, denn meine Kameraden wurden schon seit vierzehn Tagen ausgebildet, rannten also tagelang am Kasernenhof herum und machten allen möglichen Unfug wie Hinlegen und Auf und Ab und ähnlichen Blödsinn. Die mussten also schauen, dass ich all diese wichtigen Dinge schnell nachhole. Kommt eine Ordonnanz vom Kommandeur und sagt dem Maat, der uns ausbildet, der Matrose Hamminger hat in einer halben Stunde beim Kommandeur zu sein. Ich gehe hin, und der Kommandeur hat meine Verurteilung durch das Militärgericht in Händen. ›Tolles Ding, das Sie da gedreht haben, nicht?‹, sagt er und mustert mich von oben bis unten. ›Ich will Ihnen nur eines sagen. Was Sie mit den Braunen gehabt haben, geht uns hier überhaupt nichts an. Verstanden!? Kehrt! Ab!‹ Das war preußisch.«

Kleine Geschichten fallen Robert ein. Anekdotisches. Er hat es nicht nötig, auf die Unmenschlichkeit des Krieges hinzuweisen. Selbstverständlichkeiten brauchen nicht betont zu werden.

»Was prototypisch Preußisches, das verdient, festgehalten zu werden, habe ich während der nächsten Ausbildung erlebt. Wir waren auf der *Schleswig-Holstein*, einem Schlachtschiff der kaiserlichen Marine, 1896 erbaut, man kann sich also vorstellen, was für ein uralter Scheißer das war. Aber zum Schikanieren und zum Rumjagen war es ganz gut geeignet. Und da passierte Folgendes: In unserer

Gruppe hatten wir einen Burschen aus Schwaben, er hieß Vogler, war sehr lieb, aber äußerst linkisch und ungeschickt. Bei jedem Handgriff, den er machte, war etwas falsch. Eines Tages ist dem Bootsmann der Kragen geplatzt. Er hat ihn angebrüllt und mit dem ganzen Vokabular, das ihm zur Verfügung stand, beschimpft. Er sei ein solcher Scheißkerl, hat er gesagt, dass es besser gewesen wäre, sein Vater hätte ihn an die Wand gespritzt. Das hat den Burschen sehr gekränkt. Er ist in die Kajüte gegangen und hat geheult. Das lasse er sich nicht gefallen, hat er dann geschrien. Er werde sich beim Kommandeur beschweren! Alle haben ihn beschwichtigt, gemeint: ›Schau, du musst doch wissen, wo du bist! Du bist nicht in einem Mädchenpensionat.‹ Aber er hat sich nicht beruhigen lassen und gemeint, er lasse es nicht zu, dass sein Vater beleidigt werde. Am nächsten Morgen kommt der Maat, haut uns aus den Hängematten raus und stellt die routinemäßige Frage nach Krankmeldungen und Vorstellungen – also Beschwerden – beim Kommandeur. Bis dahin hatte sich noch nie jemand beschwert. Plötzlich richtet sich Vogler auf und sagt, er möchte beim Kommandeur vorstellig werden. Der Maat notiert das. Am Nachmittag kommt er vorbei und nennt eine Uhrzeit. Nun waren wir natürlich alle gespannt. Als Vogler zurück kommt, strahlt er übers ganze Gesicht. Der Kommandeur habe ihm gesagt, er sei im Recht. Am nächsten Sonntag beim Morgenappell erscheint der Kommandeur, ein Herr von Falkenheim, mustert uns, sagt: ›Stillgestanden! Bootsmann Marchner vortreten! … Ich bestrafe den Bootsmann Marchner mit einem strengen Verweis. Er hat am vergangenen Dienstag vor versammelter Mannschaft den Geschlechtsverkehr der Eltern des Matrosen Vogler auf gröblichste Weise verunglimpft. Rührt euch!‹ Auf solche Formulierungen käme sonst niemand, nur die Preußen. Ironisch, aber gleichzeitig auch korrekt. Der Tatbestand ist ja da. Das war nun einmal eine Verunglimpfung des Vaters dieses Matrosen, denn ›ein deutscher Mann macht sowas nicht‹. Der spritzt dorthin, wo es hingehört. Nicht an die Wand. So eine säuische Zumutung! Deshalb ist im deutschen Militärjorgon ›Wichser‹ eine der schlimmsten Beleidigungen überhaupt.«

20

Einige Jahre nach dem Krieg trifft Robert seinen Freund Karl wieder. Dieser ist tatsächlich mehrere Jahre Soldat der französischen Fremdenlegion gewesen. Seinen Dienst musste er, so wie Robert es vermutet hatte, in den Kolonien, in Afrika, ableisten, zuerst für die Dritte Republik, dann für das faschistische Vichy-Regime und schließlich für die wiedererrichtete, nun Vierte Republik. Für die Kolonialtruppen machte es keinen großen Unterschied, wer im fernen Frankreich das Sagen hatte. Ihre Aufgabe bestand darin, die europäischen Verwaltungsbeamten, Geschäftsleute und Siedler gegen die einheimische Bevölkerung zu schützen. Nach dem Ende seiner Dienstzeit ist es Karl gelungen, seinen Traum zu verwirklichen und nach Palästina auszuwandern. Er lebt nun in Israel. In seiner Heimatstadt Wien ist er nur zu Besuch. Als er erfährt, weswegen Robert an jenem Apriltag im Jahre 1940 nicht am vereinbarten Treffpunkt am Bahnhof in Triest erschienen sei, meint er: »Wie absurd das alles ist. Ich habe in diesem Krieg für Frankreich gedient, und du fürs Deutsche Reich. Theoretisch hätten wir aufeinander schießen können, obwohl wir beide gegen den Faschismus waren und nie Soldaten werden wollten.«

»Ja«, meint Robert. »Theoretisch hätten wir wahrscheinlich beide längst tot sein müssen.«

Von den österreichischen Behörden wird Robert Hamminger nie als Opfer des Nationalsozialismus eingestuft. Die politischen Motive für seine Flucht werden nicht anerkannt, und ein »rassisch Verfolgter« ist er ja nicht gewesen. Der dritte mögliche Beweggrund – jene »Entziehung von der Wehrdienstpflicht« für den Unrechtsstaat, für die Robert vom Militärgericht verurteilt worden war – gilt weiterhin als Verbrechen. Desertion wird auch in den Nachfolgestaaten des Dritten Reiches, in Deutschland und Österreich, als schändliche Pflichtverletzung angesehen. Die Urteile der NS-Militärjustiz werden nicht aufgehoben. Erst im Frühjahr 1997, zweiundfünfzig Jahre nach Kriegsende, hat die Bundesrepublik Deutschland alle so genannten Deserteure und Wehrdienstverweigerer aus der Zeit des Zweiten Weltkriegs rehabilitiert. Eine entsprechende Geste Österreichs steht noch aus.

Einige Jahre nach dem Krieg wendet sich Robert Hamminger an einen Beamten der Magistratsabteilung 12 der Gemeinde Wien, der alle verfügbaren Daten über Emigration, Haft und Verfolgung in den Jahren 1938–1945 verwaltet. »Nach der derzeitigen Gesetzeslage sind Sie kein Opfer des Nationalsozialismus«, meint dieser. »Aber wenn es Sie beruhigt oder irgendwie tröstet – Sie sind nicht der einzige! Es gibt derzeit in Wien ungefähr zwölftausend Personen mit einem ähnlichen Schicksal.«

Die Zeiten haben sich geändert, erkläre ich. Heute hätte Hamminger vielleicht eine realistischere Chance, als Opfer des Nationalsozialismus anerkannt zu werden. Für die Zeit der Gestapohaft stehe ihm eine Entschädigung zu. Er solle einen Antrag stellen. Doch mein Gesprächspartner winkt ab. »Soll ich jetzt, mehr als ein halbes Jahrhundert nach Kriegsende, um ein paar Tausend Schilling betteln? Andere haben viel mehr gelitten als ich, Menschen, die im Widerstand waren, die eingesperrt und gefoltert und deren Familien ermordet, die als Juden gedemütigt, verfolgt und in Konzentrationslager verbracht wurden, wo sie nur durch großes Glück überlebten, oder jene, die als Zwangsarbeiter jahrelang ausgebeutet und misshandelt worden sind. Die verdienen wirklich einen Entschädigung. Es wäre anmaßend, wenn ich mich nachträglich zum großen Opfer stilisiere.«

Ich widerspreche. Eine monatelange Gestapohaft könne man nicht als Bagatelle abtun. Es gehe nicht ums Geld, sondern ums Prinzip, um die Symbolik. Sollen wir uns nur an die so genannten großen Helden erinnern und die anderen vergessen? Ich erkläre ihm, dass er in jener Zeit zu den wenigen gehört habe, die im Rahmen ihrer Möglichkeiten das moralisch Richtige getan haben. Das müsse der österreichische Staat nach so vielen Jahrzehnten endlich anerkennen.

»Ich brauche vom österreichischen Staat keine Entschädigung«, sagt er.

21

Robert Hamminger ist mit seinem Leben zufrieden. Nicht sein eigenes Schicksal und die traumatischen Erlebnisse, die manchmal in Alpträumen oder bedrückenden Erinnerungen wiederkehren, beschäftigen ihn heute, sondern die Zustände in seinem Land und in der Welt. Das NS-Regime sei Geschichte, aber der Faschismus noch nicht endgültig besiegt, meint er. Armut, Gewalt und Fanatismus, deren Zeuge er als junger Mensch gewesen war, kehren in verstärktem Maße wieder. Deshalb sei es so wichtig, Zeugnis abzulegen, erkläre ich. Er nickt, überlegt und erzählt mir zum Abschluss eine weitere Anekdote aus seinem Leben.

Im Jahre 1966 wird der zu diesem Zeitpunkt schon anerkannte Künstler Assistent von Rudolf Hausner an der Staatlichen Kunsthochschule in Hamburg. Dort bekommt er eines Tages ungebetenen Besuch. Die Rektoratssekretärin ruft in seinem Atelier an. Ihre Stimme klingt verlegen, unsicher: »Entschuldigen Sie, Herr Hamminger, aber da sind zwei Herren vom Bundesverfassungsschutz. Die möchten Sie sprechen.« Sie wisse nicht, wie sie sich zu verhalten habe. Ob sie die Herren aus dem Haus weisen solle? Die Hochschule sei autonomes Gebiet, das eine Polizeieinheit wie der Bundesverfassungsschutz gar nicht betreten dürfe.

»Nein«, sagt Hamminger, »schicken Sie sie zu mir rauf. Sonst kommen die in meine Wohnung, und da habe ich solche Leute noch weniger gern.« Mit seinem Pass als Nichtdeutscher fühlt er sich vor dem Zugriff der deutschen Verfassungsschützer sicher.

Die beiden Beamten geben sich freundlich, entschuldigen sich für die Störung, warten in der Tür, bis Hamminger sie bittet einzutreten und Platz zu nehmen. Sie betonen, eine routinemäßige Kontrolle durchzuführen, die keine weiteren Folgen haben werde. »Alles nur eine reine Formsache!«

Einer der beiden packt eine Mappe aus seiner Aktentasche, auf der in Frakturschrift *Robert Hamminger* und eine acht- oder neunstellige Ziffer zu lesen sind, schlägt sie auf. Robert Hamminger erkennt den Reichsadler mit dem

Hakenkreuz, darunter den Schriftzug: *Wehrkreiskommando 17 … Im Namen des Führers …* Eine Photokopie aus den Vierzigerjahren, die damals noch Lichtpause genannt wurde, schlecht lesbar, auf bräunlichem Papier.

Die Deutschen sind doch tatsächlich ein merkwürdiges Volk, da geht kein Schriftstück verloren, denkt Robert.

»Sie sind am 30. Oktober 1940 vom Gericht des Wehrkreiskommandos 17 in Wien zu zweieinhalb Jahren Zuchthaus verurteilt worden«, rekapituliert der Beamte das einstige Urteil lakonisch.

»Ja und«, meint der Maler, »gilt das bei Ihrer Behörde als Makel oder als Auszeichnung?«

»Ach, das steht nicht zur Debatte«, meint der Schützer der bundesdeutschen Verfassung trocken.

»Darf ich Sie bitten«, sagt Hamminger, »mir den Wortlaut der Verurteilung vorzulesen?«

»Den müssten Sie doch kennen!«

»Ja, aber man hat ihn mir in einer Situation, als ich sehr aufgeregt war, vorgelesen und nie schriftlich ausgefertigt.«

»Ich wollte natürlich zu gerne hören«, erklärt mir Robert, »wie ein bundesdeutscher Beamter im Jahre 1966 den Satz *Bei Nichtbewährung ist die Strafe nach dem Endsieg zu verbüßen* vorliest, wie das klingt. Hat er Schwierigkeiten dabei, beißt er sich in die Zunge? Das war wohl die Laune des Künstlers in mir. Aber er hat das sehr gelassen vorgelesen und hat dann mittendrin abgebrochen.«

»Ich glaube, das genügt, oder?«

»Wenn Sie es sagen.«

»Aber Herr Hamminger«, fügt er hinzu, »Sie sind doch überzeugt, dass wir nur unsere Pflicht erfüllen!«

»Mein Gott«, antwortet dieser, »Millionen haben ihre Pflicht erfüllt.«

Inhalt